U0639224

高职创新创业教育二十年探索与实践

主　编：盖庆武　余　闯

副主编：林海春　邱旭光　郑君山

 吉林大学 出版社

·长春·

图书在版编目（CIP）数据

高职创新创业教育二十年探索与实践 / 盖庆武, 余
闯主编. -- 长春 : 吉林大学出版社, 2022.11
   ISBN 978-7-5768-1140-7

   Ⅰ.①高… Ⅱ.①盖… ②余… Ⅲ.①高等职业教育
—创造教育—研究 Ⅳ.①G717.38

中国版本图书馆CIP数据核字（2022）第226058号

高职创新创业教育二十年探索与实践

GAOZHI CHUAGNXIN CHUAGNYE JIAOYU ERSHI NIAN TANSUO YU SHIJIAN

主　　编　盖庆武　余　闯
策划编辑　高珊珊
责任编辑　周春梅
责任校对　高珊珊
装帧设计　崔　威
出版发行　吉林大学出版社
社　　址　长春市人民大街4059号
邮政编码　130021
发行电话　0431-89580028/29/21
网　　址　http://www.jlup.com.cn
电子邮箱　jdcbs@jlu.edu.cn
印　　刷　三河市九洲财鑫印刷有限公司
开　　本　787mm×1092mm　　1/16
印　　张　20
字　　数　300千字
版　　次　2022年11月　　第1版
印　　次　2023年2月　　第1次
书　　号　ISBN 978-7-5768-1140-7
定　　价　98.00元

序

　　我在温州高校学习、工作二十多年，对浙江工贸职业技术学院（简称：浙工贸）并不陌生。该校的前身是厂办学校，是原冶金部直属温州冶金厂办的技工学校。当年的冶金厂是国家响当当的品牌和创造的旗手，温州冶金人凭着大铁锤打造出了我国第一台大型压路机，这个创造荣获国家科技进步特等奖。后冶金厂成了学校的下属单位，成了校办厂。后经改制，成了今天的浙江工贸职业技术学院。2009年，从我负责创办温州大学创业学院开始就一直从事创业教育研究工作，浙工贸就引起了我的兴趣和注意，在我刚开始撰写的几篇创业教育的学术论文中，都有对浙工贸创业教育的调研和思考。时光荏苒，岁月如梭。十多年过去了，高校创业教育的实践探索和理论研究也经历了一个迅速发展的过程。我欣喜地看到，在这十多年里，浙工贸创业教育一直在不断摸索创新，喜讯不断，从当选教育部高等学校创业教育指导委员会副主任委员单位，到被教育部评为首届创新创业典型经验高校50强，浙工贸一直在创造着奇迹，将来也一定会继续创造奇迹。

　　知识可以直接传授，而智慧却不能。浙工贸创业教育的实践和经验给了我们一些新的思考和启示：创业也是一种智慧，而这种创业智慧的生成，最终取决于自我的感悟内化，但前提条件仍离不开知识表象的积累和丰富实践的体验。浙工贸与众多学校不同，在通识教育上下足了功夫，用通识教育去培养学生的职业情操，用通识知识或通识道理点化学生创业的激情和灵感，这种远见非同一般。学生创业萌芽之初，通识课程与专业课程免不了会发生智慧的碰撞，职业的那扇门缓缓开启，学的兴趣慢慢会滋生做的欲望，产生创业冲动，创业初心形成。不能低估，以职前教育为本色的高职，以全人教育为出发点的通识教育作用非凡。

　　"三园区三基地"是该校产教融合、工学结合的精品之作。在封闭的教室里，单凭粉笔、凭口授、凭书面作业训练得不到真正的技术和技能，园区作为创业的孵化基地，学生与真实的社会企业实体接触，真实的生产氛围和环境，意识中的创业概念，在这里变得鲜活，书本上的原理在这儿得到尝试应用，可以说园区在学生想创业到真正创业的过渡中起到了承上启下的作用。还特别要提及的是，园区高新产业集聚，企业直接参与创业教育的人才培养，协同育人的合力明显增强。透过园区，浙工贸此举的意义还在于地方高校如何服务地方经济的发展，助力地方产业的转型升级，园区化将企业的教育力和高校优质资源的服务力整合，引领新兴产业发展，无疑是相得益彰多方共赢之举。

继后，浙工贸的创业学院诞生，"2+1"创业实验班获省教育厅批准开办。此实验的对象是具有创业意愿的高职学生，他们2年主修专业，在学制最后一年，根据自己的创业意愿和志向，选择相关专业的创业学习。学院除较为系统的创业课程外，更有校企联合的专业导师团队帮助学生设计、完善创业方案，让学生的创业更加明确具体。在这方面，创业学生的培养、专业教育与创业教育如何有机衔接，他们所探索的经验产生了良好的社会效应，广泛被高职院校学习和借鉴。

浙工贸近十多年来在浙江省教育厅一年一度开展的大学生就业率创业率、人才培养质量、社会满意度等评估中始终位于全省第一方队，多次名列第一。评估检测的指标虽然很多，但不容置疑，成功而高效的创业教育功不可没。

浙工贸是省属高校，在温州办学。凭借敢想、敢干、敢闯、敢试，勇于把各种不可能变为可能的敢为人先的温州人，打造了名扬中国、享誉世界的创业之城——温州。浙工贸生长在这里，广泛汲取并不断改革创新，使学校"大气致远，精工诚贸"的学校精神和学校文化与温州的创业精神和创业文化相融合，创建了创业型的浙江高职学院，可歌可贺。

新时代新征程，浙工贸的创业仍在路上，由于创业文化和创业精神依在，创业初心不改，创业的传统必将代代相传。相信以创业弄潮的浙工贸，在今后学校的高质量发展和高质量人才培养的教育工作中，创业教育的花会更浓更美，创业教育的果会更丰更硕。

教育部长江学者特聘教授
浙江省特级专家
杭州师范大学副校长

2022年9月6日

前　言

我国创业教育（Enterprise Education）这个概念最早见于1989年在北京召开的"面向21世纪教育国际研讨会"，1999年正式出现在国务院批转的教育部文件《面向21世纪教育振兴行动计划》中。1998年"挑战杯"大学生创业计划大赛首次由清华大学举办，被视为创业教育实践的起始。2002年，创业教育试点工作开始在清华大学等九所高校推行，全面拉开了我国创新创业教育及其实践的序幕。

浙江工贸职业技术学院（简称"浙工贸"）于1999年12月在浙江第一高级技工学校与温州冶金机械厂联合改制的基础上成立，2019年入选中国特色高水平高职学校和专业建设计划（"双高"计划）建设单位。学校的历史、文化基因、办学机制以及温州地域创业精神的涵养，决定了学校对创新创业的敏感性，较早步入创新创业教育研究和实践领域。学校早在创建之初的2000年就开设了"创业教育"课程，2002年发表创新创业教育文章《高职的创新教育与教育创新》，2004年即出版教育部"银领工程"系列丛书之一《纵横职场——高等职业教育学生就业和创业指导》，全书由我校何向荣教授定稿，学校多位教师参与编写。其后，创新创业教育成为我校品牌立校和质量强校的重要工程，在各级领导的关怀和指导之下，取得了辉煌的成就。

二十年创新创业教育的旅途，学校获得了"首批全国创新创业典型经验高校50强"（教育部）、"全国深化创新创业教育改革示范高校"（教育部）称号，连续两届当选教育部高等学校创新创业教指委副主任委员单位（高职唯一），主持全国高职院校的创新创业教育研究、指导和改革工作，创新创业教育已成为学校品牌。学校被科技部列入"国家级众创空间"，为教育部指定的中美创客大赛分赛区；连续七年举办海峡两岸青年创客工作坊，得到国台办高度评价；成立的台湾青年创业就业服务中心，被中央台办、国台办授予"海峡两岸青年创业基地"称号。学校先后获得"浙江省省级大学生示范创业园""浙江省省级中小企业创业示范基地"等称号，电子商务综合服务协同创新中心和浙江省激光制造与材料应用技术协同创新中心被教育部认定为国家级协同创新中心项目。师生技能竞赛屡获大奖，年均4000余名学生参加各类双创竞赛，获得"挑战杯——彩虹人生"全国职业学校创新创效创业大赛特等奖、中国"互联网+"大学生创新创业大赛铜牌奖等国家级奖项200余项。优秀校友不断涌现，杨忠敏先后荣获第二届温州十大经济新锐人物奖和第三届最美浙江人·文化新浙商新锐奖，郑万里创建的"中钢银通电子商务股份有限公司"在新三板成功挂牌上市等。浙江省高校毕业生职业发展与人才培养质量跟踪调查结果显示，我校毕业生年均就业率在98.8%以上，2015—2020届毕业生创新能力平均值95.19（全省平均88.16）；一年后平均自主创业率分别达11.2%（全省平均5.32%），其中2018、2019、2020届毕业生自主创业率分别达14.01%、14.25%、11%，位列全省高校第一。

二十年来，学校以高职创新创业教育研究为先导，以创新创业实践平台与基地、园区建设为基础，以创新创业人才培养模式建构和课程开发为突破，大力培育双创师资，开展系统性的创新创业教育探索与实践。学校在全省率先成立创业学院，形成了创新创业的联动机制；积极推行"2+1"创业教育改革，构建了"分层分类"的创新创业教育体系；集聚"企业、学校、学生、政府、市场"等五方力量，建立"三园区三基地"创新创业教育平台，即浙江创意园、温州知识产权服务园、国家广告产业试点园"三园区"，省级特色工业设计示范基地、国家中小微企业知识产权培训基地、国家级高技能人才培训基地"三基地"。依托园区建成了国家级众创空间，形成了创新创业生态系统。与深圳职业技术学院、南京工业职业技术学院联合主持国家级职业教育创新创业教育教学资源库，截至目前，资源库注册人数超43万，总访问量1亿余次，覆盖2246所院校。基于园区案例开发了"大学生创业基础""互联网营销策划实务""移动营销"三门国家精品在线开放课程，双创教学资源建设成效突出。

二十年风雨兼程，取得丰硕成果，也产生了广泛的影响。学校创新创业教育经《光明日报》《中国教育报》等报道100多次，全国本科院校和高职院校先后来校考察交流300余次，并借鉴我校创新创业教育模式。双创人才培养得到各级领导和部门的肯定，2015年10月，教育部部长袁贵仁来浙江调研创新创业教育，我校作为高职院校唯一代表做《园区化推进协同育人，生态圈助力创新创业教育》专题汇报。2016年5月，我校承办浙江省高职高专院校创业学院建设工作现场推进会。2020年1月，学校园区化人才培养模式作为高职院校人才工作典型经验，在全省高校人才工作推进会上做书面交流。双创教育得到众多知名学者的认可，邹晓东、董青春等学者分别在《高等工程教育研究》《教育评论》等学术杂志撰文对学校创新创业教育给予了肯定性评价。《四共理念引领下的高职"研训创融通"创新创业人才培养探索与实践》获2021年浙江省教学成果奖一等奖。

为进一步深化高职创新创业教育，学校以习近平新时代中国特色社会主义思想为指导，深入贯彻落实《国务院办公厅关于进一步支持大学生创新创业的指导意见》（国办发〔2021〕35号），全面系统地总结回顾学校高职创新创业教育研究成果，展现高职创新创业教育研究视角与特点，结集出版《高职创新创业教育二十年探索与实践》。

本书从学校教师发表的200余篇学术论文中，依据不同时期的研究特征和学校创新创业教育实践发展的需要，酌选部分论文，以见证不同阶段对高职创新创业教育的认知与前瞻。全书依据创新创业教育研究的历史脉络，分为三个时期：探索期（2002—2011）、发展期（2012—2016）和深化期（2017—）。探索期共6篇文章，显现了高职院校早期在创新创业教育方面的研究视角，以及浙工贸在该领域的前瞻性，尤其是教育部高等学校创业教育指导委员会原副主任何向荣教授的《试论创业教育十大关系》一文前瞻且切实地指出了创新创业教育的基本问题，并给出了有预见性的解决方案。发展期共21篇文章，多篇文章见诸国家级媒体理论版，具有引领性和创建性，如《被称"第三本教育护照"的创业教育掀起盖头来》《创业教育并非让学生都自主创业》《创业教育的高职创新》《中英学者对话：创业改变世界》，时代性、高职性特色鲜明。深化期共13篇文章，这一时期的研究，更加突出新时代的特征，注重实证研究和实践研究，更加关注创新在创业中的价值，更加关注育人为本的教育功能。

时维三月，楠溪草长，瓯海潮生。二十年，创新创业教育已初臻硕果，站在高职教育发展新的历史起点，浙工贸将秉承温州人创新创业精神，乘风逐浪，再创辉煌。

编　者

目　　录

第一篇　探索期（2002—2011）

　　1999年，适逢教育部出台《面向21世纪教育振兴行动计划》，提出要"加强对教师和学生的创业教育，鼓励他们自主创办高新技术企业"之际，浙江工贸职业技术学院经浙江省人民政府同意在浙江第一高级技工学校的基础上筹建创办。从2000年到2011年，不仅是学校创新创业教育发展的十一年，也是学校作为高职院校探索发展的十一年，学校对高职教育发展的探索比较明显地体现在创新创业教育方面。2000年，学校便开设了面向全体大学生的"创业教育"课程。2003年，何向荣主编的《纵横职场——高等职业教育学生就业与创业指导》由高等教育出版社出版。2009年4月，学校正式启动"温州知识产权服务园、浙江创意园、温州电子信息科技园"三大园区建设。2010年5月，教育部成立高等学校创业教育指导委员会，学校当选副主任委员单位，为全国高职唯一当选单位。学校的创业教育为学校带来全国性的影响。

　　学校的创业教育在实践中不断前进，同时学校对创新创业教育的研究和思考也在深入。2002年，我校教师即开始撰文探索创新创业教育，认为随着知识经济的到来，要在高职开展创新教育，高职院校开展创新教育的基本途径是实现教育自身的创新。这一时期的研究涉及创新创业教育中比较基本和重要的问题，如创业者素质、专业创业等问题，研究方法多侧重于经验总结、文献分析，较少实证和数据。《论高职生的创业素质》（2009）比较全面地阐述了创业者的素质问题，即大学生创业者需要哪些基本素质，如文化素质、心理素质、创业意识等。也有研究（2007）较早地认识到大学生创业必须以自己的专业为依托，对专创融合展开初步探索，并提出了一个较为完整的专业创业教育模式。何向荣的《试论创业教育十大关系》（2011），全面、敏锐、充满洞见，提出了创新创业教育中一些基本问题。同时，他又对学校的创业教育实践进行经验总结和理论概括，从《以机制创新为内核，开辟创业教育新模式》（2010）一文，可以窥见学校创新创业教育探索期的鲜活场景和思想脉络。

高职的创新教育与教育创新

苏北春　　刘文卿

一、高职教育呼唤创新教育

知识经济作为一个崭新的经济时代正向我们走来，知识创新和高新技术产业化是这一时代的基本特征。这一特征决定了国家综合实力的增强最终取决于国家的创新能力，取决于是否建立了完备的国家创新体系。从整个国家创新体系来看，按其结构功能可分为知识创新系统、技术创新系统、知识传播系统和知识应用系统。著名学者路雨祥院士对此曾有过精辟的概括："知识创新是技术创新的基础和源泉，技术创新是企业竞争力的根本所在，知识传播系统培养和输送高素质的人才，三者构成了国家创新体系的三大支柱。"教育在整个国家创新体系中，担负着知识创新、知识传播和人才培养的重要任务。知识经济不是只要知识不要人才，人是知识的载体，无论是知识创新还是技术创新都离不开人。在科学技术日新月异的新经济时代，新技术、新设备大量应用，对从业人员的岗位能力要求越来越复杂，从而也使劳动力结构性短缺的矛盾日趋突出。高新技术产业的兴起，科技成果转化为物质财富，都需要培养一大批具有创新素质的一线劳动者，而高等职业教育无疑也要担负这一使命。创新人才并不仅仅指那些在科学技术领域有所创造有所发明并为社会带来巨大物质财富的人，高职教育的目标也不是为了培养发明家和科学家，而是把学习者转化为劳动者，使其不但具有从事生产、服务、管理第一线工作所需要的知识和技能，更要有以创新精神和创新能力为重心的全面素质和综合职业能力。没有高素质的劳动大军，知识经济的发展就失去了宽厚的基础，传统产业的提升就失去了坚实的支撑。培养大批创新性人才，是适应知识经济时代的需要，也是高等职业教育发展的内在需要。

从另一个角度看，在高等职业教育领域倡导创新教育，是积极推进素质教育的有效手段。创新与素质本来就有着一种天然的姻缘联系。"素质"强调的是综合性，是内化并且稳定了的心理品质，衡量的标准是外化了的一贯行为；"创新"同样强调综合性，"综合就是创造"已成为人们的共识，它是通过对已有知识和经验的综合，发现和创造新的事物，提出新的思想，是探求新问题、提出新方法、总结新规律的一种内在品质。良好的素质往往体现为创新素质，这是人才的主要标志，也是包括高职教育在内的各级各类教育追求的最高目标。在高职教育中倡导创新教育，不是期望学生能在现在或将来有多少创造发明，而是致力于创新精神和创新能力的培养，是提高学生综合素质的一个方面。创新教育是一种重视人的主体性，弘扬人的主体精神，以人为本的教育模式，通过创新教育使学生真正成为适应现代社会需要的复合型人才，从而确保学生有较广的就业面和广阔而自由的发展空间，为将来就业、从业、创业和立世做人打下良好的基础。

二、高职教育中的创新素质要求

创新教育是以培养人的创新精神和创新能力为基本价值取向的教育，其目的是提高受教育者的创新素质。创新素质反映着一个人的综合素质，它以丰厚的知识为基础，以一定的智力因素与非智力因素为保证。不同层次不同类型的教育，对创新素质的要求亦有所不同。高职教育对于学生创新素质的培养，应主要着眼于以下几个方面：

（一）基础知识与专业能力

倡导创新教育不能忽视知识的传授和能力的培养，脱离了知识和技能的基础性训练而空谈创新教育是一种顾此失彼的做法。一个时期以来，人们对应试教育只重视知识灌输而忽视全面素质提高的弊端已有深切的体会，使得一些人谈"知识"色变，生怕又回到应试教育的老路上去。事实上，我们反对的是应试教育只管灌输"死"知识，而创新教育提倡的是"活"知识，是打破各种条条框框，把所学知识灵活应用于实践中去。因此，对于创新教育应有个全面的开放式的理解，倡导创新教育不是用一种教育代替另一种教育，而是和专业教育有机结合，将创新教育寓于专业知识的传授和专业能力培养之中。就高职教育而言，必须树立新的人才观，要求学生具有较宽厚的知识基础和扎实的专业能力，真正体现"宽基础、活模块、多方向"的办学特色。培养技术应用性人才，决不能满足于简单的应用技术的套用，而应达到能创造性应用的水准。在培养方向上要以横向扩展能力为主，纵深的延伸能力为辅，使学生在一定层次上，依托某一专业的基本理论和基本技能，具备向相关专业渗透联结的实践能力。在人才质量观上，应当从传统的"上手快""会应用"的旧观念，转变到"能创新""有后劲"的新观念上来。

（二）创新精神与创业意识

创新精神是指个体在创新活动中所具有的发现和解决问题的进取精神，崇尚真知、追求真理的科学精神，百折不挠实现目标的奋斗精神等，是一种活跃进取的精神状态。高职学生应具有的创新精神主要表现为：自觉而有意识地支配自己进行创造性实践活动，具有较强的创新意识和创业意识。创新意识是驱动学生创新行为的心理动机，是将现有知识重新组合为新知识、将已有技能迁移和整合为新技能的前提。没有创新意识，就没有创新的实践活动。创业意识与创新意识密切相关，它是创新意识在社会领域的延伸，是学生自我谋职、自我发展的创造性素质的体现。没有创业意识，就没有自主地开拓和创造业绩、创造成就的动力。

（三）创造性思维能力

创新是创造性思维直接或间接的外现形式。创造性思维是人们在已有经验的基础上，运用思维的功能，发现新事物，创造新方法，解决新问题的高级思维过程。由于传统教育以机械、模仿、循规蹈矩的学习方法为主，养成了学生被动的常规型逻辑思维方法，而缺乏灵活多变和主动的创造性思维训练，缺乏联想、主动探索和创新的欲望。杨振宁教授从东、西方文化传统的差异性出发，比较了中、美两国的教学方法，他认为，中国传统的教学方法重演绎推理，严谨认真、按部就班、注重基础，但缺少创新。我们的学生多年来已形成了一种念死书的习惯，惯于被动接受而不是主动思考，很少去怀疑和考证，这就严重扼杀了学生创造性思维的发展。创造性思维能力是发散思维能力、形象思维能力、逻辑思维能力、联想力、想象力、顿悟能力（灵感思维）等基本思维能力的综合应用，它要求学校教育的重心由原来的重知识传授转换为重能力培养，特别是基础能力的培养。这也正是职业教育长期以来所存在的一个缺陷，过分强调专业技能的训练，侧重于"一技之长"，忽视了人的基本能力的提高。只有基本能力提高了，才能创新，才能将所学的专业知识创造性地应用到实践中去。在创新人才培养上，如果说创新意识、创新精神是驱动创新实践的发动机和燃料，那么创造性思维则是驱动创新性实践活动的车轮，它们都是创新人才不可或缺的基本素质。

（四）自觉自主的创新学习态度

所谓创新学习，就是要求学生在学习过程中，积极主动地学，不拘泥于书本，不迷信权威，不墨守成规，以已有的知识为基础，结合学习的实践和未来的设想，独立思考，大胆探索，积极提出自己的新观点、新方法、新主张。创新对于高职学生来说，更多地表现在学习的观念和意识上，而不一定是某种产品的设计，某种工艺流程的改造，而是解决问题的新方法，尽管这种方法可能已被他人所熟知，但对其本人来说仍是新鲜独特的。因此，勤于动手、勤于动脑，善于发现问题，这是对一切创新人才最起码的要求。创新始于问题的提出，终于问题的解决，没有问题何来创新？培养学生的问题意识，是创新学习的关键。

（五）健全的创新性人格品质

人格品质的塑造是素质教育的一项重要内容，从事创新活动所应具备的人格品质应该包括：良好的心理素质，广泛的兴趣，团队合作精神，敢于冒险的精神，抗挫折能力，情感、情绪和心态自控能力，等等。而在这些方面，正是许多青年学生所欠缺的。由于应试教育的影响很难一下子消除，加上独生子女人数比例越来越高，学生普遍缺乏吃苦耐劳、锲而不舍的意志品质和团结合作、富于冒险的精神，甚至还存在着上进心不强、学习不够勤奋的现象，所有这些都直接影响着学生创新观念的形成。

（六）较强的现代信息技术应用能力

信息和信息技术是当代公认的最先进的生产力，其开发和应用水平的高低，标志着一个国家创新能力的强弱。在现代社会，信息已渗透到人们学习、工作、生活的各个领域，有些是为人们所共知和共享的，有些则隐藏在深处，一般人很难捕捉，需要专门的知识和技术。掌握现代信息技术，既是开发学生智力的需要，也是学习和创新的需要，它是信息时代必备的创新素质之一。

三、培养创新人才需要教育创新

创新能力不同于知识或技能，知识可以传授，技能可以训练，而创新能力却很难用同样的手段加以培养，否则，我们就可以按照某种特定的模式批量生产创造性人才了。这也是创新教育所面临的最大难题。所以，一方面是研究者们大声疾呼要加强学生创新意识和创新能力的培养，另一方面学校却苦于"创新无门"而举步维艰，或使其流于形式，或依旧我行我素。创新来自基础训练。如果说，基础训练是"有法"，那么，创新是对规范的超越，是"无法"。"无法"不是没有方法，"无法"本身就是一种方法，是一种不确定、无定式的方法。杨振宁先生说他是得到了中国和美国两种不同教育的好处。可以说，中国的教育更注重"有法"，而西方的教育更注重"无法"。从"有法"到"无法"，是一种飞跃，也是一种创新，是一种教育的创新。"求木之长，必固其根本；欲流之远，必浚其泉源。"创新教育的根本与源泉，就在于教育自身的不断创新。

教育创新涉及的层面很广，包括教育观念的创新、教育管理的创新、教育方法的创新、教育评价的创新和教育环境的创新等。高职学校开展创新教育并实现教育创新，需要在几个关键问题上有所突破。

（一）个性化培养机制的问题

高职学校要成为培养创新性应用人才的基地，必须建立个性化培养机制。孔子说"君子不器"。学生不是"接收"或"储存"知识的"容器"，而应该是具有潜能的创造者。教师在传授知识的同时，激活学生的创造潜能，使学生在学习中学会创造，在创造中完善自己的学习。学生个性发展是培养创造力的重要因素，只有个性得到充分发展，学生的潜能得到充分发挥，个人突出的求知欲被充分调动，才可能孕育出真正的创造性。从这个意义上说，没有个性，就没有创造。如果我们把所有的人培养成同一个规格，那就意味着扼杀教育的生机与活力，扼杀学生的创造性。过去我们借鉴国外的先进职教模式，CBE也好，"双元制"也好，往往只注意到了它的"形"，而未触及它的"神"，也就是说功利性太强，只看到了这些教育模式注重知识和技能的一面，却忽略了它强调个性化发展和创造性应用的一面，必须尽快加以纠正。

（二）专才与通才的问题

目前的高职教育更侧重于专才教育，与行业、部门乃至岗位对口的倾向十分明显，这与创新人才所需的综合素质要求极不适应。培养创新人才必须妥善处理好专业教育与基础教育的关系，走专通结合的道路，高职专业设置的综合化趋势也恰恰说明了这一点。专通结合是创新教育的需要，也是终身教育的需要。终身教育是一种知识更新、知识创新的教育，它更注重长远，注重人的可持续发展能力的培养，因此，高职教育必须和其他各类教育一样，纳入终身教育的体系，以终身教育的观念办好高职教育。

（三）实践教学和实践活动的问题

注重实践教学，作为高职学校的办学特色，高职学校必须始终坚持。创新人才的培养离不开实践，实践是创新的"源头活水"。学校的实践教学不只是为了提高学生的专业操作能力，而应该通过实践教学检验和发展学生的创新能力。实践教学的形式是灵活多样的，实验操作是实践教学，实习实训是实践教学，而课堂教学中的案例教学、专题讨论、综合作业都可以看作是实践教学。与此同时，学校还应积极组织开展一些其他类型的实践活动，如科技创新活动、课余文化艺术活动、社会调查和社会实践等，把学生推向经济、科研、服务、社会生产的第一线，所有这些，都是培养学生创新精神和实践能力的重要途径和手段。

（四）教学管理模式的问题

教学管理方面，重点要在推行学分制上有所突破。学分制在高职院校还处于起步阶段，它对于创新教育有着很大的促进作用。学分制允许学生灵活选课，其主要目的就是因材施教，使学生根据其兴趣、特长或不足来选课，从而拓宽基础加深实践，发挥个性，有利于创新精神和创新能力的培养。学分制管理模式下，可以实行弹性学制和间修制，允许学生提前或分阶段完成学业，扩大选修课比例，调动学生学习的积极性和主动性，把创新教育列入学分制方案，设立创新学分，为创新教育、创业教育提供切实可行的制度保证。

参考文献

[1] 路甬祥. 知识经济、创新体系与大学[C]. 中国大学人文启思录（3）. 武汉：华中理工大学出版社，2001.

[2] 刘纯朝. 论大学素质教育与创新人才培养[J]. 煤炭高等教育，2000（4）.

[3] 柳翠钦，王茹. 加强创新创业教育，提高劳动者的素质[J]. 职业技术教育，2001（13）.

[4] 杨开乔. 积极推广学分制，大力培养创新人才[J]. 中国高等教育，2000（22）.

（原文刊载于《浙江工贸职业技术学院学报》2002年第2期）

一本指导就业指导创业的好书

——推荐《纵横职场——高等职业教育学生就业和创业指导》

陈守文

大学生朋友们，相信你正在关注着就业和创业，相信你在前行的路上，一定会碰到就业和创业的种种问题，至少你思索过或正在思索着"我适合做什么职业""如何找到自己合适的职业""我将如何创业""我应该为就业、创业做好哪些准备"等问题，相信你希望找到如何就业、如何创业的答案。现在展现在你案前的《纵横职场——高等职业教育学生就业和创业指导》，相信她可以为你释疑解难、指引迷津！开卷有益，认识和不认识的朋友，请你打开这本书吧。

对于大学生来说，除必须调整就业观和就业期望值，树立大众化的就业观外，还必须懂得如何设计自己的职业生涯。当大学生完成学业、步入社会的时候，应该学会策划自己的职业理想与追求。是找岗位就业，还是自主创业？这是一次重大的人生的选择。其实，就业与创业都是实现自己的理想的有效途径，在就业中可以创业，关键在于以什么样的气度和心态跨出这人生征途的第一步。《纵横职场——高等职业教育学生就业和创业指导》一书是教育部"银领工程"系列丛书之一。书中或许没有现成的标准答案，但可以帮你提早实现就业和创业的理想！

《纵横职场——高等职业教育学生就业和创业指导》全书共分《就业篇》和《创业篇》两大部分。《就业篇》就"职业的类别及其发展趋势""就业心理及其测试""职业生涯设计""职业信息的收集与处理""求职材料的制作""求职礼仪的告诫""求职技巧""职业适应"等方方面面做了阐述。作者分析了职业类别，包括职业基本状况、不同的分类标准以及多种分类方式，特别是揭示社会职业变化的发展趋势，给你的职业发展预测提供了科学的基础；本书还提供了职业生涯设计，介绍了不同职业种类特点和招聘录用的标准以及技能、文化、心理、身体及综合素质的具体要求，以及转换角色、适应职业以增强竞争能力，为精心雕刻你的人生提供了理性根据。书中介绍的就业信息收集、处理，求职材料制作，求职技巧，求职礼仪等就业实用信息，可以为大家的职业选择提供参考和帮助。相信你能运用所学的知识，使个人价值定位和理想的职业相一致，运用自身的实力、技巧和方法，展示自己，推荐自己，以获得社会和用人单位的接纳和认可，通过专家指点和自我设计，为适应你的职业做好准备，帮助你找到一份理想的工作，从而实现自身的价值。

《创业篇》就"创业准备"和"创业实践"两方面做了介绍。"创业准备"重点介绍了"心理准备""知识准备""能力准备"等内容，"创业实践"为我们提供了"确定目标""制定计划""实施目标"等具有操作性的内容。现在，创业越来越趋向于科技化、信息化，创业意味着机会和挑战。"创业篇"为你搭建了一个良好的平台——让梦想放飞，将创业激情转化为创业实践的平台。规划好自己的就业生涯，把握好每一次机遇，迎接每一次挑战，开创未来，实现人生的目标。有了明师的指点，前进的路也许没有想象中的那么坎坷。实现、希冀与梦想一直与你同行，创业是艰苦而快乐的，《创业篇》和你做伴，我们期待着你的成功！

本书通俗易懂，内容实用。是一批理论工作者和实际工作者共同研究的成果。既有最新前沿的理论阐述，又有大量丰富的现实案例佐证，专业化的评析和大众化的表现形式同在，内容深刻、生动和通俗兼具，相信大学生们会喜欢她。

参加本书编写的有浙江工贸职业技术学院何向荣、王小明、李连弟、汪涛，北京联合大学高桥、权力，北京城市大学王育，湖北职业技术学院万由祥、冯志华，上海商业职业技术学院胡纬华，辽宁农业职业技术学院丁立群，湖南永州职业技术学院卢桂珍，深圳职业技术学院李凯。全书由何向荣定稿。

中国职业教育协会副会长刘来泉、北京轻工职业技术学院院长李振华、天津大学职业教育学院副院长周志刚、北京联合大学副校长高林、上海第二工业大学高教研究所所长陈解放参加了本书的审定，并提出了很多的指导性意见。

该书已在今年8月份由高等教育出版社正式出版发行，每本售价19元。

（原文刊载于《浙江工贸职业技术学院学报》2004年第3期）

论构建与实施高校科技创业教育模式

徐德华　　郭宏群

"创新是民族的灵魂"，现时代青年大学生创业就是一项创新型的事业。1999年1月国务院批转的教育部《面向21世纪教育振兴行动计划》中，就提出要"加强对教师和学生的创业教育，鼓励他们自主创办高新技术企业"。大学生是新时代和科学的急先锋，高校创业教育的实施必须充分考虑大学生的学科和知识优势，将创业教育定位于科技和大学生所学的专业上，鼓励大学生积极进行科技创业。我们把这种创业教育界定为科技创业教育，而这正是本文的研究对象。科技创业教育的开展必须基于对其准确定位。它的教育过程是通过各种可利用的手段来培养创业者的科技创业意识、创新思维、创业技能等多种科技创业素质，并最终使被教育者具有一定的科技创业能力。本文将科技创业教育定位于一种素质教育形式，是以提高学生的科技创业素质为核心的教育，同时认为，它也必将是高校正在实施的创业教育的有机组成部分。科技创业教育作为一项系统工程，必须有一套完整的教育体系，以进一步深化高校的科技创业教育。结合国情和各地校情，本文提出我国高校的科技创业教育模式，希望为各高校实施科技创业教育提供启发和帮助。

一、以科技创业实践为核心的科技创业教育模式

（一）科技创业教育的内涵、科技创业基本素质的内涵与模型

科技创业教育是以大学生为教育对象，以科技作为突破口，培养大学生科技创业综合素质的一种教育。大学生科技创业的基本素质是指他们运用所掌握的资源，将先进科技知识创造性地应用于相关产业的态度、知识、能力诸方面。科技创业教育的目的是强化大学生科技创业的意识，增加大学生科技创业的知识、能力和经验储备，帮助大学生养成

良好的创业心理品质，从而为他们的创业生涯以及职业生涯做好准备，由此可以整合出科技创业教育基本素质的模型（图1）。

心理品质
创业意识
科技创新意识

创业知识、能力和经验
科技知识、科技研发和应用能力

图1 大学生科技创业基本素质的模型

这是一个金字塔型的模型图。创业知识、能力和经验以及科技知识、科技研发和应用能力构成了大学生科技创业素质的主要内容，它们是基础性和根本性的素质，因而是科技创业教育培养的重点。在大学学习阶段，科技知识的学习往往与他们自身所学的专业知识相关。处于第二层的是作为科技创业动力的创业意识和科技创新的意识。心理品质则是成功创业的必要条件之一，也是科技创业教育的一个重要组成部分。

（二）科技创业教育模式的剖析

辩证唯物主义告诉我们，内容决定形式，而形式反过来又作用于内容。因此，我们根据科技创业教育培养大学生创业综合素质这个主要目的，结合当前我国高校创业教育的实践情况，提出科技创业教育模式（图2）。

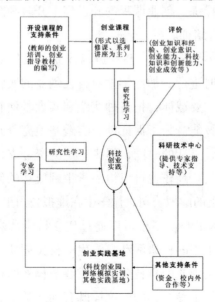

图2 科技创业教育模式

1. 科技创业实践的核心地位

大学生获得创业本领的主要途径是在创业中摸索，创业中最大的挑战是缺乏经验，显然科技创业教育培训的重点应是创业实践，因此科技创业教育应该立足于科技创业实践。科技创业实践居于整个科技创业教育模式的核心地位，其他教育环节都围绕着它，起支持、辅助作用。科技创业教育以培养学生的科技创业知识、能力和经验为主要目的，但它们不能是纯理论的，要强调应用性，应该是实用、适用的知识和能力。创业教育强调系统的知识和能力培训，这些知识、能力系统必须是适应科技创业实践的。

2. 主要支持条件

（1）创业课程的开设。高校应开设创业课程，开设课程以选修课或讲座为主要形式。而编写适合大学生的创业指导教材更是一项迫在眉睫的任务。教材中的内容应该以操作性知识为主，当学生在创业实践中遇到具体问题，需要了解相关知识时，他们可以在教材中获得相应帮助；教材中的每个知识模块附有实际的案例，以便开展案例教学。学生可以运用研究性学习的方法，完成创业指导课程的学习，并进一步深入科技创业实践进行实际操练。创业课程的开设离不开教师队伍的建设，这些教师也必须接受创业培训。

（2）科技创业实践基地。高校可以建立科技创业实践基地，实践教学与理论教学同时进行，加深学生对科技创业的实践感知。这类基地以科技创业园作为主要载体，把各种实践和实训基地有机整合起来，训练学生的各种创业技能。为了保证创业实践基地充分开展活动，应给予创业学生比较充裕、灵活的时间，提供一定的资金支持，并配备专门的指导教师和管理人员。高校也可以组织学生到成功的创业型中小企业参观，或是建立网络上的虚拟公司，让学生在虚拟公司里进行操作。

（3）科研技术中心。高校可以通过建立科研技术中心，把校内科研机构、技术开发中心的科研活动与学生的科技创新和应用活动有机结合起来，提高大学生创业的科技含量。或者与校外的科研机构、企业的研发中心合作，让学生参与其中，这样既有利于学生提高科技创业的能力，也有助于增强学生的研发能力，为其未来的职业发展做好准备。

3. 一般性支持条件

（1）专业学习。在专业教学中，进行渗透式的科技创业教育。对非专职教师进行一定的创业培训，使他们在专业教学中有意识地渗透创业思想，培养学生科技创新的意识和能力。教师可以对教材进行适当的调整和处理，使之符合科技创新的要求。在教学方法方面，可以采用研讨式、研究性学习等方法训练学生独立解决问题的能力。

（2）其他支持条件。目前国家出台了一些政策，使创业的大学生有机会获得优惠贷款。高校则可以设立专项经费支持和鼓励大学生创业，例如为一些大学生创业项目注入启动资金。学校可以通过校内外各种内容和形式的合作，使学生获得较多的资金、技术、市场等多方面的信息，并牵头建立起学生对外交往与合作的渠道和机制。校内某些合作项目的竞标也可以优先考虑创业的在校大学生。

4. 评价

科技创业教育的评价应该以形成性评价为主。以实践为主导的教学过程中，始终贯穿着创业计划书撰写与答辩、市场调查、项目可行性分析以及经营各种真实与模拟项目等多种实践、实训活动，教学评价应该对学生的学习情况进行考察。要建立创业学生的档案资料，了解学生在整个创业过程中的表现，根据学生的自我描述和评价，从创业知识、创业意识、创业能力、创业成效、科技知识和创新能力等多方面综合考察，重点考查学生在创业过程中的体验和收获。

二、科技创业教育实施应注意的几个问题

（一）加强师资队伍建设

科技创业教育实施的基础是要加强师资队伍建设。其一是加强科研型教师队伍的建设，既要求增加专门的科研人员，尽可能引进具有技术研发、应用实践能力的人才，也需要通过培训提高普通任课教师的科研意识和科研水平。其二是配备创业指导教师，高校应储备一定数量、具有系统创业理论和创业基础知识的教师，配备较多的具有创业实战经验的教师。"经济界和学术界也应密切合作，因为大学教师极少有成立独

立公司及公司管理与运作的实践经验。通过与经济界的合作，尤其是在企业管理方面的合作，能够弥补他们这方面的不足。同时，年轻的独立经营者，也可以将他们成功的经验传授给学生，使其对社会经营的优势和困难有更深刻的认识。"[1]高校要整合相关资源，在优化自身教师队伍建设的同时，加强与社会相关部门、团体和用人单位的合作，向社会敞开大门，吸收有实践经验的企业经营管理人才及其他理论知识和实践经验、操作技能与应用都十分优秀的人才。

（二）实施实践主导型教学

传统的教学注重理论知识的系统传授，而这种知识传授的模式在创业教育中却不是完全适用的。科技创业教育在教学组织上应以科技创业实践为导向，努力寻求产学合作，实施实践主导型教学。以自主创业各项知识及技能的要求为主线进行教学与实践，采取实践—理论—再实践的分段式教学。例如，在模具设计与制造专业的实践教学中，由来自实践部门的"双师型"教师指导学生运营模拟"模具制造公司"，一边学习创业知识，一边进行模具设计和改良等，这对该专业学生科技创业素质的培养特别是创业实战能力的提升十分有利。

（三）注重学校创业文化的建设

"创业文化是指敢于开创事业的思想意识，以及与之相应的价值观念和鼓励创业的社会心理之和。"[2]高校努力营造一个浓厚的创业文化氛围，对培养大学生创业意识，提高大学生创业能力，具有促进作用。创业文化包括创业意识、市场意识、拼搏和冒险精神、协作精神、创新精神等多方面的内容。高校创业文化的建设，不仅是指在校园内开展形式多样、内容丰富的创业文化教育活动，如：创业文化沙龙、创业成果展、创业大学生座谈会、创业人士讲座等等，更应该注重创业文化的内涵建设。

（四）创造科技创新的氛围和条件

科技含量高的创业其附加值更高，而大学生创业必须注意层次的提高，因此高校应提倡科技创新和应用，营造科技创新的氛围，提供有利于科技创新的各种条件。一方面，高校应该鼓励和支持所有大学教师参与科研和创新，从而有利于在教学中提高学生的科研意识和能力。另一方面，高校应鼓励大学生参与科研，组织学生成立科研团队，引导学生进行科技创新和应用。此外，学校还应成立一些科技研发机构，并尽可能使之与大学生科研活动有机结合。当大学生具有较高的科技创新与应用的意识和能力素养后，其整体科技创业水平也会相应提高。

（五）争取学校外部的支持条件

大学生科技创业素质的培养有赖于社会和家庭的支持。对于社会特别是各级政府来说，应在经营领域、融资渠道和税收优惠等关系到大学生创业的关键问题上，对处于起步阶段或创业成功的大学生给予政策支持，提供相关的一系列配套服务，比如有针对性的系统创业培训等。高校要特别注意积极主动地和企业等各类社会主体建立联系，为大学生创业搭建广阔的社会平台。一旦社会提供了这类支持条件时，高校应该让大学生及时了解这些信息，并为创业大学生联系和争取一定的社会支持。高校还要争取学生家长的理解，让他们扶持子女的创业素质培养活动，保证学校的各种举措真正收到成效。

参考文献

[1] 吉丹如. 创业文化：校园文化的重要主题[J]. 学校党建与思想教育，2004，（12）.

[2] 邓建生. 创业文化与中国大学的历史使命[J]. 高等教育研究，2000，（6）.

（原文刊载于《高等农业教育》2007年第5期）

论高职生的创业素质

陈新开

一、自主的创业意识

创业意识是指在创业实践活动中对人起动力作用的个性意识倾向，支配着创业者的态度和行为。它包括创业需要、创业动机、创业兴趣、创业理想、创业信念和创业世界观[1]。目前，鉴于国家政策对大学生创业的积极支持和就业压力的加大，越来越多的高职大学生有创业的冲动和热情，但是真正自主创业的大学生却很少，就是在现已自主创业的高职生中，很少有学生把创业作为一种理想的职业选择，往往是迫于就业压力的被动选择。华东师范大学曾对上海五所高校的学生做了自主创业的调查，就调查的情况来看，大学生创业热情很高，有7.6%的学生都表示会考虑自己创业，但最终能下定决心走上这条路的却不足2%，即使走上自主创业之路，在不少的创业者身上也显示出被动性、片面性和盲目性等缺陷[2]。

重视大学生创业意识的培养。有意识地引导学生的创业需要和创业动机，激发学生的创业理想和创业信念，对培养学生的创业精神和开展创业教育具有重要作用。政府在大学生创业方面还需提供更多政策上的支持，鼓励大学生创业。在2004年4月2日教育部下发的《教育部关于以就业为导向深化高等职业教育改革的若干意见》中明确指出："高等职业院校应积极鼓励学生自主创业。学校要开设创业课程，培养学生的创业意识，为学生自主创业提供实际锻炼的平台，并在管理制度等方面创造条件，促进他们成功创业。"加强就业形势的宣传和教育，使学生了解自主创业的必要性。随着毕业生分配制度的改革，就业成为大学生必须面对的现实问题，要认识当前我国严峻的就业形势，认识到创业是解决我国社会就业问题的重要途径。学校、家庭和社会要通过宣传、讲座和就业、创业计划大赛等形式形成有利于高职生创业的大环境。破除传统的就业观，树立新形势下的"自主创业"的就业观念。只有转变就业观念，才能更好地选择适合自己的就业岗位。而转变学生的就业观念必须树立自主创业、开拓进取的新观念，认识到创业是实现远大理想、塑造辉煌人生的重要途径，也是社会发展和进步的需要。为此，要引导学生注意收集有关创业方面的信息和资料，让学生提前进入到相关行业、企业内部了解创业应具备的知识和技能，使他们毕业后能尽快地在市场经济的舞台中把握机遇，开创新业，实现自我价值。

培养高职生的自主创业意识，使其能够从职业生涯规划的层面上更加深入地了解创业的内涵，把创业作为一种可能的职业选择来看待。但不是一味地鼓励所有的学生在校期间创业或一毕业就去创业。应引导学生正确认识自我，充分认识创业环境，做好足够准备，理性地选择创业，使尽可能多的高职大学生在心里埋下创业的种子，到了适宜的时间和环境，其潜在的创业意识就会自然地萌发和生长。有句格言说得好："幸运之神会光顾世界的每一个人，但如果她发现这个人并没有准备好要迎接她时，她就会从大门里走进来，然后从窗子里飞出去。"

二、良好的文化修养

良好的文化素质并非是指高学历，而是在知识经济社会中长久保持成功所必须具备的品质。它一般集中体现在思想道德、专业知识和必要的法律知识等方面。

1. 思想道德素质是创业者素质的重要组成部分，是高职生创业成功的必备条件。人们往往会尊重那些既有能力又恪尽职守的人，却不会尊重一个很有能力但不负责任的人。创业者思想道德素质集中体现在其对待顾客的态度及对待社会责任的态度上。"君子爱财，取之有道。"新世纪是一个"相互依存"的世纪，只有通过真诚的合作才能得到真正的利益。只有为顾客创造最大价值，才能为自己带来最大利润。因此，高职创业者在创办企业的方向选择上，在公司的运作经营上，必须思考自己所开创的事业能否给消费者带来更多的幸福，要认识到只有实现社会价值时，才能实现自身价值。

2．专业知识对高职生的创业十分重要。高职生选择自己的创业方向时，要对这方面的专业知识有一定的掌握，并在发展过程中不断"充电"，形成自己的核心能力。因此，职业技术学院的学生，随时要有更新知识、技能结构的观念。假如学生对自己所要创办的企业一无所知，那么，成功的方向不确定，可以利用的条件不确定，难以发挥自己的优势。相对而言，创业方向不是自己毫无所知的领域，而是自己比较熟悉的行业，拥有一定的信息，知道大致的发展方向，目标比较明晰，这样，成功的概率就会明显提高。总之，在构思创业方向时，必须考虑自身的专业优势，它是立足社会并在激烈的市场竞争中取胜的关键，是创业成功的坚实的专业保障。

工欲善其事，必先利其器。无论从事哪一种职业，都有必要精通它。高职创业者必须下决心掌握自己职业领域里的更多知识，让自己成为专家。如果你是一个领域的行家，通晓自己的专业，便会赢得良好的声誉，也就拥有了潜在成功的可能。一位成功的商人曾说："你如果能真正做好一枚别针，应该比你创造粗陋的蒸汽机更容易赚到更多的钱。"[3]

3．必要的法律知识对高职学生的创业活动具有现实的价值。随着我国依法治国国策的确立，法律在社会生活中的地位凸显。在企业的组织过程中有《合伙企业法》《公司法》等加以规制；在生产经营过程中有《产品质量法》《反不正当竞争法》等加以规制；在流通领域有《合同法》《担保法》等法律加以规范；在权益发生争议时的纠纷解决程序方面有《诉讼法》《仲裁法》等法律加以保障。法律知识已经成为创业者必须具有的基本素质之一。这就要求高职创业者学习相关的法律知识，知道自己在创业的相关环节上享有何种权利、要承担何种义务，知道当自身的权益受到侵犯时通过何种途径自我保护。

三、自信的心理素质

自信意味着自己相信自己，它是人们对自己力量充分估价的一种内心体验，是一种反映个人对自己是否有能力成功地完成某项活动的信任程度的心理特性。自信是成功的基石，创业者内心认为自己会成功，且不怀疑，就往往会成功。因为充满自信，就意味着能充分地认识自己的长处和潜能，自我感觉良好，形成一种成功者的心态，善于抓住生活中的机遇，全身心地投入，使原本不可能的事变得可能。不要允许自己或任何其他人动摇你对自己的信任，去摧毁你的自恃，因为这是所有伟大成就的唯一基础。"你能够，假使你想你能够；你不能够，假使你想你不能够。"[4]创业者越是富于自信心，在面对逆境或不利时，就越会千方百计地想办法克服逆境和不利，因而想办法完善它，结果他终于成功了。为此，高职创业者要培养良好的自信心理。

1. 从成功事件上获得自信。实践证明，目标越是切实可行，就越能建立起自信心。为此，要为自己制定一个切实可行的目标来提高自信。同时，每做一件事情之前，都应该做好充分的准备，这样就会为树立自信心打下基础，为取得成功提供可能性。

2. 自我认识，客观估量自我价值。我们常说"知己知彼"，其中的"知己"就是要能了解自己的个性及行为特征，认识自己的爱好和能力特长，认识自己的优点和缺点，既不妄自菲薄，也不夸大；而自我价值指确信自己存在的价值。确信经过积极的主观努力，终会展示自己的才华，实现自身的价值。为此，高职创业者要不时地扪心自问："自己的长处在哪里？"从比较中发现自己的可取之处，以此激励自己。

3. 勇敢地面对难题，克服畏惧心理。相信自己有能力处理创业过程中所面临的难题，没有什么能把你难倒，在哪里失败，就在哪里站起来。要坚信办法总比困难多。不能面临创业失利就灰心丧气、一蹶不振，重要的是要冷静地分析失败的原因，寻找解决问题的对策。人的自信心的获得就是在一次次渡过危机的过程中实现的。著名科学家爱迪生发明电灯的过程中，尝试了无数次，但每次都是以失败而告终。许多人都劝爱迪生放弃，因为失败了那么多次，肯定这件事是无法成功的。爱迪生却不这样看问题，他说："每一次失败都向我证明了这样去做是不对的，但总会有一次能发现正确的方法。"他的夫人也说："爱迪生不断使用排除法解决问题。如果有人问他是否因为犯错误而感到泄气，他一定回答：不！我才不会泄气！每抛弃一种错误的方法，我也就向前跨进了一步。"[5]正是凭着自信的心理素质，他终于成功地发明了电灯，为人类作出了巨大的贡献。

四、求异的个性

创业需要求异的个性。求异的个性是思想上的独立，承认专家权威的存在，但不盲目听从、信从他们的建议，而用自己头脑独立思考。

1. 求异的个性使人勇于创新，具备创造性的思维。现实表明，成功企业技术创新的主要特征一般表现为：大多数企业领导人是新技术或新产品的决策者与推动者；企业领导人常常就是提出创意的人。求异的个性，来源于人的追求不断增长的需要，是人不知足本性的反映。创业者要善于独辟蹊径，无论是产品生产，还是包装设计，甚至营销方式、售后服务等方面都从求异的角度出发。现代企业尤为注重创新，要想谋求企业的发展，必须树立人无我有、人有我新的理念，而唯有对市场保持长期艰苦的关注和专注的人才有机会形成创造性思维方式。

2. 求异的个性善于打破思维定式。所谓"思维定式"，可以说就是过去的思维影响当前的思维。换句话说，思维进程自然地按照头脑中已有的思维程序和思维模式进行。思维定式对于人的思考问题显然有许多好处，它能使思考者省去许多摸索、试探的思维步骤等。但思维定式却束缚人们的创造力，而求异的个性善于打破思维定式。实践证明，突破思维定式，你就能创新思考，而创新思考则是创业成功的法宝。世界船王包玉刚在事业上获得成功在于他采取了一套与众不同的经营方针——薄利长租。即以较低的租金把船长期租出去，这种做法曾被讥讽为"傻瓜之举"。当时，一般船主都喜欢把自己的船零散地租给别人，跑一趟运输收费一次或是签订短期合同，以获得较高的租金。可是包玉刚分析了市场行情可能出现某些危机，断然采取了低租金、长合同的办法，结果石油危机降临时，不少船主业务受到很大冲击，经营亏损；而包玉刚的船队由于经营得法，却在危机中得到很大发展。与此相反，那些不能突破自身局限的人之所以在许多领域毫无起色，是因为固守常规性思维。创业者成功的经历不断表明：创业成功的可贵之处在于创业者的创造性思维。成功的创业者也只有通过不断创造，才能体会到人生的真正价值和幸福。而创造性思维在创业实践中的成功，更可以使其享受到人生的幸福，并激励其以更大的热情去继续从事创造性的活动，为自己的成功之路奠定基础，实现人生的更大价值。

五、坚忍不拔的毅力

创业者面对生产经营的复杂性，在创业过程中会遇到很大困难，面临不测的风险。创业者要靠坚忍不拔的意志去克服，要凭顽强的毅力去承受失败的打击。尤其是在公司的初创阶段，对于高职创业者而言，许多事都没有亲自经历过，挫折乃至失败都是正常之事。不要因为一时的挫折就否认自己的能力，也不要因为别人的嘲笑而放弃自己的追求。面对挫折与失败，绝不丧失前进的信心和勇气，而是要在自己挫折的经历中仔细分析，总结经验教训，寻找走向成功的方法。荀子曰："锲而舍之，朽木不折；锲而不舍，金石可镂。"纵观每一个成功企业的创业史，成功企业大都是在创业者经历了一次次的失败后建立起来的。以坚忍为资本去从事创业的人，他们所取得的成功，比以金钱为资本的人更多。"世界上的一切大事的成就，都是假手于那些别人放弃，而自己还是坚持的人"[4]。与此相反，创业不成功者往往做事有始无终，就因为缺乏充分的坚忍力，因而无法达到预定的目标。

高职大学生创业之初，往往缺乏必要的资金，所创办的企业规模小，对失败的承受力较弱，一旦对市场把握不准，决策失误，就可能遭受致命的打击。同时，企业经营管理经验匮乏，甚至有些创业者连企业运作的方式都不是很清楚，对国家的政策法规了解不透，而面对的市场却是完全的竞争性市场，压力很大，暂时挫折甚至失败难以避免。有不少高职大学生在经受失败、付出很多努力却看不到进步时，开始怀疑自己努力是否会取得下一步的成功，开始麻木并放弃追求。不言而喻，他们离创业成功将是越来越远。为此，高职创业者更要有"屡败屡战""愈挫愈勇"的意志、坚忍不拔的毅力，相信顽强的毅力可以克服创业路上的障碍，带动所创办的企业团队同心协力渡过难关。高职创业者尤其要时刻铭记，在创业过程中，只有具备坚忍不拔的意志，永不回头的决心，创业才有望成功。

六、勇于实践的品性

目前，高校的创业教育蓬勃发展，但多局限于课堂教学，缺乏创业实践环节，而创业是一项实践性非常强的事业，缺少了实践这一重要的环节，就有可能出现学生创办企业的高出生率、高死亡率的局面。英国著名生物学家托马斯·赫胥黎曾说："人生伟业的建立，不在能知，乃在能行。"无疑，也强调了实践对人生大业成功与否的重要性。事实上，无论学生的创业之梦多么美好，创业规划多么完善，若缺乏创业实践的熏陶都只能是虚无缥缈的海市蜃楼。可见，创业的实践性环节就显得非常重要，要加强学生的创业实践。

1. 开展创业讲座、创业沙龙和创业计划竞赛等活动。请有创业经历的成功企业家参与创业讲座，因为他们有创业的实践和创业的心得，往往能够开诚布公地和学生交流其创业的经验，既包括成功的经验也有自己在创业中走弯路、甚至失败的经历，学生得到的信息更加准确也较有说服力。

2. 开展模拟创业训练，创设逼真的创业情境。模拟创业就是指从寻找商机开始到制订创业计划、组建创业团队、进行创业融资和企业运营管理的全过程模拟，用于运用和检验创业教育其他环节掌握的知识、技能和方法，真正让其了解企业经营运作的流程，使他们在创业时少走弯路，避免创业中不知所措。

3. 建立创业基地，让学生参与创业实践活动。从资金、场地、设备、设施等方面为学生创业提供扶持、优惠等，如设立创业基金、实验室、创业实践基地、科技园、孵化器等，通过创业中心或孵化器实习或借助各类创业基金开展创业实践活动来进行。有条件的高职院校可以利用校内资源，尽可能让学生直接承包经营校内的企业。如酒店与宾馆专业的学生完全可以与学院签订校属宾馆的承包合同，让学生自主经营、自负盈亏，边干边探索企业的经营管理之道，为今后的创业活动打下良好的基础。

创业之路是一条非常诱人但又布满荆棘的崎岖道路，职业技术学院的学生往往有"天生我才必有用"的思想，想开创属于自己的事业，但须明白高职生选择了创业就意味着选择了"困难"，意味着要向自己的智力、精力和忍耐力提出挑战，是人生一次严峻考验，必须有迎接苦难和挫折的思想准备。在实践中不断摸索，实现自己的理想，实现自身的价值，并为社会作出应有的贡献。

参考文献

[1] 刘东菊．开展创业教育，构建大学生创业人才培养模式[J]．扬州大学学报，207，（4）．

[2] 林金辉，杨晓丽．在高等学校创业中培养创造性人才[J]．中国大学生就业，208，（2）．

[3] [美]阿尔伯特·哈伯德．哈伯德全书[M]．吴云丽，译．北京：中国戏剧出版社，204．

[4] [美]罗杰·马尔腾．成功之路[M]．林语堂，译．西安：陕西师范大学出版社，203．

[5] 漆浩．左右你一生的心态[M]．北京：当代世界出版社，203．

（原文刊载于《黑龙江高教研究》2009年第2期）

以机制创新为内核，开辟创业教育新模式

何向荣

品牌发布中心、整合传播公司、虚拟与实体结合的温州名购网、传统与现代相融的艺术工作室……利用院办产业厂房改造的"学院路7号LOFT"内汇集了25家文化创意企业。"学院路7号LOFT"不仅是温州创意产业聚集地，更是为在校生创业教育和创业实践服务的实践基地。类似的为学生创新创业服务的还有"一站式"的知识产权服务园、电子信息科技园、科技研发中心等机构。学院发掘校企一体办学的机制优势，发扬敢为人先的温州人精神，结合市场导向的区域文化特征，使创新创业成为办学的核心价值理念，突显了高职学生创新创业教育在学院人才培养模式中的重要地位。"校企一体"的创业文化深入人心，毕业生在校期间有过创业经历或参与创业团队的比例达45%，创业园每年培养20名成功的"创业之星"。

一、创新机制，形成创业教育新模式

学院在"开放式系统、矩阵式流程、嵌入式平台"三个方面开展创新创业教育、推动创新创业实践，并取得了一定成效。

（一）校企一体，立足市场，形成"开放式"创业教育体系

第一，推动创新实践的社会系统环境建设。学院与当地政府、行业协会、企业、新闻媒体及时沟通，整合各种社会资源为创业教育服务，推动大学生创新创业的社会环境建设。例如，2003年学院主动联合温州团市委共同创办温州市大学生科技创业园，将它建设成为面向全市的大学生创业孵化基地；与日资企业合建温州电子信息科技园，引入系统供应商，推进国际服务外包；学院每年投入100万元创业扶植资金，并吸引奥康、吉尔达等多家知名企业风险资金680万元。从成立温州首家大学生

科技创业园开始，经过六年发展，学院已成为特色鲜明的创业聚集地，通过"政·产·学·研·市"五位一体的教育服务型高职院校平台，初步探索出了开放的、立体的大学生创新创业教育实践模式，如图1所示。

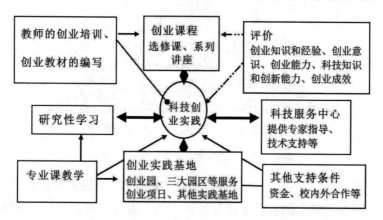

图1 注重专业与科技的创业实践教育体系

第二，形成"金字塔"式学生创业型人才培养模式。我校立足温州创业大环境，以全面普及创业基础知识教育为基础，发挥校企一体办学机制优势，培养成功创业团队和创业精英。依托校办产业，打造一批有市场前景和带动效应的学生创业团队。例如，鞋类设计与工艺专业0603班学生姜麟（现为鸿泰皮具贸易有限公司总经理）的"互联网鞋类供应商"创业项目，结合所学专业知识，同时应用电子商务开拓销售渠道：由姜麟的公司负责组织货源，保证产品质量，大学生网络代理以代发货的形式负责销售，形成一条营销产业链。到2009年1月，姜麟拥有的合作鞋类品牌达到了60多个，大学生网络代理20多家，在自身创业的同时也带动了其他大学生创业。立足市场，举行中小企业创业项目加盟会，依靠学院科技服务中心，加大学生科技创业成果转化的支持力度。例如，学院先进材料研发中心承担表面工程技术专业"托管"任务，包括2名博士在内的8名科研人员，手把手教学生，负责他们的专业教学、实训与顶岗实习、思政工作与德育等。今年2月份，中心与温州一家公司合作研发"铝镁合金半导体材料"技术完成实验室试验后，公司将这一成果带到美国测试，结果显示各项指标优于美国同类技术，如图2所示。

图2 "金字塔"式学生创业型人才培养

（二）针对所需，服务导向，建立"矩阵式"创业教育流程

针对全体学生创新创业普及教育、创业团队、创业之星培养教育的不同需求，立足学校主体创新创业实践平台，同步推进学校教育、社会教育、自我培养与带动教育，形成"矩阵"式创业教育流程。

创业课程设置是创业教育系统工程的枢纽，决定着创业人才的生存空间与发展价值。2000年，学院开设了作为全院学生必修课的《就业与创业》，创业教育集中培训规模每年约1000多人。具备创业实践经历是担任创业课程教师的必备条件。学校创办产业、教师兼任企业经营者，以及入驻各个产业园区内的众多文化创意类、生产服务类企业，为专兼创业师资队伍提供质量保障。以"大学生ＫＡＢ创业基础"课程为基础，改造成为适合学生特点的本土化创业课程。学院主编的创业就业教材（《纵横职场：高等职业教育学生就业与创业指导》）发行量达4.2万册，该系列丛书被评为国家高等教育教学成果二等奖。

将创新创业教育与专业教学改革相结合。在学院开设淘宝创业实训基地，各系部利用专业优势先后承揽了绿城数码、白羊网络、温州名购等一批企业的网络业务。对于有意向开办实体创业的学生，根据学生提供的创业商业计划书，由指导教师进行针对性专业培训后，直接进入创业园进行实体创业。学院与温州市政府、中国风险投资研究院联合创办温州风险投资研究院，引导巨量的温州民间游资有序、专业化地进入风险投资领域。推进大学生创新创业项目化管理，推动创新创业活动奖励激励与项目质量控制有机结合，并且借助温州市知识产权服务园的资源优势，为学生创业者提供知识产权信息中介、展示交易、质押融资、维权援助、人才培训等便捷条件。

学院专门成立了培养创业接班人的创业学子俱乐部，以俱乐部为载体积极开展创业教育的探索与实践。例如，由于温州电信分公司将高校作为3G手机项目推广的主要目标市场，我院创业团队承接了校园3G手机应用系统项目。一个26人规模的软件应用研发学生团队在教师指导下，取得手机选课、评教等项目应用的阶段性成果。

（三）三大园区，资源整合，建成"嵌入式"创业实践平台

创业实践是创业教育的核心，而发掘优势则是创业实践成功的重要基石。学院鼓励并引导学生在创业实践中做到坚持将创业与专业、科技相结合，与温州地方优势相结合，从地方经济优势入手找到适合自己的创业方向，确立项目运作的优势。

学院以温州高度发达的民营经济为依托，弘扬温州人"敢为人先"的创业精神，紧扣市场需求，人才培养与企业经营相互促进。截至2009年12月，学院累计投入1.5亿元，以服务经济转型升级为切入点，开建浙江创意园、温州市知识产权服务园、温州电子信息科技园项目（简称三大园区）。浙江省商务厅已批准以三大园区为基础建设省级国际服务外包示范园区。三大园区中不仅有来自海外的归国创业者、国内的行业领军人物，还有学生创业团队。如：09届毕业生中有4支创业团队入驻温州电子信息科技园，他们分别为：温州万博电子商务有限公司、纳云电子信息科技有限公司、温州瓯力德科技有限公司、DIY电脑工作室，共有112人参与创业实践。有6支创业团队入驻浙江创意园，共有230人参与创业实践。学生团队的设计工作室与创意企业毗邻而居、相互促进：温州名购网打造虚拟和实体的网络商城，使温州名牌商品插上电子商务翅膀，运营第1个月，名购网热销品瓯绣这一温州传统工艺作品的营业额达8000元，学生瓯塑作品以3000元价格拍卖，鞋类设计与工艺专业创业学生充分利用自身的专业知识精心设计的时尚女鞋被温州金鸿鞋业有限公司以2000元的价格买下并立即投入生产，模具工作室创业学生以创新的思维设计的笔模也以4000元的价格被温州爱好笔业公司相中，并投入生产，实现了艺术价值到经济价值的转变。

二、路径与思考

回顾学院创新创业教育实践模式的探索路径，机制创新贯彻始终，"教育服务型"高校建设不仅发挥文化引领和创业示范作用，而且以人才培养与社会服务的一体化突破创业教育"工学矛盾"瓶颈，实现协同共赢，有力提升大学生创新创业教育工作成效。

（一）基于市场导向的创业教育机制

改革开放以来，温州人凭借"敢为天下先、特别能吃苦"的创业精神，敏锐的市场感应度和遍布全球的创业营销网络，温州成为创业热土。浓郁的创业文化氛围无疑对在温高校的大学生创新创业教育具有积极作用。但是，由于封闭办学及受传统思维影响，传统高校未必都能够按照市场化机制推动创新创业教育。

学院将创新创业教育与专业教学有机结合，成为"三·三制"工学结合人才培养模式的重要内容。2009年，"政·产·学·研·市"五要素互动共建的三大园区项目变"传统生产车间"为"战略性新兴产业基地"，不仅助推地方产业转型升级，而且创新高职人才培养模式。在园区与入驻单位签订的市场契约条款中，明确入驻单位提供专业课兼职师资和担任学生创业导师任务、承担顶岗实训任务、接受推荐毕业生就业等方面的具体义务和责任，有效地解决了职业教育缺乏企业全面支持的、合作仅靠人际维系、缺少契约制衡等因素导致的校企合作一头热一头冷，工学结合两张皮等现象。例如，入驻浙江创意园的中国动漫网（部）长期提供至少20个动漫设计专业顶岗实训岗位；入驻温州知识产权服务园的瓯越专利事务所应至少提供3名兼职教师，开设并承担1门课程的教学任务。由于签署工学结合协议是相关企业或行业协会成为合作方、入驻园区的前提，因此，园区建设在直接服务地方转型升级的同时，有效保障了校企一体、面向行业进行工学结合的市场契约关系，推动了基于园区平台的创业教育机制创新。

学院秉承"大气致远、精工诚贸"的校训，以实现社会公益目标最大化作为可持续发展的办学价值追求，形成了以政府、行业、企业合作，集人才培养、社会服务为一体的办学新模式，探索并基本形成了教育服务型高校的理念与思想。是公办，市场运作更像是民办；是省属，服务当地更像市属；是高教，教育集团更像职教；是学校，资源整合更像企业。温州市市长赵一德评价学院三大园区是"对温州地方产业转型升级具有支撑性、引领性的关键项目。"高校主体的创新创业实践成为大学生创新创业教育的示范。

（二）基于校企一体机制的创业教育实践

独特的办学渊源促使学院率先进行校企一体办学体制机制的突破。我校认为，真正的校企一体是教育办学主体、生产经营服务市场主体、独立的法人主体的统一体；当资产相关的校企一体难以实现时，以市场契约确保三个主体在体制机制上有机融合、高效运行，成为一个多赢的利益相关系统，同样可以视作校企一体。学院以投资或控股的形式自办生产性服务企业和以师资、技术、项目、品牌等优质资源吸引企业入校合建专业生产性实训中心都属于校企一体，也是对接专业教学与创业教育的师生创新创业教育实践大平台。以入驻浙江创意园的动漫设计工作室、视觉传达设计工作室为例。学生创业团队在潘修强、钱云程等青年教师指导下，不仅承接各类动漫宣传与广告项目，而且成为温州新闻网动漫频道的作品制作单位，并在温州新闻网动漫频道成立了"工贸专区"。对学生来说，学院孵化的设计工作室就是一个学习、做工相融合的一体化教室。学生用独特的视角、先进的技术和创新的手段反映生活的点滴和社会的现象，受到社会的欢迎，同时还把我院刘基文化研究所的课题成果《郁离子》故事改编成为动画短片，实现了我院科研项目和市场资源的贯通整合。

校企一体机制有效地推动了"双师型"队伍建设。创新创业教育、高职教育改革，都需要有丰富实践经验的双师型教师队伍、教学管理队伍和领导干部队伍，特别是具有创业理论与实践经验的创业型的双师型人才。例如，教务处长台新民兼任温州市知识产权服务园的总经理，在面向社会提供全国首个知识产权"一站式"服务的同时，为在校大学生开辟了"面上普及"与"点上深入"相结合的校企一体知识产权教育路径。再如，由经贸系青年教师叶皓为领衔的师生共同组建的"温州名购网"科技创业研发团队，以打造成3D形式的名购网作为其终极目标，去年开始商业运作。他们不仅仅钻研科技创新，而且还在名购网建设中融进新中国成立60周年爱国主义教育元素。通过学院搭建的校企一体平台，教学管理部门推进校企一体化教育流程创新，各种类型的双师型人才在实践中成长。

（三）基于流程创新的创业教育方式

要使校企一体机制转化为全面提升高职人才培养质量、培养创新创业型人才的核动力，必须有跳出教育的开放理念，必须对高职创新创业教育流程、专业教育流程进行创新，将专业教学中的工学结合、创业教育实践有机结合，解决创业与学业矛盾，实现人才培养与社会服务的一体化。以鞋类专业人才培养为例。根据温州制鞋产业转型升级对技术创新的需求，2003年，学院与香港科技大学合建轻工产品舒适度研究中心，以鞋类舒适度技术研究为起点逐步拓展到其他轻工产品领域，鞋类产品方面的科技研究手段已经具备国际水平。中心与温州市祥盛贸易有限公司合作建立固特异个性化皮鞋定制中心，不仅以日定制皮鞋20双实现鞋类舒适度研究技术成果产业化，而且将鞋类专业学生创意、科研中心舒适度分析、企业固特异技术制作融入一体化教育流程，实现了专业链与产业链、课程链与技术链、人才链与能力链、服务链与价值链的有效对接，并为潘祥生、胡居、姜麟等鞋类设计专业学生的科技创业提供了有力支撑。2007年，刚刚毕业的潘祥生凭借主力科技有限公司的良好运营，被浙江团省委、省教育厅、省工商局等授予浙江省"十大成功创业之星"，2009年又被评为全国高职大学生创业之星，并获得800万元天使投资资金。

一体化内聚力、一体化目标、一体化课程与教学、一体化评价构成了一体化教育流程主轴，工学结合的融入，课程教改的推进，推动了创业教育方式的转变，提升了创新创业教育的成效。例如，2009年，学院和温州英普瑞彩色印刷有限公司共同投入建成具备印前、印中和印后加工能力的产学研一体化的校内生产性实训车间，校企共同开发了11门教学用一体化课程，按企业生产流程设置了印前制版、单色胶印生产、四开四色胶印生产、八开四色胶印生产、印后质检、印后加工、仓库管理、业务等10个岗位。学生在生产性实训车间轮流进行岗位熟悉和技能的训练，在企业技术人员的指导下，全面了解、熟悉印刷企业生产工艺、管理模式和经营模式，并接受相应的岗位技能考核。印刷图文信息处理专业0701班陈纯洁、叶美玲、吴静等学生利用自身专业特长，创业项目对接印刷生产性实训中心的各种资源优势，在创业计划大赛中脱颖而出，并于2009年11月成立花样印像工作室，入驻大学生科技创业园，承接各种平面广告设计业务，短短几个月营业额已达7万元。

三、结语

学院将自身的教育服务行动与政府的发展改革战略相结合，在攻艰克难的社会实践中发挥高校优势。从政府咨询服务到技术研发推广服务，从文化创意引领到科技产业园区建设，学院衍生了一条全新的社会服务链。支撑这一服务链的，是学院从公益化到社会化，再到实训基地产业化，又自然回归到教育化的生态发展价值链，以教育服务推进创新创业已成为学院师生的自觉行动。

（原文刊载于《创新与创业教育》2010年1月第3期）

试论创业教育十大关系

何向荣

当前，创业教育在高等院校中已经受到高度的重视，去年教育部成立高等学校创业教育指导委员会，今年就召开第一届年会。创业教育从理论到实践都有了深入的研究，并取得了一系列重要成果。现实社会中创业者心情很急迫，创业教育者心情也很急迫，但创业教育是一个极为复杂，关联面又十分广泛的问题，实施创业教育面临的困惑不少。纵观当前高校的创业教育，厘清和梳理好以下十大关系就显得很重要，很急迫。

第一，创业教育普及性与创业人才培养专门性的关系。创业教育要以普及性教育为主，同时兼顾人才培养的专门性。创业教育普及性是面向全体大学生增强创业意识、创业精神的教育，是今后大学毕业生在任何岗位都需要的。创业教育特别是要加强企业家精神的普及教育，如创业创新和社会责任的教育。创业意识和创业精神是"中国道路"培养接班人的需要，也是缓解社会关系紧张（如劳资纠纷等）和解决各种矛盾的需要。家庭、个人如何处理好投资、理财、储蓄和消费，即学会资本经营和运作也是创业教育的题中之义。通过创业创新教育，既有"加法"的作用，也有"减法"的作用，让大学生理性对待创业的风险，这是辩证的。创业人才培养的专门性主要是因为创业的特质有别于一般的就业能力和职业素质，它需要通过选修课、必修课及创业学院等课程和组织载体专门培养，特别要加强实践，让学生在创业实践的过程中体验创业，实现创业感性到创业理性的跨越。目前普遍认为大学生创业主要缺乏资金和经验，其实缺少的更是创业的精神、意志、品质和心态。

第二，创业人才培养与创业实践的关系。社会学研究认为，任何知识都是可以传授的，唯有能力不可能通过直接传授的方式获得。这与企业家的忠告——"创业能力是练出来"不谋而合。从教育的角度，学校需要重点做好大学生创业实践各种软硬件支持条件的建设，提供和搭建创业实践平台，一方面让学生通过亲身的创业体验学习创业，另一方面也通过成功和失败的案例来教育、警示创业大学生。创业教育首先要有既能创业又能讲授、传授创业的教师，因此，具有创业实践经验和经历就成为创业教育师的必备条件，这不仅是对创业人才培养的需要，也是改变社会对人才培养质量不满意现实的需要。高校要改革人才培养模式，就要突破封闭式办学体制，真正开放融入社会，这样才能提高人才培养质量。

第三，教育部高校创业教育和区域地方创业教育的关系。各个学校都有自己的特色，不能千校一面，各个地区的产业基础、创业特点也不尽一样。浙江具有老百姓创业特点和创业自立的社会普识价值，创业是人们日常谈论的话题，家庭、社区都有极为深厚的创业氛围和条件，所以大学生可以先行创业体验再普及到创业教育，而北方则可能相反。义乌国际小商品城与电子商务密切相关，义乌工商职业技术学院大学生电子商务创业实践就十分活跃。温州民营资本雄厚，从原来的轻工产销到"炒"字头（炒煤、炒楼等）的投资再到投资金融、科技、文化等，温州富二代能否成为"创二代"是温州持续发展的社会问题之一。英国19世纪富一代想把自己的产业传承给富二代，但家庭产业传承并不成功，反而富二代大多成了艺术家、科学家等其他领域的精英，这对社会很有启示，其核心价值在于实现了家庭产业的转型升级。我们要统筹教育部与地方的创业教育关系，整合地方各类优质的创业资源服务高校创业教育。

第四，将创业教育与专业教育、素质教育、通识教育、博雅教育融合。关于创业教育与专业教育的关系，威克姆创业模式指出创业要素包括创业者、机会、资源和组织。与农民工比较，农民工创业是自主自发的，大学生创业是被推动的；资源方面，农民工知识比较匮乏，但大学生文化科技水平以及专业化程度较高，但要进一步处理好创业和学业的关系。组织方面，农民工管理成本低，而大学生存在着学业、专业与职业关系和角色转换及认同的问题，组织管理的难度较大，成本较高；机会方面，农民工创业的抱负水平较低，生存、收入的链条紧，随岗而安的心理突出，创业机遇少尤其是重大发展机会更少；大学生则不同，创业的价值取向更多的会关注自我价值的体现，职业的品牌、行业的社会地位、职业的幸福指数等都会成为创业的关注点，再加专业学习的知识积累和专业技能的储备，使他们在创业选择中除传统岗位外，还可考虑前沿岗位、或专业的边缘区拓展岗位，创业选择的机会就很多。

创业教育与素质教育、通识教育、博雅教育的关系也极为密切。大学生素质与高技能专门人才素质、人文素质与专业素质、职业水平与职业修养等，都是创业教育中需要处理好的教育关系。创业教育的综合性要求，就是要把创业教育与素质教育、通识教育、博雅教育有机融合起来，使创业教育更具完善性和整体性，这对于培养和完善创业人才的健全人格具有重要意义。

第五，创业教育与创新、创造、创意的关系。中南大学创业教育标志是"4C"，即创业、创新、创造和创意，有的创业教育专家也提出"5C"，即创业、创新、创造、创意、创投（创投是创业投资的简称，是指专业投资人员为以高科技为基础的新创公司提供融资的活动）。创新广义上包括创业，在目前创业中，其中最缺乏的是创意类创业。文化产业的崛起，发展的内核就是创意。大学生时期，是人生中精力最旺盛、思维最敏捷、批判思维最强烈、接受新事物最迅速的时期，创意的潜质十分丰富、可塑性大。受创意创业特殊性所决定，这个领域很适合大学生创业，前景无限。天津轻工高职院学生创意作品每年专利几十项就是一个验证。不过，创意创业的要求和起点较高，它包含着创新、创造、创意的要素，创业教育的课程设置及教学内容安排，应充分考虑到这些特殊性。

第六，创业教育与就业关系。一般的学校职业指导课中有一部分创业教育内容。就业教育在什么时段开始，本科学校普遍将创业教育放在最后一年，而高职院校就不尽相同，有的放在中间学段，或者贯穿全过程。刘司长提出以创业教育带动充分就业，很有现实意义。浙江工贸职业技术学院目前正在推行的是以创业实践带动"体验式"就业也很有创意。大学生创业成功率低，可能因为没有就业体验，也与没有创业教育和中国目前缺乏包容失败的创业文化有关，使学生创业压力增大。现在社会上有种通俗的理论，即"先就业、再毕业、再择业"，其实这还不全面，我院创业教育的逻辑结构和基本路径是先就业，再择业，后创业，效果不错，学生认同度也较高。

第七，创业教育的理论研究与创业教育的实践关系。马克思主义哲学告诉我们，理论来自实践，又指导实践，实践又丰富和完善理论，二者是相辅相成的。创业教育的理论研究和创业教育的实践也要遵循这样的哲学辩证关系，要实现两者良性动态互动，但目前创业理论研究强些，创业实践还需要加快探讨，做到和谐互动、相得益彰。

第八，创业教育与教学评价的关系。总的是要跳出教育才能客观评价教育成果，建议发挥中介作用，但创业教育评价不宜过早。我们既不能仅仅以培养多少个企业家，也不能以赚得多少利润作为创业教育评价的标准。客观的评价应该以大学生的创业意识、创业精神、创业情感和社会责任等内涵式的健康发展为评价指标，评价还要包括团队成功率以及创业带动体验式就业岗位数。总之，创业教育评价是一个综合性、系统化的评价体系。

第九，创业教育中本科和高职的关系。目前，虽然高职教育从体制上划为职成教司管理，但教指委是教育部批准、高教司指导而建立的，教育部也不可能成立两个创业教育教指委。高职具有两个属性即"高教"和"职教"，就"高职"来讲，就是一种高等教育种类。本科学校优势明显，发展后劲足；高职院校实行校企合作、工学结合方向很对，但这种合作是以人际关系为纽带维系的，不是法制化的，效果很有限。所以，创业教育教指委既要通盘研究创业教育一般规律，也要有针对性有区分地研究本科创业教育和高职创业教育，相互促进，共同发展。

第十，高校创业教育与创业型高校关系。一般认为，开展创业教育与实践就是创业型高校，但实际上不是这样表面化的简单。创业型高校必然在创业教育上开展得有特色、有实效，但广大干部、教师本身不具备创业实践能力和经验的也不是创业型学校。创业型高校特征是巧实力整合人力资本、物质资本和社会资本，是"创业教育＋资本运作（校办产业或资产经营、自主办学）"的模式。在浙江省教育工作会议上，省委常委会研究省教育发展纲要时，省委书记赵洪祝指出浙江要建设创业型高校的发展思路。我院建校50年，先从厂办校，再到校办厂、厂校资产重组，从原来的"制造＋租赁"转型为"教育产业＋科技文化＋创意"的现代服务形态，对"创业"进行了较长时期的探索，创业文化成为主流文化，正在朝着创业型高校迈进。清华大学雷主任认为对创业教育的教学基本要求可宽松点、灵活点。有些委员认为其中人员配备、生均经费、课时、学分等不要强制，要多样化、多元化，培养目标不仅是董事长与总经理，也包括其他管理岗位人员。

总之，关于创业教育价值导向和逻辑结构，建议要淡化、程化、标准化、商业化（如比富心态）；要强化生态化（社会、政府、学校、企业、家庭生态链）、市场化（全国高校95％应用型高校人才教育与就业市场化）、个性化（地区、学校都不一样），同时生成生态价值链，把创业教育当作一项事业来开展。马云、乔布斯等科技与设计的先锋不单纯追求物质财富，主要是具有以人为本"消费者中心"的价值导向，这种价值导向、价值观推动了创新。创业教育任重道远，道路是曲折的，但前途是光明的，让我们一道携手共进，开拓创新，推进创业教育的宏伟大业！

（原文刊载于《浙江工贸职业技术学院学报》2011年11月第2期）

第二篇　发展期（2012—2016）

2014年在夏季达沃斯论坛上，李克强总理第一次提出"大众创业、万众创新"，强调要借改革创新的"东风"，在960万平方公里土地上掀起"大众创业""草根创业"的浪潮，形成"万众创新""人人创新"的新态势。此后，他在首届世界互联网大会、国务院常务会议和2015年《政府工作报告》等场合中频频阐释这一关键词。2015年10月，首届中国"互联网+"大学生创新创业大赛总决赛在吉林长春举行，李克强总理对大赛作出重要批示。2015年，国务院办公厅印发《关于深化高等学校创新创业教育改革的实施意见》，创新创业成为时代潮流，高校创新创业教育也得到了空前重视。

在这个创新创业大潮中，学校创新创业教育取得了突飞猛进的发展，成了全国高职院校中的排头兵。建设创业型高校成了学校党委一个明确的办学目标。以"三大园区"、温州风险投资研究院、台湾青年创业就业服务中心、大学生创业园、创业学院等组成的学校创业生态圈已经定型并成熟。2012年，教育部原副部长鲁昕来校视察工作，对学校创新创业教育模式给予了充分肯定，并邀请何向荣教授给全国职业院校校长培训班的学员介绍学校的办学模式和改革实践。随后五年，学校相关领导受邀在全国及海外多次重要场合介绍工贸学校经验。2014年，学校承办了中英创业型高校论坛。2016年，学校被评为全国首批创新创业典型经验高校50强，全国仅有6所高职院校入选；浙江工贸学院众创空间被认定为国家级众创空间；学校"2+1"创业教育改革试点在全省率先实施。学校的创新创业教育工作进入了一个新境界。

这个时期，学校的创新创业教育研究也进入一个新阶段，取得了丰厚的成果。一方面，研究的问题更加深入、更加专业，涉及创新能力、创业型高校建设、创业导师、激励机制、创业与就业、专业创业等多方面问题；另一方面，研究方法更加注重实证研究。

何向荣、贺星岳等人基于学校的实践，在《中国教育报》（2013、2015）《光明日报》（2014）发表系列文章，体现了对创新创业教育的深入思考。同时，部分教师基于学校双创教育实践进行个案研究，如《高校创新创业教育生态系统的构建与实践探索——以浙江工贸职业技术学院为个案研究》（2015）一文，从教育生态系统的构建角度，对学校双创教育进行了经验总结和理论概括。邱开金《创客DNA与高职创业教育的相关性研究》（2016）、《专业创业教育缘何被冷落》（2014）等文章，对创客教育、创业教育的误区等问题进行了深刻清晰的阐述。

这一时期，创业型高校建设是学校一个重要研究专题，何向荣、王春柳等人分别从不同的视角探究这一问题。何向荣（2015）主要基于组织绩效考核的角度，引入平衡积分卡切入创业型高校机制建设。王春柳（2014）将服务型高校与创业型高校进行了对比研究；而《以服务为导向的创业型高职发展路径的探索》（2013），从创造性借鉴威斯康星大学20世纪初办学理念和经验目的出发，结合学校创业型高校建设经验，对以服务为导向的创业型高校发展问题进行了细致的阐述。

研究方法更加注重实证是这一时期学校诸多研究者的共同特征。多位教师采用问卷调查、数据分析、模型构建等工具开展实证研究，如《浙江省大学生创业带动就业效应的调查研究》通过抽样调查研究方法，对浙江省大学生的总体状况进行了描述统计分析，对本科院校和高职高专院校的相关指标进行了推断，对本科院校和高职高专院校进行了差异显著性比较分析，得到了一系列有价值的结论。《高校大学生创业导师队伍质量指标的调查与分析》参照GEM理论框架体系要求，通过分层随机抽样方法，以浙江高校大学生作为调查对象，对浙江高校大学生创业导师队伍质与量状况进行了具体描述与结果分析，并对浙江本科院校、高职高专院校的创业导师队伍质量关键指标及差异性进行了评估和分析。这一时期，《大学生创业指数研究》（中国社会科学出版社出版）、《高职教育创新创业研究——基于平衡计分卡理论》（上海交通大学出版社出版）两部专著，是具有代表性和影响力的理论成果。

被称"第三本教育护照"的创业教育
掀起盖头来

邱开金　周晓玲

在国外，创业教育被称之为继文化教育、技能教育之后的"第三本教育护照"，被赋予了与学术教育、职业教育同等重要的地位。相对于职业教育以就业为导向的教育目标而言，创业教育是一个超前的概念，是教育改革发展的进一步提升，是高等教育发展和改革的新趋势。

什么是创业教育？在学界或业界有很多的说法，但还没有一个被普遍认同的概念解说。不过，在众说纷纭的描述中，对创业教育的核心要素阐释相对集中，如创业教育关注和培养的重点包括创业意识、创业思维、创业精神、创业知识、创业技术、创业方法等。

进入21世纪以来，在我国，创业教育受到前所未有的重视，究其原因，无不与全球化、知识经济、终身化学习等相关。尤其在当下，市场经济的推助和产业转型升级的刺激，使专业学习与专业对口就业的不确定性增大，以创业促学业、以创业带就业，也就成为国家职业教育的重中之重。

可见，我国创业教育的兴起有着复杂的社会关联，同时也决定了它是一个复杂的系统工程，这对职业院校开展创业教育提出了更高要求。如何开展好创业教育，正确认知、科学实践、制度保障，缺一不可。

1. 正确认知——创业教育的基础和前提

对创业教育的正确认知，主要反映在功能定位、内涵解读和价值取向三个方面。

创业教育的特殊功能，核心是创新型人才素质的培养，它既是一种教育理念，也是一类教育，强调以人为本，重视创新创意的素质和能力。当前，有人将创业教育等同于创业，把目标定位在纯粹的商业活动上，这是最典型的创业教育功能扩大化的表现，应当引起重视。客观地评析，创业教育过程对于绝大多数学生而言，学习性体验创业和意念中想象创业是主要的形态，创业教育播撒的是创业的"种子"。

创业教育内涵的解读，就是要明晰创业教育内在的关键要素是什么？要做些什么？创业教育有自己内在的生成机理：首先是创业意识的培养。因创业是就业的一种特殊方式，创业意识有多向性，如创业主体意识、创业战略策划意识、创业风险意识等，需要通过创业教育培养。其次是创业创新精神的培养。创业教育是有目的、有计划的一种教育活动，依据创业必备的素质，激发学生善于探究、乐于求新求异、敢于挑战担风险的品质，训练百折不挠的刚强意志。最后是创业能力的培养。创业者需要有善于洞察的睿智和果敢决策的品质，其中专业文化和专业技能的掌握，是创业者创业的先决条件，创业教育不能排斥通识性、专业化的学习过程。

职业的价值取向，是创业的动力源泉。创业应当是一种智者的抉择和行动，在心理层面，创业是个体职业意识倾向与个人优势兴趣结合的产物。但从外因看，创业教育则要帮助学生形成创业的理智，如人职匹配、量力而行的原则，市场调查的方法，经济运行和掌控的技巧等。在创业教育中，纯理想化的说教或片面地追求经济效益倾向都是不可取的。

2. 科学实践——创业教育本真意义所在

创业教育的显著特点是学以致用，使专业文化知识内化为潜在的能力素质。因此，创业教育的根本意义在于科学实践，作为教育过程，也就是要解决教什么、怎么教、谁来教的问题。

创业教育教什么？这是十分繁杂的问题，必须要兼顾几个方面。一是以生为本，教学内容的个性化。在市场经济发育较为完善的条件下，专业的边际不断扩张，为同一专业不同角度创业提供了条件，同时也因志向不同，跳出专业创业、依托专长错位发展的创业趋势也日渐明显，创业教育理当因学生将来创业之需而教。二是创业能力的发展以一般能力为基础，所以创业能力的培养不仅在于专业化教育，同样也在于普通教育，因此创业教育的内容应当渗透到育人的全部课程之中。三是创业教育是相对独立的一种类型教育，教育内容的体系化、创业课程设置、服务创业能力训练的实践流程设计等，都应当纳入创业教育的必修内容。目前，在创业教育的实践中，教材开发滞后，教学内容单一，创业教育等同于一般文化教学的现象突出，对此应引起足够的重视。

创业教育该怎么教？总原则应该是依照课程的性质、遵循课程的特点和学习者的实际需要而教。创业教育担负着创业能力培养的重任，必须加强实践教学。西方发达国家的创业教育，严格根据创业的规律和流程，按照创业进程设定和分解教与练的内容，其中，以问题为导向的课程占50%，由企业家、创业成功人士教授的课程至少占1/3，学生动手环节的内容不少于50%，这些经验和做法都值得学习借鉴。此外，必须因人因业而教，强调个性化教学。学生创业的方向是多种多样的，他们学习的诉求也就不可能一样，目前创业教育大班化教学的方法必须改革。特别要提及的成功教育案例是，有的学校实施项目式创业教学，让学生自由组合，或虚拟性创业、或实业性创业，教学根据项目确定教学内容，全程跟进，创业教育有声有色，很受学生的欢迎。

创业教育谁来教？这是创业教育至关重要的问题，而在目前又是一个十分严峻的问题。古人有言，师者是学道在先。主授创业教育的教师，自身有无创业的经历是胜任创业课程的前提条件。据相关调查，我国高校的创业教育师资，多由三类教师组成，即思政课教师、就业或职业规划课程教师、来自行业企业的兼职教师，而其中真正具有创业经历者微乎其微。没有创业体验讲授或指导创业课程，其效果可想而知。现在，依据教育部的要求，全国高校必须开设创业教育课程，看来师资问题需要加大力度解决。

3. 制度保障——创业教育的导向和后盾

创业教育是一个系统化工程，其涉及面广，内在关联错综复杂，要确保创业教育的效果和质量，制度的保障极为重要。

第一，创业教育的导向要从制度上确立。就现实看，创业教育的乱象不少，如有的将创业教育当成一门文化课，教室中讲创业、课堂中练创业现象较为普遍；有的将创业教育等同自主创业，教学采用"放羊式"，简单以创业的经济效益评定学习优劣……针对此，创业教育的规范，相关政策和制度的导向极为重要，绩效评价要尊重教育规律，导向要突出教育性。

第二，创业教育要坚守教育公平的原则。随着创业教育普遍受到重视，各类竞赛也热闹非凡。榜样的力量是巨大的，以比赛搭台，让少数学生崭露头角，以此去感召和激励同学的创业热情，这无可非议。不过，毕竟成功的、或能有机会参赛者是同类专业中的极少数学生，创业教育的关注面、着力点仍然是大多数学生，特别是那些有创业热情而又面临困境或挫折的学生。当前有一种很普遍的现象是学校讲创业教育，总喜欢对成功者津津乐道，而忽视了大多数的创业弱势的学习者。

第三，对创业教育要有相应的扶持政策。学游泳不下水则不达，而学创业只是纸上谈兵也难成。政府和学校应筹措专门用于支持学生创业的起动资金，为经济困难的学生排解创业资金问题。

总之，创业教育说到底，它是职业教育、终身教育的一部分，其所担负的创业素质和创业能力的培养，从教育观念到教育体制机制，从教学内容到教学方法，从绩效评价到教育功能最大化，是一个有机联动而完整的教育过程，实施过程中决不能厚此薄彼。

（原文刊载于《中国教育报》2012年10月10日第5版）

创业教育并非让学生都自主创业

贺星岳　郭　薇

近年来，在《教育部关于大力推进高等学校创新创业教育和大学生自主创业工作的意见》指导下，创业教育受到前所未有的重视。

如何定位创业教育、如何开展创业教育，浙江工贸职业技术学院进行了积极探索。学院积极鼓励学生走出校园开展创业实践，早在2001年就启动创业孵化工程，与温州市团委共建温州市大学生科技创业园，随后与温州市场开发服务中心共建温州市大学生创业示范园，在服务于温州高校学生创业实践的同时，也使学院学生创业团队的创业实践真正实现了市场化、社会化。2008年学院又成立创业学院和创业教育研究所，为创业教育提供了组织保障。

与此同时，学院建设的浙江创意园、温州知识产权服务园、温州服务外包示范园不仅为温州企业转型升级和文化建设贡献了力量，也为学院创业教育提供了更广阔的舞台。其中，浙江创意园既是省级特色工业设计示范基地和市级文化产业示范基地，又是学院设计类专业师生的创业实践基地、课程实践基地、教学成果展示基地；既有浙江思珀整合传媒有限公司等文化创意企业入园，又有温州瓯塑文化艺术有限公司等学生注册的公司入驻，学生创业团队与入园公司既有竞争又有合作，步入了良性发展的轨道。市场化的开放平台成为学院创业教育实践的一大亮点，提高了学生进行岗位创业和自主创业的成效。

实施创业教育的目的并非是让学生都去自主创业，而是培养学生社会责任感、创新精神、实践能力的一条有效途径，为此，学院提出创业教育"进头脑，进课堂，进考核"的要求。"进头脑"是要求全体师生对创业教育的定位有清醒的认识，能正确理解创业教育的内涵和目标，在教学和学习过程中自觉融入创业教育的有关理念；"进课堂"是面向全院学生开设创业教育的专门课程，同时各专业课程的教学内容也包含培养学生创业能力的要求；"进考核"包括对教师创业教育成效的考核，也包括对学生创业素质和能力的考核，通过考核引导教师重视创业教育，鼓励学生掌握创业知识、提升创业能力。

师资队伍是实施创业教育的重要保障。针对多数教师缺乏创业知识与创业经历的现状，学院主要采取了"内培外引"的方式。"内培"就是对全部专任教师和学生辅导员开展相关培训，使教师具备创业教育的能力和资质。"外引"的对象主要有三类：一类是有创业经历的人才，只要符合条件就大胆引进，因为他们是创业教育的重要财富；一类是台湾技职院校的教师，他们都具有博士学位和相关领域的实践经历，弥补了师资队伍存在的薄弱环节；一类是杰出校友，他们在市场拼搏的经历使他们对母校的教育有更为清醒的认识，也更愿意与师弟师妹共享他们的收获。引进的主要方式是柔性引进，通过各种方式的引进，建设专长互补的师资团队，为创业教育提供师资保障。

经过多年的实践探索，学院的创业教育取得了丰硕的成果，据麦可思调查，2012届学院毕业生自主创业率达7%，高于全省平均水平3.8个百分点；学院连续5年在全省"最佳创业规划之星""最佳职业规划之星"竞赛中名列前茅，连续3年在省"挑战杯"大学生创业计划竞赛中获一等奖或第一名。此外，温州瓯塑文化艺术有限公司法人代表、学院学生杨忠敏参加"2012年度最美浙江人·文化新浙商"评选，成为"文化新浙商新锐奖"获奖者，也是唯一一名90后获奖者。学院工业设计、动漫设计、艺术设计、鞋类设计等设计类专业教研室分别组织师生成立工作室入驻创意园进行市场化运营，其中动漫专业工作室师生承接温州网动漫频道作品的设计制作，艺术设计工作室师生设计制作的瓯绣瓯塑作品由电子商务专业师生团队注册成立的温州名购网进行营销，部分作品被省国际教育交流协会选为外事礼品。

多年的实践探索也使学院在开展创业教育的过程中收获了一些经验，高职院校在开展创业教育过程中应特别注意以下几点。

明确开展创业教育的主要任务。培养自主创业者并不是开展创业教育的唯一任务，要通过创业教育推动教学改革，使教学内容贴近实际、教学方法贴近学生、教学组织贴近企业；通过创业教育让学生认识自我、认识社会、重视职业生涯规划，引导学生树立科学的创业观、就业观、成长观；通过创业教育推动开放办学，使学校实现在社会服务中培养人才、在培养人才中做好社会服务的联动，从而以服务和贡献开辟发展的新空间。

注重创业教育长效机制的建设。任何人在任何岗位上将个人职业生涯当中的事业推向更高水平都是创业，从这个意义上来说，教师也是创业者，为此学校应将创业教育作为总体要求覆盖全体师生，将教师作为开展创业教育的一支重要力量，使全体教师参与到创业教育活动中，形成浓厚的创业教育氛围，使创业教育常态化、长效化。

实现创业教育课程体系与专业教育课程体系的交叉融通。实施创业教育就必须建立包括必修课和选修课的创业教育专门课程体系，贯穿于在校学习的全过程。需要注意的是，创业教育不能脱离专业教育，专门课程、专业课程、通识课程等应形成合力，共同提升创业教育的成效。

（原文刊载于《中国教育报》2013年6月11日第10版）

创业与创业教育的"对对碰"

贺星岳

职业教育必须在新的历史起点上全面深化改革。从职业教育的定位看，职业教育等同于就业教育的内涵有了变化；从职业教育形态看，专业教育与非专业学习的不对称性矛盾突出；从职业教育的价值取向看，市场导向所致的多元性使人本教育回归。这三个方面共同触及的核心问题其实就是现代职业教育的"新"和"变"的问题，其中创业素质和创业教育是不可缺失的重要支点。

创业素质与创业教育的普适性

就业与创业的同与不同很耐人寻味，就业也能做出一番自己的事业，表明就业过程中做好做优，能出新出彩，这本身就是在就业中的创业。这儿有一个关键点是：要就好业就得经营就业、同样需要创业。再说创业，它隶属自主就业，其实同样与依从性就业不无关系，例如创业的参照性，总会使自主创业的形态、运营、管理带有先前就业体验的痕迹。这层关系所揭示的一个道理是：创业是建立在一定就业体验基础上的产物。

就业与创业的关系梳理，给职业教育的重要启示在于两个方面：第一，创业素质是每个职业人都必须具备的素质，创业教育在职业教育中具有"通识性"，是面向人人的教育；第二，创业能力作为一种特殊能力，但创业的智慧和策略都源于直接或间接的就业体验，是就业情感、业态表象的再造和创新，因而创业教育过程不能排斥多样就业体验的认知和能力培养。

创业教学与创业实践的联系性

创业能教吗？学生能创业吗？这是当前职业教育中经常被叩问的问题。有了前边创业素质和创业教育的普适性论证铺垫，两个问题的回答是肯定的。

创业是能教的。因为创业本身所包含的要素很多，如创业意识、创业态度、创业精神、创业物质基础、创业的技术条件、创业能力等。面对职业院校学生讲创业，并非仅仅以创办公司或实体、培养自主经营的小老板为目标，对于更多学生可能终生不会去独立创业，但作为职业人生，他们必须要经营自己的事业，而许多创业者的素质也是就业者不可缺少的。教育过程是一个间接的实践过程，以创业所需要的特殊素质和能力培养学生正确的职业观和实践能力，这正是创业教育可行和可能的优势。当然，"创业怎么教"的问题至关重要，从课程定位要厘清创业教育不是以知识认知为主导的文化课程，实践性的职业体验和在职业体验中得到职业熏陶和锻炼是目标；教师选配不能只重理论讲师，要充分考虑到尽量让有创业经历的教师授课；创业教学的考核，则重在创意、创新观念和相关能力的引导强化。

在校学生能创业吗？答案不能绝对。从教育的策略上倡导、激励、支持那些有条件的在校职业学生大胆创业，这无可非议。但如前所述，除了创业是一种特殊能力之外，创业的基本条件也十分现实和苛刻，如一定的创业启动资金、大量的时间和精力保障、从业经验的积累等，这些条件的制约使创业对绝大多数学生只能是心向往之。但学校开展创业实践的教育空间仍然很大，可为的事也很多，因为创业行为的体验途径很广，如对职业链条"拆分"，选择适合自己的"点"去体验；或有一个创意想法，与学生"抱团"将想法变成一个实施报告，这种"头脑中的创业"体验意义并不小。总之，在校学生的创业，不应排斥或取代学业，本质上说学生在校期间的创业活动也是一种学习活动，修业是学生工作的主业。

创业知识与创业能力的内在性

创业知识与创业能力的相关性是不容置疑的。任何一个优秀的创业成功者，对业务的通晓、业技的精湛、业能的高超，无不是完美的结合。

创业作为一种特殊的业态，离不开相关知识和能力的支持。创业对事而言，首先要考虑做什么、怎么做？创业对人而言，要知道自己的优势劣势、适合做什么？创业教育基于学生职业规划的指导，从如何正确地认识自我到自我规划、从广泛的职业兴趣到定向的职业发展、从简单的就业念想到深思熟虑的创业图谋，创业教育可让学生了解和掌握系统的创业知识和方法，创业前在思想上建构相关的创业样式，并在学习过程中审视和修正观点和看法，使之更能贴近自己的创业诉求。

创业知识的体系化，会帮助学生生成多彩的创业表象，从而驱动学生积极体验和尝试创业的行为。由于创业表象具有"虚拟性"和不确定性，学生总会从"更真实"的方向去努力，因而知识内化过程也就成为能力转变的过程。其间，能力转变过程，会不断产生新的问题和需要，对新知识的渴求又将成为学生创业学习的新动力。创业知识与创业能力的相互作用，使创业知识系统与创业能力系统达到和谐统一。

（原文刊载于《光明日报》2014年7月15日第14版）

专业创业教育缘何被冷落

邱开金

基于学术型和技能型两类人才分类教育的构想，加上学术型高考和技能型高考改革的酝酿，学术型创业或技术型创业的话题也在职业教育界热闹起来，由此引发的是两种不同的教育理念和人才培养路径。两种创业本身不存在对错，也没有轻重之分，问题是其中最根本的，也是最重要的，甚而是主流的专业创业教育被忽视。本来创业和创业教育并非等同概念，但不少教育工作者在认知层面将学生的创业形态等同于教育形态，从而造成学术型创业与学术型创业教育、技术型创业与技术型创业教育的混淆，使两种创业教育之本的专业创业教育被冷落。事实上，学校讲创业，无论是学术创业还是技术创业，并不是让学生在学期间就去创办公司做实业，对于广大学生重在创业意识和创业情感的培养、创业知识和创业能力的贮备、创业认知和间接实践的初步体验，学校的创业教育无疑都是基于具体的专业、针对相关的专业学生开展的，显然离开专业的创业教育是不完整的教育。从学校角度讲的专业创业，是指立足于所学专业的创业，其特征是所学专业与创业的行业范畴相近。同理，专业创业教育是顺从于专业方向所实施的创业教育。对于职业院校来说，专业是分类培养不同类型应用型人才的标志，不同专业类型的人才会深深地注入相应专业的因子；而专业对于学生来说，则是将来谋业和职业发展的立业之本，无论是就业或创业，专业的主导性始终发挥着直接或间接的作用。据此，创业作为就业的一种特殊形态，就学校的创业教育和学生的创业体验而言，其内在的逻辑机理是一脉相承的。在相应的学制内，学校实施专业教育的过程中，以专业知识和技能传授为载体，会启迪学生从业的智慧和激情，创业教育自然渗透其中，如果学校离开专业给学生讲创业会显得苍白而空洞；同样，学生在专业学习的过程中，专业的认知、专业知识技能的积累、相关职业情感的培植，也会促使学生不断地去思考毕业后"我去做什么"和"我怎样去做"的问题，有创业期许或将创业付诸实践的大多数学生，依托专业是必然的选择。人为地将学术型创业和技术型创业分为两种类型，其不良影响是多方面的。首先，其根子里带着研究型教育和应用型教育的取向，无形中为学术型创业者和技术型创业者打上智力者和劳力者的标签；其次，学术型创业与技术型创业的固然一体，分离后势必会造成以此替彼的对立，导致理论与实践脱离之虑。现实中，就学生的创业而言，大致可分为专业创业、边缘创业和错位创业三类。后两类在一般人看来，因职业范畴似乎与所学专业不相关，专业教育由此被淡化。其实不然，专业教育的"胎记"总会在学生的创业中打上专业的烙印。学以致用，这是职前教育最重要的目标之一。专业创业，就是利用专业所学的知识，发挥专业所长去创造性地践行自己的职业梦想，其特点是在所学的专业范畴择业，让专业知识和专业能力得以充分发挥和利用，这是绝大多数创业学生的选择。边缘创业，则是依托自己所学专业，在专业拓展的边际间寻找与其他专业交互、又符合自己创业诉求的创业，其特点是创业方向与所学专业的关系不明显，但在创业的实施过程中专业性仍发挥着决定性作用。错位创业，就是创业方向与所学专业完全不相关的创业，将此仍归于专业创业的一个类型，缘由是错位创业者之前的专业学习与现实的创业仍然分不开，如职业人格、专业知识、专业技能等要素内化整合后，随着就业兴趣的转移，内在的知识体系和能力体系通过改造和重新整合，必然会迁移到新的职业领域中。错位创业的特点是外形分离而内质神凝，即职业方向与原专业方向相关度差，而创业驱动力仍然来自专业学习的各个要素。

可见，专业教育是职前的分类教育，是学校立校的"台柱"，是学生谋业的基石。对于大多数的学习者，专业学习对人生职业发展的影响是终身的。学校的就业教育或是创业教育，专业是主导的方向，是各种教育行动策划的基准，是必须坚守的规则。

目前，抛开专业讲就业、讲创业的现象不少，对此应当给予高度关注。

（原文刊载于《中国教育报》2014年11月10日第10版）

创业教育的高职创新

何向荣

21世纪是大学生创业优势凸显的新时代。结合互联网经济时代浪潮，创新驱动发展战略实施及各地大学科技园区的建设，大学生创新创业的潜力、选项有很多。2010年，教育部就出台了《关于大力推进高等学校创新创业教育和大学生自主创业工作的意见》。这些年来，教育行政部门、高校在创新创业教育方面做了不少工作，包括创新创业教育的理念、课题、论文、教改成果等等。但是，为什么大学生自主创业比例仍然偏低？笔者认为，创新创业教育的投入与效益反差问题的呈现，是因为当下中国创新创业教育还存在理论与实践"两张皮"现象，必须进一步深化创新创业教育，增强创新创业教育的系统性、针对性、实效性。

增强创新创业教育系统性。创业型经济、创业型城市、创业型高校、创业型人才具有内在联系。以教育部门为统领，建立全社会跨界协同育人机制。既要强化教育部门在推动创新创业教育、引领创新创业文化中的主体责任和使命担当，又不能局限于教育部门，要整合其他相关部委以及各大行业协会、企业中的社会资源，使改革创新时代下非常丰富的社会教育资源共同推动高校创新创业教育改革。

增强创新创业教育针对性。全国2000多所普通高校，多数高校都不同程度地开展了创新创业教育。创新创业教育启动早、成效明显、经验积累丰富的大多为部属高校。但是，部属高校总结的创新创业教育经验能否适用于地方高校？答案显而易见。因此，如何回答创新创业教育谁来教、教什么、怎么教三个问题？必须结合高校自身类型、办学特色定位和所在区域创新创业社会资源和需求。例如，位于浙江温州的浙江工贸职业技术学院发挥其校企一体开放办学的优势，整合政府、行业协会、园区等社会资源举办各种类型创业相关活动，为大学生创新创业活动搭建实战平台。如2014年7月举办基于温州文化元素的两岸大学生低碳设计工作坊。

增强创新创业教育实效性。实现创新创业教育的四个转变，即从学术学科向应用转变，从课题论文向项目实践转变，从教师个体行为向学校组织行为转变，从提供标准化教材向个性化、人性化案例式教学、故事启发式教学转变。关键是采取各种受教育者喜闻乐见的方式提高创新创业教育的实效。例如，浙江工贸学院聘请园区入驻企业负责人为创业实践指导教师，不仅实务指导，还在大学生创业论坛上分享创业实践的经验体会；再如安排学生观看创业主题影视作品并组织讨论，等等。

创新创业教育实践的贡献可以非常大。如果说党的十八大之前30年改革开放，主流是中国老百姓的草根创业；党的十八大之后中国梦的实现，改革开放、创新创业与文化强国三者缺一不可。丰富的人力资源是中国未来最大的潜力股。改革红利释放需要创新创业人才的基础支撑。如，注册资本登记制度改革大大降低了创业门槛。中国高校科研、师资基数非常庞大，创新创业教育的深化，将使各种类型高校更加强调特色办学，更加紧密对接企业岗位人才需求，对接经济社会发展需求；与专业、科技结合的高校创新创业教育，加上新经济时代创业融资模式的颠覆，势必掀起新一轮具有中国特色的大众创业浪潮。

创新创业教育实践的价值导向，顺应全球经济发展规律，也符合中国国情与文化认同。面对不时出现的负面舆论报道，弘扬创新创业主旋律，对内有益于青少年励志教育与社会和谐稳定，对外有助于公共外交提升中华文化软实力。因此，笔者主张大力弘扬中国人民伟大的创业精神，以创新创业为高校主流价值观，肩负起引领社会进步的文化传播使命。

（原文刊载于《光明日报》2014年12月23日第14版）

中英学者对话：创业改变世界

邱开金　钟　伟

　　随着全球创业经济的崛起，与创业相关的话题备受关注。不久前，中英创业型高校论坛在浙江温州举行，两国学者围绕"创业改变世界"的主题，分别以"创业型城市与创业型大学"和"创业型经济与创业型人才"两条主线，基于不同的文化视觉、教育理念和教育实践展开对话。

　　创业型城市和创业型高校的生态和形态，以及内在机理究竟是怎么样的？这是一个内涵十分宽泛、认知又很难统一的问题。不久前，作为中国和英国高等教育政策研究项目框架下的活动之一，由教育部教育发展研究中心、教育部高校创业教育指导委员会、英国大使馆文化教育处、中国高等教育学会创新创业教育分会主办，浙江工贸职业技术学院承办的中英创业型高校论坛在浙江温州举行。论坛的组织路径可谓别出心裁，先走"广场"再到会场，以中国式的创业型城市温州和创业型高校浙江工贸职业技术学院为"案本"，进行感性考察调研后再作理性分析探讨。

　　"当人们谈到中国日益发展的社会以及创新，经常被频繁提及的词语就是'温州模式'，因此我们将温州看成是'产学研'结合的理想之地。"英国大使馆文化教育处领事包迈岫认为，温州是中国最具活力并且具有创业精神的城市，因此在这里举办创业型高校论坛再合适不过。

　　与会专家学者认真考察了浙江工贸职业技术学院的部分教学科研中心和创业实践的平台园区，对中国特色的创业型高校及创业教育有了更直接的了解。英国华威大学副校长劳伦斯·杨教授认为，考察活动让大家看到了中国的职业学校以及创业型高校在知识产权培训方面所做的出色工作。通过案例的品析，与会者形成了这样的共识：高校是人才集聚的高地，是创新、创业、创造的发动机，是城市发展和新竞争力培育的重要推手。创新型城市的建设，最缺乏的就是知识和人才，高校有责任培养这样的人才。

对话聚焦之一：经济转型与高校办学

转变经济发展方式的关键是发展创业型经济，而支撑创业型经济的基础是创业型人才的培养，这是本次中英学者对话达成的一个重要共识。创业改变世界，在于创业型经济新体系的建立将从根本上改变和重构社会的经济秩序。其中，创业型人才作为第一要素，决定了高校在社会经济转型中的"推手"功能不可替代。据此，吉林大学李政教授提出创业型经济的三种形态和模式：是一种创新经济，是依靠高水平创新来拉动经济增长的经济模式；是一种企业家经济，是以企业家的才能作为经济增长的主要因素来促进经济增长的经济发展模式；是一种创造型经济，是以发挥人的主观能动性和创造力为经济发展原动力的经济发展模式。

教育部教育发展研究中心马陆亭教授认为，创业型大学跟社会的接触点有不确定性，这类大学具有引领社会的雄心，而不是单纯地适应社会和跟着社会转。劳伦斯·杨教授也支持这个观点，并从华威大学的办学实践作了说明。华威大学办学之初在资金方面确实受到英国经济的影响，但逐步颠覆过来，现在是英国的大学影响到英国的行业和经济，以大学去影响国家经济发展。

齐齐哈尔工程学院院长曹勇安教授认为，从创业型经济的角度来看，创业型城市和大学都是新产业的摇篮，能创造新就业岗位，能促进技术进步和产业升级。相应的创业型企业也有高端、中端、低端三类，它与创业型大学的成熟发展密切相关，因为各类人才需要他们培养。劳伦斯·杨教授认为英国值得学习的是学校有开放的创业性文化，培养学生的创业精神，应该为他们提供和创造更多的机会。利兹大学创业创新教育中心主任奈杰尔·洛基特教授则强调，创业教育和创业支持是两个重要的因素，在课程以外还要有创业支持的项目，可以让学生在课程以外去培养能力，两者组合在一起才能给学生有效的帮助，使他们在知识上有提升、在实践上更出色。

对话聚焦之二：创业型大学的平衡论

劳伦斯·杨教授提到两个平衡的观点：一是学校定位的平衡，华威大学创建之初碰到建研究型大学还是理工大学的问题，学校科学论证后决定既做基础性研究的研究型大学，同时又做能在商业领域取得成功的大学。二是对于创业型大学如何处理基础研究和应用研究的平衡，英国大学的挑战一方面是对研究的理解影响政府的出资，也会影响到大学治学的宗旨和安排；另一方面是大学需要理解应用研究的价值所在去说服出资方，让他们明白很多应用研究的价值来自基础研究。

中南大学创新创业指导中心主任杨芳教授也通过中南大学创业教育模式"专业教育+创业教育"的解说，呼应了英方学者平衡论的观点。她认为，进行创业教育的原则是要面向全体，同时注重引导、分类施教，还要结合专业、强化实践。创业教育要处理好个体发展与共同发展的平衡、课程的平衡、师资的平衡等。教育部高等学校创业教育指导委员会副主任、浙江工贸职业技术学院党委书记何向荣教授结合办学的探索和实践分析说，有些高校抱怨自己没有办学自主权，其实并非如此，关键是自己怎样建立自主办学的机制体制，要做到这一点，关键是"产权+市场契约"。"浙江工贸职教集团"有15家行业协会，有园区企业70余家，校企合作的关键是要建立利益共赢的机制，通过协议、契约来推动机制创新。有了利益的平衡，与高校合作的企业要承担教学义务，参与课程开发、教材编写，承担实训指导，要提供兼职专业教师、创业讲师和导师，进而才能推动高校治理模式的创新。

对话聚焦之三：创业教育与创业型人才培养

创业教育是一种什么样的教育？与会者的基本共识是，它是以传授创业知识为内容，以创新能力和创造力培养为重点的特殊素质教育，具有鲜明的终身教育、全面教育和职业教育的特征。

如何培养创业型人才，利兹大学的经验是孵化"学生企业"，给所有学生提供发展创业技能的机会，包括学生企业教育、创业支持、课外机遇、实习岗位和学生主导创新等。尤其值得借鉴的是英国推行的创业教育长效机制，即帮助学生创业是学校长期的工作，学生毕业5年、10年，还能回到学校学习，学校给予两方面的支持，一是提供必要的创业资金做早期的企业投资，二是帮助学生把创业的点子变成现实。

据奈杰尔·洛基特教授介绍，在英国，企业真的非常喜欢和愿意给学生提供机会，使他们参与到社会企业的实践当中去。这些学生的创业，不仅仅有经济收益，同时还有社会收益——他们会把获得的收益再次投资到他们所处的社会、社区中去。

针对创业型人才培养的路径和实践是多元的。如许多学者从学术创业、技术创业两方面分别进行探索研究，成果颇丰。其中浙江工贸职业技术学院基于专业提出的专业创业范式，即专业范畴的主线创业、多专业交叉的边际创业和跨专业能力迁移的错位创业备受好评。企业家钟俊岭就如何成为创业型人才给学生支出的招略是：找"舞台"表演；开拓视野，想明白要做什么；"多面手"历练和复合型人才"锻造"；务实创新的精神和能力。中国康奈集团总经理钟普明认为，创业者不妨先体验就业，企业能够为创业者先就业再创业提供很好的空间，创业前先去企业练练手、热热身，这对学生的成长很有益，企业能促进学生从应试向应知应会转变。

（原文刊载于《中国教育报》2014年5月6日第10版）

创客是可以教出来的

邱开金

"创客"一词来源于英文单词"Maker"，本义是指出于兴趣与爱好，努力把各种创意转变为现实的人。"创客"植入到中国文化里后，其内涵的认知变得十分复杂。总之，创客的特征就是内在的创新素质。那么，一个问题是：创客是教出来的吗？

创客教育的关注点

创客是否可以教、是否可以通过教育的方式培养？概括起来主要从以下三个方面着眼：

不可教与可教的思辨。执不可教者关注和检测的核心是创之能，认为创新能力是只能通过自己在结合实践训练和体悟方可获得，以课程或课堂的方式传授是无法实现的；而可教者的逻辑推理是要素分解，认为能力是要素内化的结果，相关知识的领会和技能训练的体验，可以促进相关能力的形成。

没用之教与致用之教的对话。持不教论者认为创新并非是每个人都具有或者都必须具有的素质，现代职业形态的主流是就业，创业的比率较低，有限的学习时间里多给学生扎实的、致用的知识和技术，这才是最重要的。持可教论者认为，创客并非就是创业者的特指，创客是现代人需要培养的一种共有的意识和素质、一种精神和态度，对于学习思维方法改进及效率提高、日后更好就业或创业的潜能积累都不可缺少。

不学与要学的争论。不学者认为不能强加给学生不愿学习的内容，要尊重学生学习的选择，学习者机械的模仿所形成的某种技能或学习体验，并非有正能量效应；要学者则认为在学教相长中，教之主体与学之主体有机统一，目标设定中有意识地加强创客素质的系统引导和训练，创新素质才能得到培养。

　　针对创客是否可教以及由此展开的争论，本人认为既可教也要教。可教论的理由是创客的元素中，知识和体验、意识和态度、兴趣和爱好的积累内化，是创意生成和能力形成的重要条件，这些要素既是创新的成分，同时也是学科教学承载的教育要求，两者相辅相成。要教的缘由是创客的灵魂是创新，而创新的意识、态度、方法培养是全方位的，生活教育、学习教育、社会实践教育等都不可缺少，每个人的创新学习都是终身学习的一部分，每个人必须学，教育也必须教。

创客教育的策略

　　创客教育普适性和精英化的两极特点，对教什么和怎么教有特定的要求，如果走完全的学科化教学是行不通的。创客DNA是创新，其教育策略可从以下层面建构。

　　环境营造。创客的创新密码中，创新意识、创新精神、创新能力的培养是综合教育的"合金"，绝非封闭的校园和单一的课堂所能培养。环境营造是环境教育的基础，也是创客兴趣爱好"放飞"、创意灵感生成和实践体验的"土壤"。在学校的文化层面，教育创新的主流意识推动下教改创新、学习创新、活动创新、服务创新等要形成学校重要的文化之一，要倡导人人有创新意识、人人讲创新，要力求形成以善于、敢于创新的精神为风尚；在学校的制度层面，应建立创新的激励机制，以此树立创新榜样去教育和影响更多的人；在日常生活层面，学生生活的兴趣爱好触及点很广，而且个性化的包容很大，创客素养从生活的点滴积累，勤观察多思考，创新能力才会形成。

　　专业渗透。严格讲，创客教育绝不是"另搞一套"，其教育的主线仍然是专业教育。专业方向的定位对于绝大多数学生而言，今后个人职业的择向和归宿与所学专业密切相关，专业教育的质量将是他们从业质量保障的前提。因此，专业素养教育中创新创业的意识、精神、才能等，仍是专业教育目标的一部分。课程是专业目标的具体担当者，课程的教育性也必然包含着创新教育，作为职业导向的创客素质系列化、系统化的教育也正是通过课程教学来完成的。

分类教育。从创客素质的普适性要求出发，学生兴趣爱好多样性培养，尤其是促成学生将创意付诸实践并转化为创新的素质和能力，生活教育、专业教育、社会教育都需要齐抓共管，要建立合力机制。从创客素质的狭义性要求出发，面向创业群体的创客教育，创新教育不再只是意识或态度的引导，其教育的特征显现出强烈的"实战性"，教育的着力点集中于将学生头脑中的"点状"创意转变为可行动的系统方案和实际行动。这类针对以创业目标为取向的创客教育，创业方向选择、创业规划制定、创业风险评估、创业经营的帮扶等等，是创客教育的核心内容。

创客与创客教育，无论是在"大众创业、万众创新"业态下，或是在职业教育终身化学习理念中，都值得认真研究。创客DNA的解码，对认识掌握创客教育的DNA有直接的关系，创客教育策略科学化必须以此为依据。

（原文刊载于《光明日报》2015年11月10日15版）

互动生态圈襄助创新创业教育

贺星岳　王春柳

浙江工贸职业技术学院一直致力于创新创业人才培养的改革与实践，2004年3月与温州团市委联合创办了温州第一家创业孵化园——温州市大学生科技创业园，并先后荣获"浙江省省级大学生示范创业园""浙江省省级中小企业创业示范基地"等称号；2007年12月与温州日报报业集团联合共建浙江创意园，并成功获批国家广告产业试点园区和省级特色工业设计基地；2009年5月与温州市科技局联合建设温州市知识产权服务园，并获批"国家中小微企业知识产权培训（温州）基地"；2010年经温州市政府批准，成立温州风险投资研究院，同年设立创业学院。

经过多年的实践，浙江工贸职业技术学院形成了"学院+园区+城市"互动生态圈，创建了"园区化推进协同育人，生态圈助力创新创业教育"的育人模式。

着力改革　提高创新创业人才培养质量

创新创业教育是一项系统工程，非一己之力所能成，非一时之势所能立，必须着力改革教学模式，提高创新创业人才培养质量。

加强创新创业课程建设与教学管理。创新创业教育的推进，首先是课程及学分学籍管理的设计和创新。一是在课程方面，创业学院牵头开设面向全体学生的创新创业课程，建设个性化、模块化的课程包，供不同专业的学生进行选择，形成多元化创新创业课程超市，提升创新创业教育的质量；同时制作创新创业微课程，开发创客教学模块，推行翻转式课堂，提高教学效果。二是在管理方面，完善创业课程学分、证书学分和业绩学分的管理制度，修订完善教学管理和学籍管理制度，在创业培训和实践中，取得相应证书或成绩的，可折算一定学分，所获学分替换原专业培养规定的相应学分。同时实行弹性学制，支持学生保留学籍休学创业。此外，学院还对创新创业精英班进行改革，采用小班制，举办特色创业班，开设创意创业班、科技创业班、网络创业班等。

鼓励学生跨专业实验实训。学院向全体学生开放了56个实验实训室，并通过建立学分激励制度、设立开放实训专项基金、配备指导教师等措施，鼓励学生积极参与。学生可以跨专业自由组建团队，自主完成项目创意、研发设计、实验性生产制作以及成果推介等，并上交研发报告和物化的"产品"。学院实验实训室自开放以来，深受学生的欢迎，2014—2015学年共开放六大类105个项目，参与学生达3560人次。在教师的悉心指导下，学生得到真实的创新创业体验。

培植创新创业校园文化。学院从厂办校到校办厂的转型升级，离不开厂校共生的创新创业基因及其所决定的创新创业办学情怀和文化。同时，身处温州，融合了温州敢为人先的创业精神、敢闯敢拼的创业胆识，探索形成"创业精神+创业教育+资本资产经营+自主办学"的特色。此外，通过普及创新创业教育，建立创新创业专题网站，定期发布创新创业信息，举办并参加各类创新创业活动，树立创新创业典型。学院还精准提炼并积极落实创新创业"倡、创、闯、唱"四字诀，即"倡"导创新创业文化，"创"造性地开展创新创业工作，"闯"出一片创新创业新天地，实现学院、部门、其他各主体和师生创新创业大合"唱"。

拓展空间　丰富创新创业教育资源

学院积极拓展空间，主动服务社会，充分挖掘资源，有力推进创新创业教育，形成从学院向四周辐射的"发展群"，并通过政策推动、项目拉动、部门联动、师生互动，让创新创业教育成为新常态。

以园区为立足点，推动创新创业教育真正落地。在不断发展大学生创业孵化园和创业学院的基础上，学院建立并有效发挥浙江创意园、温州市知识产权服务园、国际外包服务示范园等三大园区的作用，培养创新创业人才。机电一体化专业学生杨忠敏在浙江创意园师从学院教师郑央凡，学习瓯塑后创办温州瓯塑文化传播有限公司，并荣获"浙江省文化新浙商"称号。此外，学院与温州市委宣传部、市文广新局联合建立温州文化创意学院，为文化创意类创新创业人才培养打下基础，助推创新创业教育；学院与温州源大青年创业园区、温州大学生科技园、温州创业文化促进会等单位进行深度合作，并与当地政府、社会团体、新闻媒体及时沟通，确保多方参与、协同推进，为创新创业教育服务，有效推进大学生创新创业工作。

以区域合作为突破口，拓宽创新创业教育渠道。学院创新创业教育走出校园、辐射社会，形成学校与社会协同共育的教育模式。如在杭州钢铁集团建设创业学院分院，在杭钢集团半山钢铁基地建立众创空间；在温州特色小镇——瓯海时尚智造小镇、苍南台商小镇建设创业学院分院；不断完善洞头青年创业学院、永嘉青年创业学院等，让学生走出学校、走进实体，体验与实战相结合，对接社会需求，在实际的企业式运行中得到实务锻炼、习得实际能力。此外，充分发挥与教育部（国家）教育发展研究中心共建创业型高校研究中心的优势，开展创新创业教育研究，提高创新创业教育的实效。

以台湾青年创业就业服务中心为重点，加大创新创业服务力度。学院联合温州市台办共建国台办授牌的台湾青年创业就业服务中心，该中心为台湾青年在大陆创业提供就业信息、培训、辅导、帮扶等服务，有效推动两岸大学生创新创业项目的落实。同时，定期举办两岸大学生低碳设计创客工作坊，成立"两岸青年创客联盟"，借鉴台湾高校创新创业经验，整合海峡两岸高校创客资源，提升创新创业教育品质。

搭建平台　提升创新创业教育实效

平台是创新创业工作实现发展的关键保障，建立健全、夯实创新创业平台，并持之以恒、精益求精，才能永葆创新创业不断突破，取得实效。

搭建众创众筹平台。学院创立工贸众创空间，并有效发挥众创空间的政策集成和协同效应，实现创新与创业相结合、线上与线下相结合、孵化与投资相结合，为大学生创新创业提供良好的工作空间、网络空间、社交空间和资源共享空间。如浙江创意园园区内汇集了瓯塑瓯绣瓯窑、工业设计、动漫设计、软件设计等工作室，集聚了大批新兴创意创新创造产业群，涵盖文化、工程、创意、艺术、人文等各个院系具有创新创业志趣的创客资源，提供全方位的创新创业服务，学生可以根据自己的兴趣、需要和时间，选择不同的项目，完成项目要求的学分和实践活动，即可获得相应证书。达岸创业咖啡是学院学生以众筹方式创建的"校园星巴克"，股权则在学生股东之间届届相传，采用对校内外真实营业的模式，为在校学生提供了全方位、全时段的创新创业体验。

打造创业融资服务平台。学院成立的创业模拟银行，实行虚拟机构、实体化运作，针对在校大学生提供创业扶持资金，解决大学生创业遇到的融资困难。温州风险投资研究院主要为学生的创新创业提供天使投资、风险投资等融资服务，并定期举办资本"相亲会"，实现大学生创新创业项目与资金有效对接。

培育知识产权服务平台。学院建立的温州市知识产权服务园，为大学生的创新创业提供有关知识产权的"一站式"服务，如专利申报、商标注册、质押贷款、维权服务等。2013年，经温州市政府批准，学院与温州市科技局联合创建了温州知识产权学院，为培养知识产权经营管理实务人才，服务大学生创新创业工作发挥了显著作用。

（作者贺星岳，系浙江工贸职业技术学院院长，作者王春柳，系浙江工贸职业技术学院技师学院院长）

（原文刊载于《中国教育报》2015年11月12日第10版）

数字化时代学生创新能力的激励机制研究

李　艳

一、研究背景

尼葛洛庞帝在《数字化生存》一书中描述了信息技术的基本概念、趋势和应用、巨大的价值和数字时代的宏伟蓝图，阐明了信息技术、互联网对时代和人们生活的影响和价值。不可否认，计算机和网络的出现极大地改变了我们生存的方式，它们深入影响当前社会工作和生活的各个环节，也成为教育创新的一个必然特征和发展趋势。数字化环境的开放、离散、协同、创新、对等、服务等特征，给学习环境带来深远影响。

当前教育环境中，学生的学习、生活、工作几乎离不开网络。在数字化时代，对知识和信息的获得渠道扩宽，专业学习、作业完成、资料收集大量运用网络。学生的数字产品拥有量日渐增多，数字化学习工具形势日趋丰富。而各院校已经基本实现教学信息化，日常教学通过多媒体、计算机等数字化工具。学生实践长期在人—机的数字化环境下进行。

数字化教育环境使得现代的教育与传统的教育大相径庭，教育观念随之转变。在数字化时代高校所培养的人才是适应现代信息社会的人才，是具有创新意识和创新能力的复合型人才。环境与人相互作用，如何发挥数字化环境的优势，培养学生的创新能力、激发其创新的动机和行为，是教育改革的重要问题。

二、创造力及其影响因素的相关研究

（一）国外关于创造力的研究成果

20世纪50年代以来，Guilford等心理学家对创造力进行了卓有成效的研究。Guilford认为："创造力是普通人都具有的一种能力，几乎所有人都会有创造性行动，不管这种创造性行动是多么微妙或多么罕见，被公认为具有创造性的人，只是拥有比我们所有人所拥有的更多一些而已[1]。"Torrance认为创造力是一个过程。他在Guilford的研究基础上，编制了著名的创造性思维测验，从流畅性、灵活性、独特性和精致性等几个方面来评价个体的创造力。Amabile则认为，创造力同时涉及个性特征、认知能力和社会环境因素。

心理学界在创造力研究的视野和研究方法上，都达到了一个前所未有的高度。创造力被认为不但与人的基本认知（注意、记忆、思维）和认知策略（技巧、策略、元认知）有关，而且受社会环境、家庭环境、学校环境、人格等因素影响[2]。

1. 陈述性知识和程序性知识对创造力的影响

研究发现，陈述性的知识在创造性认知中有两面性，即可为问题解决提供多种选择，同时也会使得个体过分依赖自己的知识，显得刻板。而程序性的知识通常可以解决重要的问题，也是创造性思维最重要的教学内容。

2. 社会环境对创造力的影响

创造性潜能的获得主要受到遗传和环境的影响，多样性经历会增加个人面对困难的能力，有利于创造性的发挥。团体决策对创造性地解决问题效用甚微，独立解决问题时，个体可能更加有创造力[3]。Amabile发现社会因素中存在着"创造力的杀手"，比如在监督下工作、限制反应以获得好评和物质奖励等，这些因素会限制个体的创造力[4]。

3. 学校教育对创造力的影响

大多数学者认为系统的教育对创造力发展有积极影响。但学校教育对创造力也有不利影响，比如多数考试会遏制儿童创造力的发挥，而不受约束的游戏，其创造力又会表现出来[5]。

4. 奖励对创造力的影响

Amabile及其同事的研究发现，物质奖励对创造力有消极作用[6]。但是行为主义学派认为，奖励对内部动机的削弱效果是可以避免的，因此通过奖励可以促进个体创造行为。但其前提是该奖励是对某一行为投入大量的时间、精力、资源进而达到高绩效，这可以增加个体的自我决定感的，使其从内部对该行为产生兴趣[7]。

（二）国内学者的研究成果

辛雅丽对大学生创新能力影响因素的调查研究指出，影响大学生创新能力培养的因素涉及了环境和教育两个方面。其中，教师素质、思维训练、个性培养被大学生认为十分重要，与专家的意见有共同之处[8]。罗晓路对大学生创造力特点的研究发现，大学生创造力思维的新颖性强，而流畅性和变通性不够。即学生具有产生新奇、罕见、首创的观念和成就的潜能，但思维速度、思路的开阔、随机应变的能力不足。新颖性是创造力思维的核心品质，所以大学生有较强的创造潜能。在创造性个性方面，大学生较为突出的是挑战性，说明大学生能够适应时代的要求，具有勇于面对挑战的心理准备。同时发现，大学生的综合整理能力、想象力较差[9]。张庆林等人从教育思想、教学方法、课程结构、教育中的人际关系、教育评价及教育环境等方面较为全面地进行了总结，认为学校教育对创造力发展起着积极的影响作用[10]。

三、以数字化为助力推进学生创新能力的激励机制的完善

激励是指推动人朝着一定方向和水平从事某种活动，并在工作中持续努力的动力。而激励机制是组织行为学的研究领域，指在了解员工需要结构的基础上，设置既可以满足员工需要、又符合组织要求的目标，并通过目标导向使员工出现有利于组织的优势动机，并按组织所需要的方式自觉行动，是一套制度来反映主体和客体的相互作用的方式。

学生创新能力的培养和创新行为的激励已经被认为是教育改革的一项重要内容，但是一直没有形成比较完善的激励机制。随着数字化时代的到来，学生的学习出现新的心理特征。因为数字化改变了知识的迁移方式，促使师生关系重塑，学生思维和行为转变，影响学生个性的养成，亦成为学生创新能力培养的重要助力。

（一）数字化成为学生创新行为的诱因

诱因是指驱使有机体产生一定行为的外部因素。数字化时代，学生创新行为的动机与数字化环境交互作用、彼此影响。数字化环境的基本

特征对学生的创新行为有积极的诱导作用。

数字化提供充足的资源，信息的多样性和丰富性诱发学生的好奇心理和求知需要，触发学生创新的动机。正如Amabile所言，内部动机是驱使人们进行创造力思维的源泉。

数字平台的开放性和服务性使得创新行为的实现过程能得到及时的反馈。信息性的积极反馈使得个体产生自我效能感，较少感到外部压力，完成活动的动因主要源于个体内部。

数字化的匿名性提供无人监督、自由的个人创新环境。在没有监督和限制的环境下工作，人的创造力能够得到激发。

数字化的对等性尊重差异性、个性和新奇的事物。数字化环境隐去现实的个人背景，使得每一个接入者都处于相同的位置上，有助于对个体的尊重和个性的彰显。而数字化环境现今已成为新鲜事物的重要发源地，并且传播速度快、影响深远，可见该环境的包容性之大。

通过搜索引擎等数字化手段，学生根据自己的需要获得知识，新知识建立在自己已有的认知图示上，这种学习的方式体现了建构主义的教育思想，使得知识被实质性地掌握，实现更加灵活的迁移。这种构建知识的方式也潜移默化地培养了学生创新能力所需的思维方式，以及独立思考的人格特质。

（二）数字化创新的观念成为行为导向制度的关键

行为导向制度是组织对其成员所期望的努力方向、行为方式和应遵循的价值观的规定。在组织中，由诱导因素诱发的个体行为可能会朝向各个方向，即不一定都是指向组织目标的。同时，个人的价值观也不一定与组织的价值观相一致，这就要求组织在成员中间培养主导价值观。学校作为一个组织，培养学生的创新能力，主要是希望学生在专业、学术、创业、校园活动等方面发挥其创造力。因此，科学合理地运用数字化环境进行创新的观念，必须加以引导。

导入将数字化作为学生创新能力培养的核心力量的观念。通过培训、讲座、活动等丰富多彩的形式，大力推进师生对于数字化技术的学习和深刻理解；引导学生树立正确的科学的使用数字化平台的理念；启发学生利用丰富的数字化资源进行创新行为；改变教师对于数字化的固有观念。

营造校园运用数字化技术进行创新创造的文化氛围。以鼓励创新作为校园文化的核心精神，利用数字化手段建设校园的人文环境。运用数字化的平台开展课余学生活动、选修课程、专业竞赛、科技创新活动等，渗透数字化时代创新的价值观念。让学生切实感受到自己的创新行为会受到赞许、肯定和支持，特别是在专业技术、学习方法、科技创新、创业等方面。同时，感受到数字化技术是创新创造的核心力量。

（三）数字化时代完善学生创新能力激励机制的对策

教师作用：利用数字化促进师生角色转化，重塑新型师生关系，拟合数字化环境下的学生特征，教师要有意识地培养学生创新能力，鼓励发表不同意见。利用数字化平台打通不受时空限制的师生沟通方式，提倡学生向老师提问，师生共同讨论，激发学生的创新热情。

人格培养：运用数字化环境培养学生创造性人格。让学生自己探索，发现问题，自行解决问题。支持价值观多元化，培养其独立性，树立其自信心，充分尊重个性，对于照本宣科和照搬照抄实施一定惩罚。

思维训练：利用数字化平台，组成学习型小组，实行小班教育和导师制，注重培养学生的思维能力和探索能力。让学生参与导师课题设计与研究，积累科研经验。教学过程注重逻辑思维训练、形象思维训练和操作能力训练，变被动学习为主动学习。

制度改革：利用数字化技术，改革考试制度，采取开放性的考核方式检查学生的学习成果，比如论文、设计、产品等；转变教育观念，改革教学内容，将数字化运用的能力作为学生创新能力的重要环节，注重学生思维能力、认知策略的培养。

环境建设：加强数字化环境的建设，充分发挥数字化优势，构建数字化校园。数字化政策环境宽松，但注重加强正面引导，支持学生充分地利用数字化技术解决问题，鼓励多样性、差异性和个性。

民主氛围：培养教师的创新精神，鼓励教师有独到的个人见解和民主宽容、和睦相处的环境，营造生动活泼的课堂气氛。校园要有学术民主，言论自由，并开展各种文体活动，丰富课余生活。为学生自主选择专业和课程提供制度保障。

四、总结和思考

随着全球化的发展，国家的综合国力和竞争力依赖科技和人才，培养具有创新能力的态度。数字化时代已经悄然而至，数字技术极大地影响着人们的生活，甚至思维和人格。在这样的大环境下，学校可以利用数字化环境的优势来进行创新能力的开发，创新人才的培养，形成可行、高效的学生创新能力的激励机制。该激励机制将来必须要深入探讨其实施效果，做实证研究，并在此基础上实践、修正、提升。

参考文献

[1] [美]Guilford, J. P. 著（施良方等译）. 创造性才能——它们的性质、用途与培养[M]. 北京：人民教育出版社，1991：11-12.

[2] 王映学，寇冬泉，张大均. 创造力的心理学研究进展与研究取向心理科学[J]. 心理科学. 2007, 30（2）：489-491.

[3] Simonton, D. K. Creativity: Cognitive, Personal, Developmental. And Social Aspects. American psychology, 2000, 55（1）：151-199.

[4] Amabile, T. M. Beyond Talent: John Irving andPassionate Craft of Creativity. American Psychologist, 2001, 56（4）：333-336.

[5] Amabile, T. M. The social psychology ofcreativity: A componential conceptualization [J]. Journal of Personality and Social Psychology. 1983, 45（2）：357-376.

[6] Eisenberger, R. and S. Armel. Can the Promise of Reward Increase Creativity? [J]. Journal of Personality and Social Psychology. 1998, 74（3）：704-714.

[7] Dudek, S. Z. , Strobel, M. G. , Runco, M. A. Cumulative and proximal influences of social environment on creative poteantial. J. Genet. Psychology. 1994, 154：487 - 499.

[8] 辛雅丽. 大学生创新能力影响因素的调查研究. 心理科学.

2003，26（5）：926-927.

[9] 罗晓路. 大学生创造力特点的研究心理科学[J]. 心理科学.
2006，29（1）：168-172.

[10] 张庆林，Sternberg，R. J. 等. 创造性研究手册[M]. 成都：四川教育出版社，2002：4-5，362-371.

（原文刊载于《中国职业技术教育》2012年第21期）

以服务为导向的创业型高职发展路径的探索

邱旭光

因直接为社会服务所取得的成效，威斯康星大学这所微型学校一夜之间声名鹊起，从一个地方大学发展成为美国最顶尖的3所公立大学之一，其办学模式也因之在国内外产生深远的影响。作为创业型大学的经典范例，威斯康星大学在新的历史时期，通过实施变革以适应外部环境的变化，成功地实现了自身的转型。这类高校在探索学校发展的同时也创新了人才培养方式，并且将人才培养方式与学校发展途径有机地融合在一起，共同获得发展。我国高职院校在探索威斯康星式发展的同时，创新契合自身特征的发展方式，并在组织特性上做出相应的实质性转变，对于取得未来发展空间来说是一个挑战。

一、服务导向与创业型高校的理论启示

"威斯康星思想"（Wisconsin Idea）是查尔斯·麦卡锡于1912年在其专著《威斯康星思想》中对威斯康星大学20世纪初办学理念和经验的总称。威斯康星直接服务社会的职能使之与社会发展密切融合为一体，以此深刻地改变了自身的生存和发展轨迹。威斯康星明确提出大学的基本任务不仅要把学生培养成有知识、能工作的公民，并且要培养他们的创新精神和解决经济、生活及社会等实际问题的能力。在这种理念指导下，威斯康星在大学内实现了教学、科研与社会服务一体化，使高校服务社会的职能得到强化，从而使大学更紧密地与社会生产、经济活动、生活实际联系起来。社会服务也因此成为继培养人才、科学研究之后的大学第三职能，确立了其在社会文化和经济发展中的地位与作用。

伯顿·克拉克提出的开创性发展型高校，关注点是大学面对新的历史环境，从组织转型的视角如何实施变革，适应环境的变化。伯顿·克

拉克选择了五所大学作为研究对象，如沃里克大学、斯特拉斯克莱德大学，这些大学凭借自我的力量和组织创新，获得了快速的发展。这些学校有一个共同的特征，就是为了应对环境变化而采取大胆革新行为并取得明显成效[1]。他们适应产业界、政府、社会对大学提出的越来越多的新需求，主动变革大学办学理念和组织文化。伯顿·克拉克归纳出创业型大学具有五个方面特征：强有力的驾驭核心、拓宽的发展外围、多元化的资助基地、激活的学术心脏地带和整合的创业文化[2]。

无论是威斯康星还是伯顿·克拉克，强调高校服务社会是发展大学本身的基本要求，因而需拓展社会服务的领域和内容，构建地方高校服务社会的机制，紧密结合地方经济和社会发展的需要培养人才。

二、以社会服务为核心理念的高职发展路径的实践探索

从理论的探源到实践的体验不难看到，高校的服务职能担当其实是具体学校教育观的综合表现，其折射的既是办学思想、办学定位、价值取向的宏观问题，也反映出教育改革、教育方法、教育评价的微观问题。因此，服务导向的创业型高校不是抽象的，其服务自觉会渗透到学校办学的全过程，并对学校的教学改革产生深刻的全面影响。浙江工贸职业技术学院（以下简称"工贸学院"）由"厂办校"到"校办厂"，再到"校企一体"，从一所厂矿技工学校，发展成为一所万人高等职业学院。其发展过程是一个服务社会、地方经济、文化发展，并在服务中壮大起来的历史过程，是一个比较典型的创业型和服务型紧密相结合的高等教育院校发展案例。

（一）高职院校教育服务与创业创新的理念

教育服务是高职社会服务的方式和载体。"威斯康星理念"强调"大学忠实地为社会生活需要服务，大学的目标是传播知识、专家服务"，并且要"把大学的资源和能力直接用于解决公共问题"[3]。就高等职业教育而言，威斯康星理念的实质就是教育与生产的结合，高职教育更应当确立源于社会、回馈社会的社会服务理念。

高职院校因其办学定位、价值取向和区域性特点，决定了其教育

功能更加贴近社会经济生活。在高职院校的发展及其人才培养路径的探索过程中，社会服务始终是它的落脚点。因而，就微观层面而言，服务社会具有鲜明的针对性；高职的"学"与"研"必然以"产"为起点，又以"产"为终点，产学研一体化是高职社会服务的基本职能。就机制运行而言，高职教育服务型的机制须确立教学、科研、服务三者之间的功能关系，并在组织机制和运行机理方面因应社会发展，生产性导向和研究性导向对教学导向产生牵引作用。高职院校必须以真实性生产为要求，技术性服务、研发性服务均要体现生产的具体要求，这样的社会服务是有形的、直接的，其运行特点具有明显的市场化特征。

（二）高职教育服务的内容

威斯康星理念认为高校服务社会的职能是"把大学的资源和能力直接用于解决公共问题"，这一理念将直接服务社会置于大学价值评判的核心之中，高职教育的社会服务有别于一般的服务，高等职业教育是以"智力""文化""技术"等为元素的服务，因此从服务内容而言高职院校的社会服务是为"教育服务"；从功能和属性而言，并非只是人才和技术的提供，更重要的是学校的义务和责任。高职院校要从地方的社会经济实际需要出发，为地方发展服务，如区域的文化环境、区域的产业集群和人才需求、区域发展的规划性与教育的前瞻性等。因此，我们可以从三个层面来定位高职院校教育服务的内容。

理念层面的定位是：创建教育服务导向的高校，办人民满意教育。价值层面的定位是：以社会公益最大化为可持续发展的办学价值追求。实践层面的定位是：社会需求引领，校企一体化，工学结合。

（三）构建以服务为导向的创业型高职

我国高职院校在培养高技能人才的同时，也在谋求自身的发展，这是历史的特殊性所决定的，因而高职须突破传统办学思维，在服务中求生存，在服务中寻机遇。浙江工贸职业技术学院以其身处中国草根经济前沿阵地——温州而秉承了温州的创新精神，学院创立之初即设定"服务导向"的理念，将教育服务与学院发展融而后生，与大院名校、政府机构、行业企业合办21家科技应用及文化研究机构，得到社会认可。先进材料研发中心由研究机构发展成为科研与教学合一的机构。从国内高校机构演变路径来看，一般规律是先建立教学系部，而后建立相应的研究院所，先创建研究机构，而后研究与教学相结合，研究成果直接服务社会的同时，再通过人才培养间接服务社会，是一个创新。该校的地掷球特色运动项目也是通过服务社会，而后形成全省高校校园文化品牌，然后发展成为公共体育必修课程。由服务到教学的发展方式，还表现在其他项目当中，如刘基文化研究、温州传统工艺美术研究。这条发展路径具有特殊性和开创性。

一所学校的发展历程是教育服务与创业发展的一体化过程，两者彼此互相促进。浙江工贸职业技术学院的前身是"温州动力机厂技工学校"，建立至今已有半个世纪的历史，经过1999年厂校联合改制，现在已经发展成为一所以工科为主、经贸并举的全国优秀高职院校。50年的创校历史，该校从中总结出"以服务社会谋求发展""以文化创新引领社会进步""政产学研市五位一体服务社会的同时，也推动了学院自身的转型发展"，具有典型的伯顿·克拉克开创性发展型创业高校的特征。该校以社会公益最大化为可持续发展的办学价值追求，研究与弘扬历史文化，确立区域文化品牌。在服务社会，服务温州社会的过程中，谋求学院的发展，每年推出三项"产学研"社会服务项目，以特色项目直接服务社会。尤其是与行业共建的"三大园区"项目已经产生了广泛的社会效应，其中浙江创意园发展成为"省级特色工业设计示范基地"和温州唯一一家"温州市文化产业园区"，推动了地方社会经济文化的发展，同时学院六个专业入驻园区，直接将教学与产业对接，将园区打造成教改平台，实现了高教、科研、现代服务业基地的统一。2010年该校推出"教育服务型高校"——中国高职教育持续发展的特色之路论坛，全面总结了高职教育持续发展的战略与对教育服务型高校办学成就与经验的探索。全国人大常委会委员、教育部原副部长吴启迪出席论坛，充分肯定了该院的办学方向和办学理念。

三、服务导向创业型高职的理念反思

在"以就业为导向"的高职教育宗旨之下，"产学研"的平台毫无疑问会倾向产与教的结合，"教"服务于"产"，并在服务的过程中聚集社会、产业的资源，为"教"所用。面对激烈的教育市场竞争，无论是生源忧患还是就业压力，高职院校在适应地方经济发展和培养人才的同时，其自身的发展也是一个不可回避的问题。以服务为宗旨的创业型高职院是适应社会变革，主动寻求转型的必然选择。高职院校以社会需求为导向，充分发掘各种社会资源，在服务社会的过程中提升自身的发展能力，这就要求其服务理念、创业创新精神能够贯彻在人才培养之中。

1. 转变理念

逐步确立服务导向的办学理念，以直接服务社会和经济发展作为学校新的历史使命，创新办学模式和运行机制，确立服务社会（产业）、服务学生、服务教师的核心理念，营造创新、创业，富有生机活力的校园文化，将服务创业作为学校日常运行的重要内容。通过搭建服务平台，培养学生的创业就业能力，以创业带动学校教、产、学、研的良性发展，从而也强化了高职教育的社会服务功能。

2. 创新发展方式

我国高等职业教育在某种程度上还担负着探索大众化背景下高等教育发展方式或途径的使命，高职是一个新生命，其发展方式从诞生之初就在不断地尝试与超越。构建服务、产业、教学一体化的服务导向创业型高职，形成服务、产业、教学的三维效益，是高职在探索自身发展过程中对传统高等教育发展模式的否定之否定。浙江工贸职业技术学院"三大园区"服务项目基于温州社会经济转型升级，引领区域经济文化发展而建立，园区高端项目的定位，文化创造中心的目标，浙江创意园六个专业工作室进驻，成为相关专业的课程改革基地；服务外包基地为温州服务外包人才培养以及成人教育事业的发展，提供了宽广的天地；知识产权服务园不仅得到国家知识产权局的认可，在国内形成一定的知名度和影响力，产生了良好的社会效应，同时与人才培养紧密结合，形成了《以知识产权服务园为载体，产学合作开展高职知识产权教育的实践探索》的浙江省教育厅2009年新世纪教改一类项目课题。

3. 变革管理机制

组织机制是一个组织内在结构、制度及其运行的有机体，任何高明的理念最终都必须附着于组织机制，通过机制发生作用。建立适应社会经济发展需要的服务导向的创业型高职，必须改革传统的以学科为中心的教学管理机制。根据行业企业的特点构建适应现代产业需要的课程体系、灵活适切的校企合作运行机制、符合市场需求的"双师型"师资管理培养机制，以及适应专业特征的弹性学分制等。加大行业企业参与的力度，建立开放式的教学与管理服务平台，例如可以尝试建立政府部门或行业企业与高职院校共建共管的平台，创造一种新型的管理机制，探索学校与企业、社会深度融合的合作方式。

4. 建设服务导向的创业型师资队伍

师资是高职院校的软实力，高职师资必须突出职教特色，"双师型"教师已经成为高职师资的身份证和专有名词，也是困扰高职内涵发展的关键因素之一。树立服务理念，教师不再只是企业和生产实践的指导者、学习者，而且是服务者；社会、行业企业也不再只是学习的场所，而是服务的场所。教师在服务的过程中提升自身的实践技能和竞争意识、市场意识、合作意识，形成理论和实践相融合的能力，并将这种能力转化为教学能力，潜移默化地影响学生，在行业企业的服务过程中培育创业型师资队伍。

参考文献

[1] 邹晓东，陈汉聪. 创业型大学：概念内涵、组织特征与实践路径[J]. 高等工程教育研究，2011，（3）：54-59.

[2] [美]伯顿·克拉克著，王承绪译. 建立创业型大学：组织上转型的途径[M]. 北京：人民教育出版社，2003.

[3] 刘宝存. 威斯康星理念与大学的社会服务职能[J]. 理工高教研究，2003，（5）：17-18.

（原文刊载于《中国职业技术教育》2013年第36期）

浙江省大学生创业带动就业效应的调查研究

王积建

一、问题提出

大学生创业是大学生通过自主创办服务项目、企业或从事个体经营实现就业的重要形式。大学生通过创业，在实现自身就业的同时，吸纳带动更多大学生（或其他人员）就业，促进了社会就业的增加。当前我国大学生就业形势非常严峻，促进大学生以创业带动就业，有利于发挥大学生创业的就业倍增效应，对缓解大学生就业压力具有重要的现实意义。辜胜阻等[1]分析了当前大学生创业面临的困难，提出了加强创业教育、完善创业融资体系、改善创业环境等措施来促进大学生创业。高建明等[2]从高校大学生创业教育入手，提出了高校促进大学生创业带动就业教育的对策。陈微微、金秀兰等[3-4]从建立和完善机制方面阐述了高校毕业生创业带动就业问题。刘运山等[5-6]从创业教育角度阐述了大学生创业带动就业的教育体系、核心价值观。高建等[7]通过综合创业类型未来五年带动就业乘数的数值模拟分析结果，说明了不同的创业类型的就业效应的变化。

浙江省地处我国东南沿海经济发达地带，又是全国民间资本活跃地带，大学生创业氛围浓厚，大学生就业观念开放，不计较就业单位的属性，大学生创业带动就业效应比较明显。本文以浙江省大学生为研究对象，使用调查研究方法，对大学生创业带动就业效应的评估指标进行统计分析，并将本科院校和高职高专院校进行对比分析，以期形成浙江省大学生创业带动就业的关键特征，为浙江省大学生创业指数研究提供支持。

二、调查对象

以浙江省大学生为研究对象。采取分层分阶段随机抽样方法，从本科院校中抽取16所，从高职高专院校中抽取15所，一共31所构成高校调查样本，然后从样本高校中随机抽取3238名大学生构成学生样本。

三、调查指标体系

大学生创业带动就业指标体系[8]，如表1所示。

表1 大学生创业带动就业效应指标体系

二级指标	权重	三级指标	权重	打分方法
创业企业提供的就业岗位数	0.2	生存型创业企业提供的就业岗位数	0.2	A.15个岗位以上。B.8~14个岗位。C.5~7个岗位。D.3~4个岗位。E.2个岗位以下。
		综合型创业企业提供的就业岗位数	0.3	
		机会型创业企业提供的就业岗位数	0.5	
创业者受教育程度	0.2	生存型创业者受教育程度	0.2	A.硕士研究生以上。B.大学本科。C.高职高专。D.高中、中专。E.初中以下。
		综合型创业者受教育程度	0.3	
		机会型创业者受教育程度	0.5	
创业者的年龄	0.1	生存型创业者年龄	0.2	A.24岁以下。B.25~29岁。C.30~34岁。D.35~39岁。E.40岁以上。
		综合型创业者年龄	0.3	
		机会型创业者年龄	0.5	
创业公司成长年限	0.2	生存型创业公司的成长年限	0.2	A.6年以上。B.5年。C.4年。D.2~3年。E.0~1年。
		综合型创业公司的成长年限	0.3	
		机会型创业公司的成长年限	0.5	
政府扶持力度	0.1	国家级	0.4	A.支持力度很强。B.支持力度较强。C.支持力度一般。D.支持力度较弱。E.支持力度很弱。
		省级	0.3	
		市级	0.2	
		本校	0.1	
创业企业个数	0.1	采集冶炼类	0.1	A.20个以上。B.16~20个。C.11~15个。D.5~10个。E.5个以下。
		移动转移类	0.2	
		顾客服务类	0.3	
		商业服务类	0.4	
大学生创业培训程度	0.1	学校普及教育	0.2	A.参加整体系统培训。B.参加过半系统培训。C.参与主体内容培训。D.参与培训。E.培训不足。
		创业学院培训	0.3	
		社会专业机构培训	0.5	

四、 调查结果与分析

（一）描述统计分析

1. 关于创业企业提供的就业岗位数

调查结果如图1所示。

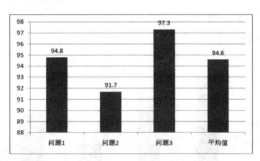

图1　创业企业提供的就业岗位数分析结果

从图1可以得出以下结论：

问题1、问题2、问题3的调查综合得分分别为94.8、91.7、97.3，说明生存型创业企业、综合型创业企业、机会型创业企业为大学生提供的就业岗位数非常多。

综合来看，创业企业提供的就业岗位数的平均得分为94.6，说明创业企业提供的就业岗位数非常多。

2. 关于创业者受教育程度

调查结果如图2所示。

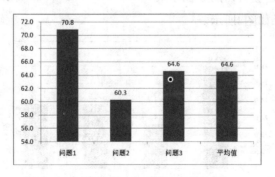

图2　创业者受教育程度分析结果

从图2可以得出以下结论：

关于问题1、问题2、问题3的调查综合得分分别为70.8、60.3、64.6，说明生存型创业者、综合型创业者、机会型创业者受教育程度比较好，处于中上水平。

综合来看，创业者受教育程度的平均得分为64.6，说明创业者受教育程度比较好，处于中上水平。

3．关于创业者的年龄

调查结果如图3所示。

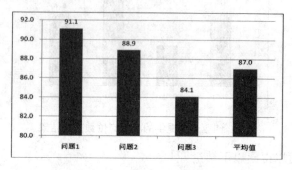

图3　创业者的年龄分析结果

从图3可以得出以下结论：

关于问题1、问题2、问题3的调查综合得分分别为91.1、88.9、84.1，说明生存型创业者、综合型创业者、机会型创业者年龄优势非常好。

综合来看，创业者年龄平均得分为87.0，说明创业者的年龄优势非常好。

4．关于创业公司的成长年限

调查结果如图4所示。

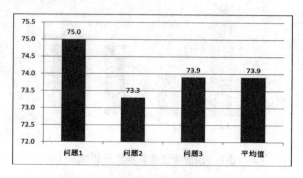

图4　创业公司的成长年限分析结果

从图4可以得出以下结论：关于问题1、问题2、问题3的调查综合得分分别为75.0、73.3、73.9，说明生存型创业公司、综合型创业公司、机会型创业公司的成长年限比较好。

综合来看，创业公司的成长年限的平均得分为73.9，比较好。

5. 关于政府扶持力度

调查结果如图5所示。

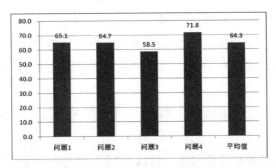

图5 政府扶持力度分析结果

从图5可以得出以下结论：

关于问题1、问题2、问题3、问题4的调查综合得分分别为65.1、64.7、58.5、71.8，说明中央政府、省级政府和本校的扶持力度比较大，而市级政府扶持力度一般。

综合来看，政府扶持力度平均得分为64.3，说明政府扶持力度比较大。

6. 关于创业企业个数

调查结果如图6所示。

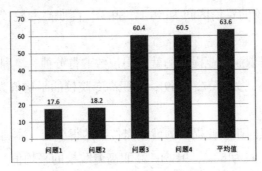

图6 创业企业个数分析结果

从图6可以得出以下结论：

关于问题1、问题2、问题3、问题4的调查综合得分分别为17.6、18.2、60.4、60.5，说明采集冶炼类和移动转移类的创业企业个数非常少，顾客服务类和商业服务类的创业企业个数比较多。

综合来看，创业企业个数平均得分为63.6，说明创业企业个数比较多。但主要集中于顾客服务和商业服务行业中。

7. 关于大学生创业培训程度

关于问题1、问题2、问题3的调查综合得分分别为68.6、70.8、72.5，说明学校创业普及教育培训、创业学院培训、创业专业机构培训的程度都比较好。

综合来看，大学生创业培训程度的平均得分为71.2，说明大学生创业培训程度比较好。

最后，使用加权综合方法，将以上7个二级指标综合，得到浙江省创业带动就业的总得分是74.1分，说明浙江省创业带动就业状况比较好，处于中上水平。

（二）本科院校与高职高专院校的均值推断

为了进一步了解本科院校和高职高专院校的创业带动就业状况及其差异，我们分类进行统计分析，得到各个三级指标上本科院校和高职高专院校的平均值及其置信区间，如表2所示。

以创业企业提供的就业岗位数为例，对表2的解释如下：

1）生存型创业企业提供的就业岗位数的得分值，本科院校的平均值为72.7，高职高专院校的平均值为96.7。给定置信度95%（下同），分别得到本科院校的置信区间为[56.1，89.3]，高职高专院校的置信区间为[94.4，99.0]。

2）综合型创业企业提供的就业岗位数的得分值，本科院校的平均值为73.3，置信区间为[56.7，89.9]；高职高专院校的平均值为70.9，置信区间为[54.3，87.5]。

3）机会型创业企业提供的就业岗位数的得分值，本科院校的平均值为74.9，置信区间为[58.3，91.5]；高职高专院校的平均值为73.3，置信区间为[56.7，89.9]。

（三）本科院校与高职高专院校的均值差异比较

为进一步确定本科院校与高职高专院校在以上指标上的均值差异显著性，需要做单因素方差分析[8]156–163。

表2　本科院校和高职高专院校的平均值与置信区间

二级指标	三级指标	本科院校 平均值	本科院校 置信区间	高职高专院校 平均值	高职高专院校 置信区间
创业企业提供的就业岗位数	生存型创业企业	72.7	[56.1,89.3]	96.7	[94.4,99.0]
	综合型创业企业	73.3	[56.7,89.9]	70.9	[54.3,87.5]
	机会型创业企业	74.9	[58.3,91.5]	73.3	[56.7,89.9]
创业者受教育程度	生存型创业者	74.8	[68.7,80.8]	66.4	[58.1,74.6]
	综合型创业者	62.1	[50.3,73.9]	58.7	[50.0,67.5]
	机会型创业者	66.2	[54.6,77.8]	58.3	[59.7,67.0]
创业者的年龄	生存型创业者年龄	65.3	[50.5,80.1]	56.4	[44.4,68.5]
	综合型创业者年龄	63.8	[49.4,78.3]	53.3	[41.3,65.4]
	机会型创业者年龄	65.2	[50.4,79.9]	52.0	[40.0,64.1]
创业公司的成长年限	生存型创业公司	62.9	[48.7,77.2]	46.4	[35.9,56.9]
	综合型创业公司	62.1	[48.0,76.2]	46.5	[35.9,57.0]
	机会型创业公司	64.2	[49.6,78.7]	47.8	[37.0,58.6]
政府扶持力度	国家级	70.2	[65.3,78.6]	73.3	[66.8,79.9]
	省级	46.1	[35.5,56.6]	48.1	[37.2,58.9]
	市级	46.7	[36.1,57.2]	39.3	[30.4,48.2]
	本校	97.2	[95.9,98.5]	76.5	[59.2,93.8]
创业企业个数	采集冶炼类	20.0	[20.0,20.0]	48.1	[37.5,58.6]
	移动转移类	26.7	[20.6,32.7]	46.7	[36.1,57.2]
	顾客服务类	66.7	[51.6,81.8]	60.0	[46.4,73.6]
	商业服务类	53.3	[41.3,65.4]	66.7	[51.6,81.8]
大学生创业培训程度	学校普及教育	85.5	[72.5,98.6]	71.7	[55.5,88.0]
	创业学院培训	93.3	[88.1,98.6]	63.1	[57.0,69.3]
	社会专业机构培训	66.7	[51.6,81.8]	64.7	[50.1,79.3]

以生存型创业企业提供的就业岗位数为例。设x_1，x_2分别表示本科院校和高职高专院校的平均值，由于x_1=72.7，x_2=96.7，故原假设为$x_1=x_2$；备择假设为$x_1 \neq x_2$。检验统计量的相伴概率$p=0.0001$。取显著性水平$\alpha=0.05$，则$p<0.05$，故拒绝原假设，而认为$x_1 \neq x_2$显著成立，即$x_1<x_2$显著成立。

类似地，可以对其他二级指标进行检验。所有检验结果显著成立的二级指标见表3。

表3　本科院校与高职高专院校在创业带动就业方面检验结果

检验指标	原假设	备择假设	p值	检验结果	结论
生存型创业企业提供的就业岗位数	$x_1=x_2$	$x_1\neq x_2$	0.0001	拒绝	$x_1<x_2$
综合型创业者受教育程度	$x_1=x_2$	$x_1\neq x_2$	0.0088	拒绝	$x_1>x_2$
生存型创业公司的成长年限	$x_1=x_2$	$x_1\neq x_2$	0.0312	拒绝	$x_1>x_2$
机会型创业公司的成长年限	$x_1=x_2$	$x_1\neq x_2$	0.0060	拒绝	$x_1>x_2$
本校扶持力度	$x_1=x_2$	$x_1\neq x_2$	0.0008	拒绝	$x_1>x_2$
采集冶炼类创业企业个数	$x_1=x_2$	$x_1\neq x_2$	0.0000	拒绝	$x_1<x_2$
移动转移类创业企业个数	$x_1=x_2$	$x_1\neq x_2$	0.0001	拒绝	$x_1<x_2$
学校对于大学生创业培训程度	$x_1=x_2$	$x_1\neq x_2$	0.0010	拒绝	$x_1>x_2$
创业学院对于大学生创业培训程度	$x_1=x_2$	$x_1\neq x_2$	0.0000	拒绝	$x_1>x_2$

注：未列入表3的二级指标均为检验不显著的指标，即本科院校与高职高专院校在这些指标上的均值没有显著差异。

从表3可以得出以下结论：

1）对于生存型创业企业提供的就业岗位数，本科院校显著小于高职高专院校。

2）对于综合型创业者受教育程度，本科院校显著大于高职高专院校。

3）对于生存型创业公司的成长年限，本科院校显著大于高职高专院校。

4）对于机会型创业公司的成长年限，本科院校显著大于高职高专院校。

5）对于本校扶持力度，本科院校显著大于高职高专院校。

6）对于采集冶炼类创业企业个数，本科院校显著小于高职高专院校。

7）对于移动转移类创业企业个数，本科院校显著小于高职高专院校。

8）对于学校对大学生创业培训程度，本科院校显著大于高职高专院校。

9）对于创业学院对大学生创业培训程度，本科院校显著大于高职高专院校。

在其余指标上，本科院校与高职高专院校没有显著差异。

五、结束语

大学生就业难已成当前的一个社会问题，各级政府和各个高校都在实施以创业带动就业的发展战略，把鼓励创业、支持创业摆到就业工作更加突出的位置。在破解大学生就业难题方面，除了要千方百计地挖掘就业岗位，提高大学生就业技能，还要通过动态地创业观察，实时发现创业薄弱环节，不断优化创业环境和氛围，扩大创业带动就业效应。本文通过调查研究，对浙江省大学生创业带动就业效应的若干指标进行了描述统计分析，对本科院校和高职高专院校的创业带动就业效应进行了推断，并进行了差异显著性比较分析，得到了一系列的研究结论，为下一步归因分析和对策分析提供了依据。本研究还对浙江省大学生创业指数的动态研究奠定了基础。举例来说，在创业带动就业效应方面，2012年的总得分是74.1。如果2013年的总得分是80.0，那么2013年的创业带动就业效应指数就是107.96％（2012年作为基期是100％）。

参考文献

[1]辜胜阻，洪群联. 对大学生以创业带动就业的思考[J]. 教育研究，2010（5）：63-68.

[2]高建明，胡永青. 高校深化大学生创业带动就业的对策研究[J]. 中国大学生就业，2013（6）：46-49.

[3]陈微微，王波，施祺方. 构建高校毕业生创业带动就业机制[J]. 高等农业教育，2010（5）：69-72.

[4]金秀兰，敖亚新. 关于完善大学生以创业带动就业的机制研究[J]. 沈阳工程学院学报（社会科学版），2012，8（1）：138-141.

[5]刘运山. 大学生创业带动就业的科学教育观体系探析[J]. 湖北社会

科学，2010（10）：175-178.

[6]刘运山，刘丽荣. 大学生创业带动就业教育的核心价值观探析[J].
理论界，2010（11）：185-187.

[7]高建，程源，李习保，等. 全球创业观察中国报告（2007）——创
业转型与就业效应[M]. 北京：清华大学出版社，2008.

[8]谢敏，王积建，杨哲旗. 大学生创业指数研究[M]. 北京：中国社
会科学出版社，2013：156—211.

（原文刊载于《浙江工贸职业技术学院学报》2014年第1期）

大学生创业的单独扶持向传承积累转变

——基于股权制度限时传承设计

谢 敏 潘 毅

一、引言

创业教育的一项重要工作就是要培养大学生的企业家精神，至于通过什么途径才能使学生具备这一才能却有着不同的看法。早期传统观点认为，企业家才能可以通过理论教学与案例分析得到，各大专院校管理专业没有设计管理者顶岗实践教育环节即属这类观点的体现；现在通行的看法却认为，到"水中"学游泳比较合理，强调企业家才能的获得形式依赖于企业的实战平台，即通过创业实践使学生锻炼这一能力。事实上，因大学生创业成功率低（不到2％）把尚处读书期的学生推上创业（办企业）平台，对于学生是有风险的。如果因在校期创业的失败而产生对创业的畏惧情绪，这就事与愿违了。创业实践教育是高难度的教育领域，它既要求学生能在实战的平台中训练，又不能因这种训练而受过多的伤害。为此，需要搭建相应的特殊训练平台。

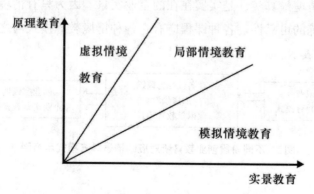

图1 情景教育分区坐标示意图

鉴于各种教育都可以从情境角度进行分类的特点，我们可以考虑设立情景教育分区坐标进行分析。如图1所示，我们可以把整个区域分为五个阶段，中间三个区域分别表示从原理教育到实景教育的过渡形态，可定名为虚拟情境教育、局部景情教育与模拟情境教育。

各种课程、专业或教育目的应有它相应的情境教育模式与之对应。虚拟情境教育是人们凭着想象构建一些情境，并依赖这些情境所开展的教育活动。课堂上用案例讲解的课程就属于这一类，它的情境只能凭借学生的想象虚构，没有具体实物场景支撑，所以是虚拟的情境；局部性的情境教育模式有具体实物场景支撑，但内容却是片段性的，通常是为一个具体教学单元需要而临时设置，当前各教育部门开展的被冠之以"情境教育"称谓的基本上都属于这一类。如《英语》的情境对话等，它的角色扮演及场景布置是实在的，但它在情境完备性及时间连续性上无法到位，所以只能说是局部的情境；第三种是模拟情境教育（又称拟景教育），它的特点是要求有一个模拟于现实的特定的组织支撑（如模拟企业，也称拟景企业），能保证受教育者在持续和比较全面的环境中得到训练。事实上，不同的创业教育阶段有其不同的情景教育模式要求，详见图2。创业知识普及教育阶段，对情景的完整性要求最低，在课堂上用案例讲解就能起到一定效果，处于虚拟情景教育阶段；随着创业教育的深入，要求学生为创业活动做准备，就要采用局部情景教育或拟景教育的模式；到了创业实践训练阶段，它对情景的完整性要求最高，它要求的情境最真实，是实实在在的企业实景。因为只有情境的真实感才具有训练的可靠性。各种课程应有它各种情境教育模式与之对应，可以用表1来表示。

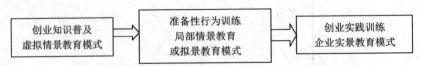

图2　不同阶段创业教育所对应的情景教育模式示意图

表1　课程与它相对应的情境教育模式要求

表1　课程与它相对应的情境教育模式要求

情境教育模式	典型课程	情境特点与要求
原理教育	数学	对情境无强制要求
虚拟情境教育	管理学原理	用案例构建虚拟情境
局部情境教育	公共英语	创建临时性情境
模拟情境教育（又称拟景教育）	企业管理能力训练	以模拟现实的组织（又称拟景组织）作依托而创建的稳定的情境体系
实景教育	创业实践	社会现实的情境

二、问题的提出

实践出真知，课堂里学习的创业知识和技能只有与创业实践活动相结合才能学以致用，对于立志创业的大学生来说，其具体形式往往就是进入校内外大学生创业园（或创业实践基地）进行创业实践。但是，创业园中（或创业实践基地）的企业通常由学校单独扶持，当事的学生一毕业，扶持活动就宣告结束。这样，这些企业（有时是工作室之类更小的经济组织）大多因它们在校期限较短这一生命周期特点而显示这样或那样的不足。

1. 企业处于低级别层面重复，学校的资源未能被充分利用。大学生活期限短暂，大学时期的创业期限也必短暂。企业形成不久，作为创业主人的大学生就将面临毕业，人们所看到的创业园中的企业总是那些初创期[1]的企业。于是，学校资源（如对专利技术的消化拓展等）很难被充分利用，对大学生创业实践活动的指导容易停留在低级别层面上，周期性地进行简单的重复。学校资源未能被充分利用，则意味着学校尚可对更多的大学生参与创业实践提供支持而未提供支持，或者，对创业企业应该提供帮助而未能予以必要的帮助。对浙江3000多名大学生的调查揭示了这一现象。

浙江大学生创业调查中关于学校初创期企业的数据，参与创业人员的比例如表2所示。

表2　浙江大学生初期企业与人数比例

	万人企业数 企业/万人	万人创业人数 创业人数/万人	人员企业比 人/企业
本科院校	63.1	84.4	1.3
高职院校	262.1	374.8	1.4

创新少，产品层次低，企业成功率低。据调查，大学生创业活动已被中国各大学所倡导，[1]但是大学生们的创业内容中创新少，产品层次低，企业成功率低。[2]事实上，企业初创期往往并不适合作过多的创新，它的关注点应该在于把新建的企业稳定下来。学生处于学习创业之中，他们面对的是一片陌生的天地，学习的内容是全新的，要求学生有很多的创新实在是一种奢求。于是，大学生在校期的创业企业往往显得创新少，产品层次低，企业成功率低。

企业未来不明，学生风险承担能力弱，学生团队管理难。在学校中的创业企业因学生毕业而被学生带入社会（或关停），虽然企业已在学校的环境中得到了初步的培育，但仍然处于初创期的边缘。鉴于社会环境比之于学校环境要残酷得多而得到的支持却要少的特点，初入社会的学生本来风险承担能力就弱，现在却要面临来自五湖四海的同学团队因毕业而将各奔东西。学生创业团队本来管理就很困难，[3]现在又要应对利益的分割与团队的解体，企业的前途实在是不明朗的。企业前途不明朗不仅是对社会经济发展的不利，也是对在校期开办初创性企业必要性的一个考验。

4. 受众少，教师作用未能充分发挥。根据调查，大学生人群中真正在大学期间就开始创业的人员并不多，[4]场地等教育资源限制成为它的主要原因，实践场地等硬条件瓶颈常常限制着更多的学生参与在校创业。其实，实践场地周转率的提高是增加学生参与创业实践教育的重要方式。如果一学生在大学期间占用一学校场地资源连续创办企业三年毕业，则该场地在三年中只给予一个学生创业实践训练；如果该学生创业两年就必须（全部或一部分）传承给学弟妹，则该场地能训练的人数就增加了50％；如果一学生在大学期间占用一学校场地资源连续创办企业二年毕业，则该场地在二年中只给予一个学生创业实践训练；如果当该学生创业一年就必须（全部或一部分）传承给学弟妹，则该场地能训练的人数就增加了100％。

如果创业场地等教育资源能增加50％～100％，再辅以"强迫传承"，则因受众增加而使教师作用得到更大范围的发挥。当然，它可能不利于精英教育模式，但一定有利于教育的普及。

从上述普遍表露出来的问题看，大学生在校的创业实践教育是有缺陷的，受众少且档次低的普遍性与当前政府倡导的普及创业教育是不相适应的。于是，适宜的制度设计成为一种需求，有必要通过制度设计使学校中的创业企业成为适宜的创业实践平台，而理想的创业实践平台应该具有这样的特点：

1. 具有积累特性。通过制度设计的企业是能避免企业在初创期就从学校搬迁或关停，它能通过持续的积累，避免在校的创业企业始终是低档次的企业。新的制度设计能使企业在大学校园中稳定下来。企业通过积累，它的内功会越来越强，外部资源会越来越厚实，越来越能面对复杂的环境情况。企业只有做到这一点，才可能有长期的期盼，成为常青树企业。

2. 具有传承特性。通过制度设计的企业利于把企业股权传递到新参与的学生手中，建构高年级的学生向低年级学生传承的游戏规则，使企业股权都在在校大学生的手中，保证企业在大学校园中稳定下来。只有这样才能在最大程度上利用学校的资源，利用学校中有实践经验的教师的深化指导，利用学校那些有利于企业进入高端的优质资源。

3. 具有广纳特性。通过制度设计的企业能在更大程度上吸纳学生参与创业实践平台的训练，使创业实践成为创业教育的一个部分，使创业教育成为能"落地"的教育模式，使学习创业的学生在创业理论的指引下了解了创业的基本规则，在创业实践过程中感悟创业的流程与艰辛。

4. 具有选择特性。通过制度设计的企业能让学生具有选择自由度，即学生因各自禀赋的差异能够在最大限度上选择对于自己适宜的专业模式，这样将因意愿提升而能使更多的学生参与创业实践活动，使创业教育处在因材施教的形态中。

三、股权制度限时传承设计

探讨这一问题，有必要先对创业者的定义给予确定：当事人自己或者与他人一起拥有了一家公司并参与负责经营。[2]从该定义看，我们可以肯定地说，让更多的学生参与创业实践活动，其重点在于对创业企业股权制度的设计。

股权制度限时传承设计就是要构建"限时传承型"企业。"限时传承型"企业可以这样定义：它是一种由企业章程所规定的企业相对稳定的股东与经营管理者（在大学生创业群体中这两者通常是捆绑在一起的，这种捆绑也符合创业训练的必要性）按约定时间进行传承移交股权的企业类型。这种企业以培养股东与经营者（或企业家才能要素）为它的主要经济性，主要有如下的特点：

1. 股权传承保障机制根植于基础制度设计中。保证企业股东与经营管理者按约定进行顺利传承移交，需要有传承移交的保证体系。众所周知，只有通过公司章程得到确定的保证体系才是持续可靠的。于是，这一制度设计就进入了具有公司"宪法"意义的公司章程之中，它的深根基保证了传承行为的持续可靠。

2. 主要经济成就体现在培养股东与经营者方面。企业作为以盈利为目的的经济组织，它需要有反映成就的具体内容。如，有些体现在产品经营带来的成就上，有些体现在股权价值提升的成就上。作为股权"限时传承型"企业，它的主要经济成就体现在培养股东与经营者方面，它以培养股东与经营者为核心而开展经营。不管经济实体的名称是什么，它注册的经营范围是什么，它的行业性质如何确定，因为它在股权制度上的限时传承设置，致使这一企业的经济本质一定是一个培训机构——在工商等盈利活动的形式下培训股东与经营者。这一性质与学校作为培训机构的性质完全相吻合，创业园办在学校之中也因此有了法理上的依据。

3. 保护了小股东的利益。因股东变动的主张被企业设立的章程所锁定，企业将不为大股东所垄断，企业将不以大股东的意志为转移，从而充分保护了小股东的利益和话语权。众所周知，保证小股东的利益是企业股权制度设计中的一个难点，但是上述制度使股东流动性成为常态，大股东角色无法稳定，从而也无法进行内部权力垄断，也不存在垄断的经济意义。一旦大股东不构成内部垄断的需求，则小股东的利益就得到了保障。而一旦小股东的利益得到保证，则对股份进行较大程度的分散持有成为可能，保证了有更广泛的学生同时参与一个企业，在一个创业实践的平台中工作。

4. 保证了股权价格的稳定性。企业股权不是通过市场进行传递，而是通过制度约定获得移交，从而保证了股权价格的稳定性。现代社会股权已成为商品，股权具备了在市场上交易的条件。但是，股权一旦作限时传承设计，它的定价机制设计一定也是一个不可或缺的内容，或者说，股权价格是被提早确定，并不存在讨价还价的空间，确定的股权价格保证着传承不会中断。股权价格不被限制，则一定存在抬升过高的可能，从而也就有了传承中断的可能。

5. 限时持股易使创业实践深度不足，使创业者对企业的责任性不足。所有者持股时限的短期性容易形成创业者对企业的责任性不足，这是这一制度设计的最大缺陷。从经济回报上说，因初创期企业往往盈利不足，这一缺陷将传导到创业者，表现为经济激励不足，它促成创业者对企业的责任性不足，从而不利企业发展。但同时，这一制度并没有消磨创业者受到的成就激励较强的特点。于是，它仍然可以作为创业者企业家才能训练与展现的平台。此外，这一制度设计也可能遭到创业实践深度不足的诟病。但创业实践的深度并不是创业教育的硬性要求，适当浅层面的创业实践教育恰恰可以避免失败对学生的伤害。

"限时传承型"企业的这些特点，决定了股权不能通过资本运作而变为盈利的工具，企业的投资人只能在生产经营中获得盈利，他们的产品只能是普通意义上的商品与劳务，而不是资本品；股权不与持股者作长期捆绑，股东在约定的条件下将移交本属于自己的股权，股东的广度可以得到维持，股权将避免因强权而集中。

四、"限时传承型"企业对于开展创业实践教育的意义

某职业技术学院的学苑旅行社按照"限时传承型"企业模式进行组建，它把股权大部分散给学生，又使学生"股东"处在一个转换的制度之下（毕业前需要移交股权，否则失去行权资格）。于是，企业将不会因学生毕业而使得该企业终止（或随学生离校），新的企业学生股东将

传承学长的基础继续发展企业，企业得到了传承；酒店管理专业的秘书团队按照"限时传承型"企业模式进行组建（称为工作室），它把股权大部分散给拟景酒店的学生，又使学生"股东"处在一个转换的制度之下（毕业实习前需要移交股权，否则失去行权资格）；手绘品牌的经营团队存在着早期承诺——在离校前要把品牌权利给学弟学妹们分享；有学校的农业创业团队则把整改后的土地利益、工具与品牌都传承给学弟学妹们，他们都有自己具体的规定。限时传承型企业（或工作室）的具体规定和运作模式可能各有千秋，但它保证了企业不会总处于低级别层面进行重复，因企业的长期性基础确立，它的产品层次可以得到提高，创新性也必多，股东们对企业的未来也明确，学生团队管理也相对容易，避免了学生风险承担能力较弱的问题，便于发挥教师的作用，也能较充分地利用学校的资源，使创业受众面大大增加。如果学校有很多这类传承型创业实践平台，则学生根据自己特点选择参与的可能性也必定增加，在创业实践领域中"因材施教"的教育理想也必更能达成。

大学生创业者是在大学学习期间立志成为企业初创投资者并能参与其管理的人士，[5]他们在学校读书阶段就获得创业实践教育实属不易，但是一旦成为一个企业的投资者则身份就形成了，创业者的角色通过经营活动的参与也能慢慢得到体验。这就是"限时传承型"企业对于开展创业实践教育的真正意义。

五、余言

"传承"型企业反映着企业资本所有者之间传承的规定性，这类企业强调资本传承程序（时间与秩序），以合资协议与章程锁定。如果对传承型企业模式开展进一步的研究，我们可能发现它们不同的分类：如，从可传承的资本主体形态看，有产品主体型（如农产品）、业务主体型（如商业）、品牌主体型（如无形资产，价值放弃可惜）；从可传承的资本持有者及他们的流动性角度看，有纯学生、学生为主、教师为主、企业为主等类型；从可传承的资本来源类型看，有内源型（校内发生发展）、外源型（外部引入）、混合型（毕业生留校场所等）。

从限时传承型创业教育模式的管理角度看，应以内源学生主体型为主，走多种模式并存的道路；对指导老师要求有企业经历与企业管理知识，有心理学、教育学知识，有创业专业知识；对企业的布局来说最好能有产业相关性设计，即使设计成不完整的产业链，相关则便于抱团取暖，增强生存概率。

用股权制度限时传承设计的企业作为创业实践教育平台能够使创业训练条件获得最充分的支持（政府、学校、社会力量更愿意支持稳定的企业）；因为企业的稳定性，它的积累时序也更长，效率也必高；股东与经营者身份同一的训练特色有利于在最短的时间内获得最大的生活体验；创业实践教育是企业家才能生产要素的培育活动，目的就是提升企业家精神、企业家才能；如果在条件许可时给予教师一定比例的股份，则能使企业稳定性增大，使教师资源得以充分利用，教师的能力发挥与利益都能得到更充分的体现。大学生创业的单独扶持向传承积累转变是创业实践教育的方向。

参考文献

[1] 成艳彬，陈景辉. 大学生创业态势分析与高校创业教育取向[J]. 中国大学生就业. 2007（13）.

[2] 梁杰. 大学生创业成功率低根子在哪[N]. 中国教育报，2012. 4. 17.

[3] 刘江，邓晓华，邢鲲，王鑫. 高校学生创业团队培养模式初探[J]. 现代农业科学. 2009（02）.

[4] 李英，韦嘉，邹巍. 理工农科大学生创业态度现状调查及其相关因素研究——以西南大学为例[J]. 西南师范大学学报（自然科学版）. 2013（02）.

[5] 高建，程源，李习保，等. 全球创业观察中国报告（2007）——创业转型与就业效应[M]. 北京：清华大学出版社，2008.

（原文刊载于《浙江工贸职业技术学院学报》2014年第1期）

中英"创业型城市与创业型大学"论坛集粹

教育园地·公司企业

《光明日报》副总编　刘　伟

全球化给中国带来新的发展机遇。全球化经历三次浪潮，第三次是以知识经济、互联网经济为代表的经济浪潮。在这一浪潮中，中国已经融入其中，而且也逐渐成为经济全球化第三次经济发展浪潮的主角。

我国正处在大发展的时代，创新至关重要，是国家发展的核心动力。目前大学出现的这一种新型创业型模式，它的核心仍是创新。中国要发展，中国要追上世界发展的步伐，离不开创新，换而言之，创新是创业的一个灵魂。

我国正致力于创新型的国家建设，最缺乏的是知识和人才，高校正在提供这样的人才。浙江工贸职业技术学院所提供的人才不仅仅是象牙塔式的人才，也是一种创新的人才。第一次来该校实地考察，发现这是一个教育的园地，是一个生机勃勃的公司，同时也是一个企业，把教学、园区的建设、公司的发展和整个温州城市的发展融为一体。

温州是一个著名的城市，在中国改革开放的过程中曾经起到过也正在起着非常重要的作用。温州模式、温州的发展为人们所熟知，温州人敢为天下先的精神被全中国所津津乐道，并引以为自豪。第二次对浙江工贸职业技术学院的实地考察发现，它是一个有远见的高等院校，这一远见在于它把学校的发展、学校本身的特色和中国经济的发展步伐结合在一起。学院的这种理论性的创造探索给我国理论改革提供了很好的思路和经验。

创业型高校在中国

教育部教育发展研究中心高教室主任、教授　马陆亭

一、中国人眼中的创新高校

1998年，美国学者伯顿·克拉克（Burton R. Clark）在考察欧洲小型技术学院之后，提出了创业型大学（entrepreneurial university）概念，认为创业型大学是走向自力更生创业道路的大学。这个观念提出来以后在中国被广泛接受。同时，他还提出了一体化的创业文化，即怎么去激活学术心脏，在满足社会中去追求自身的成功，这个理念跟中国的传统价值观也是比较吻合的。

亨利·埃茨科维茨（Etzkowitz·Henry）研究的是美国研究型大学，认为创业型大学是研究型大学的发展和拓展，是学术资本主义化了的研究型大学。中国也有学者提出学术创业，认为我们的学校就是要走向学术创业的道路。因为这类大学的起点比较高，目标是推动国家和地区的竞争力。在美国的研究里面，比如说斯坦福大学推动了硅谷的繁荣。

这两类大学都是要同时满足地区发展和学科发展的需要。在中国人看来，大学需要满足学科发展的需要，如果不能满足学科发展的需要可能是不务正业，也许这种观念现在需要改变。学科发展好，同时满足地区发展的需要，我认为这是一个很好的模式。比较这两类学校的不同点，MIT的起点是知识，它是一个知识的高原，在一个高点上用知识去转换，为社会服务，进行创业。Warwick大学是社会需要，首先社会需要什么做什么。另外，MIT是遵循自下而上的服务型创业方式，Warwick大学是自下而上的一体化模式。这种模式的区别是，比如说研究型大学，是占据了知识的高地，有强大的科研实力，往往在国家或地方政府的科研拨款或项目申请中占据有利地位，在和企业合作中也有更多的优势和话语权，有更多获取资金的机会。研究型大学是一个很大的概念，实际上

每个研究型大学做的可能并不一样。

服务型大学遵循了一种散型文化，跟社会的接触点更多在基层。尽管它在创业之初做了很多服务性工作，但它有自己的雄心，希望通过成为地方社会经济的中心，引领企业发展而追求自己的成功。英国斯旺西大学校长曾骄傲地跟我们说："我就是当地最大的雇主"，中国的高校还做不到这一点。

商业高校模式尽管需要获利，但它有着崇高的、贡献人类的社会责任感，坚守着一般意义上的大学公益精神。创业型大学的实践模式，首先是要走进社会、服务社会，这是起点。然后要成为社会的中心，引领社会，成为社会的轴心，也成为大学发展的典范。

二、中国高校的模式变化

中国的高等学校实行中央和省两级管理，以省级为主的高等教育管理模式。2012年全国共有普通高校2442所，其中教育部主管的高校有113所，绝大部分是地方高校，占95%。从1998年到2012年，中国高等教育发展非常迅速。从1999年高校数量由1022所增加到2442所，在校学生数由340万增加到现在的3000多万，增加了9倍。在人数剧增的过程中，毕业生就业问题也非常突出。2013年高校毕业生是699万，被很多人称之为"中国历史上最难的就业年"。预计2014年毕业生是727万，难度更大。因此必须进行高校教育办学模式及创业教育的探索。

政府推动的变革主要有"211工程""985工程"，推动一些学校向综合性发展。职业技术院校是在1996年发展起来的，也是政府推动的。如今，社会上也产生很多新的办学形式，比如说大学城、多校区办学、高校的网络教育学院等等。很多高校已经开始进行自身的探索，比如说有很多高校提出"业务型高校""服务型高校""技术技能型高校""行业特色型大学"等等。最近中国也正在准备推出一种新的学校，即应用技能大学。

三、为什么聚焦模式

在这种办学模式的探索之中，为什么要聚焦这种模式？聚焦模式的意义是什么？比如北京奥运会和伦敦奥运会，两个奥运会的开幕式曾使人浮想联翩。在北京奥运会的开幕式上，有一个古老文化的画卷展开，非常美丽，并且中国对这个事情非常重视，举国之力，社会上投入了很多的资金，做得非常好。但是伦敦奥运会的开幕式把创业结合进来，把工业文明的严肃结合进来，做得非常成功。两者都好，没有可比性，这就是模式的意义。不同的模式都能做得非常好。

在世界大学的模式发展过程中，从法国的巴黎大学到英国的牛津、剑桥大学，再到德国的柏林大学和美国的研究型大学，它们的模式都不是完全相同的。现在各国实际上已经形成了多样化的大学体系，比如英国的古典大学、城市大学、新大学，法国的综合大学等等，已经形成了这种模式。

人的需求是不同的，人是有差异的。中国有一句话说："骏马能历险，耕地不如牛；坚车能载重，渡河不如舟。"中国地域非常宽广，社会的差异性非常大，不仅人有差异，社会也有差异。需要高校培养出有一定规格的有差异的学生，每所高校满足不同的人、不同的社会需求的这种模式。在这个过程中，每所学校的办学模式也是不同的。

四、积极开展新型模式的探索

办学模式直接影响高等学校的人才培养。从国内来说需要进行自我反省。我们的学校在技艺、知识学习方面都是非常优秀，但在创新精神和实践能力的培养上显得不足。中国尽管有2000多所大学，受办学模式趋同影响，导致培养人才同质化严重。创业型高校是一个很好的思路，它是针对中国当前高等教育发展中的问题提出的。创新创业教育应该是熏陶出来，而不是说教出来。如牛津大学培养的绅士，是在过程中潜移默化被熏陶出来的。所以，在原有课程理论传授为主的体系下，只能培养出死记硬背的乖孩子。创新创业教育不能纸上谈兵，不能封闭办学，应放在实践中，而不是在理论上进行创新创业的教育。

我国高等教育要走多样化发展的道路。中国的2000多所高校中，需要有一批高校来做转型工作，必须让学术工作来自社会需求。

创业型大学：华威大学的发展模式

英国华威大学副校长、教授　劳伦斯·杨

华威大学将创业精神和文化与卓越型学术研究，以及为学生带来卓越学习体验各方面结合在一起，提供了一个比较成功的案例。学校成立于1963年，从1965年才开始招生。历史并不悠久，但发展非常迅猛。这个迅猛的发展很大程度上取决于学校的奠基者。学校不单推崇学生卓越性这一理念，同时也鼓励发展学业和产业界之间的紧密合作和互联。因此可以看到在英国如此之大的理工学校，不会去遵从理工学校常规的发展模式，而是采用另辟蹊径的创新模式来发展。

华威大学的校址是在一个相对比较荒僻的地方开辟的，现在它已经成为一个生机勃勃的校园场地，实际上已经发展成为英国最大的校园之一。我们知道建立一个校园型大学，而不是一个所谓建立在城市中间隐形大学的理念和模式。华威大学是一个研究型大学，是英国一个非常享有盛誉的大学，也是罗素大学集团成员之一。学校下属4个分院，包括人文学院、理学院、社会科学院和医学院，有23000多名在校学生。在英国及全球高校的排名榜上，如此一个年轻的大学在排名中是非常具有竞争力的。

华威大学的建校是建立在它的愿景之上，包括学术卓越性，同时也包括国际化路线和合作伙伴路线。学校一直重视与全国各地高等院校的结盟。同时，学校也认可和承认，一个有着商业理念的组织，把其商业理念用作优势来鼓励学术创新和教学创新，鼓励学生具有更多的创新精神，将会给学校带来很多收益，包括经济收益。

在过去十年，学校的研究收入增长了一倍，财政收入从311万英镑增长到460万英镑。尤其在2012—2013年，学校的研究型收入增长了86％。

教职工人数及学生数量也在不断地增长。学校希望能够进一步增加在校的研究生数量，实际上过去十年里研究生数量也已经翻倍。

华威的全球研究举措和学校建设的战略，以及这些战略如何使学校在办学方面获得优势，经验和体会有以下方面。

一、跨学科合作

学校非常关注跨学科合作和研究，它给学校带来最新的理念和知识。这意味着教职员工跨部门合作，包括基础研究到应用研究的跨领域的合作。通过跨学科合作可以以创新的方式来促进每个学科的发展。那些在传统上由不同部门和不同职员所拥有的部门，现在可以打破疆界而融成新的一些合作团队。比如数学家与社会科学家、与化学家、与工程师结合成一个团队来进行跨学科合作，这也是华威大学的特点之一，它非常灵活并且可以随时应变。

二、扁平化管理

学校并不局限于传统的院系机构，也不受以前漏斗型的学科设置的框架限制。我们希望能够创造一个学校校内跨专业之间的合作氛围，并且打破学校间的疆界，实现国际性的合作。其中一个很重要的特点就是扁平化的管理，教职员工相信学校的实力来自院系的实力。华威大学有36个院系，都是由学术领导人管理。这样的一个扁平化管理结构非常之灵活，使决策变得非常迅速，并且能够更为快速有效地作出跨学科合作的决策。这是我在英国曾经就职过的其他大学里面经常碰到的一些学校发展的瓶颈性问题。实际上学校的创新能力发展的瓶颈，很多时候是因为人们知道有一些创造性的活动，它需要来自校方的支持以及跨院系的合作。

三、学校商业投资

有一个灵活的态度是非常重要的。比如jobs.ac.uk网站，作为学校商业投资的例子，它是一个专门招聘研究科学和学术型人才的网站。英国在十多年前意识到互联网能够给我们带来很多之前所不能利用的机会，尤其在人才招聘这一领域。我们当时在想，为什么我们不能在英国创建这样一个平台呢？因此，我们就创立出来一个非常成功的招聘网站。大多数的英国人都不知道这个网站是由华威大学所拥有，实际上很多的公司都在用这个网站通过这样的途径和渠道，给华威大学带来了很好的收入来源。这是一个非常好的例子，它告诉我们华威大学灵活的、随时应变的策略以及它的创业精神所带来了经济收益。

在华威大学的学校管理人与学术界合作方面，合作的结果不但可以促进学术作业性，同时还带来了一种互动的、相互支持的、来自学校管理层的，对于学术研究群体的支持。

四、发挥区位优势

华威大学处于英国中部，在交通枢纽的地位上拥有优势，享有便捷的交通网络，有国际性机场。学校有一个华威会议园，在此可以举办会议、展览和宴会等其他的活动。同时，还能够提供种种的设施和服务，以一种安全校园环境的方式来提供服务，这对大学本身来说也是一个很大的收益。所以学校充分利用了这些机会，创建了基于校园基础的，比如说应用公司、设计公司等，来支持在校园基础上开展的活动。

五、国际合作

在过去5到10年里国际合作有许多典型案例。其中与美国纽约大学建立的城市科学中心，是一个非常具有创新性的举措，两个学校共同出资实现双方学生互访，同时还可以访问伯明翰、英国伦敦这些政治场所。这是一种自下而上的举措，通常滋生于跨学科合作的团队活动之中。还有莫纳什大学和华威大学的联盟，是两校办学中间合作的一个绝佳的实践例子。对方希望找到具有同等年龄、具有相同文化以及创业精神的合作伙伴，通过这样的一个联盟，进行学生互换，以及共同开发项目，一起创建双校合作的博士合作项目等。

学校寻求全球合作伙伴的基本前提和标准是有共同理念的人。在过去两年之中，华威在广东知识城做了很多建设性工作，它也是新加坡中国政府的一种合作典范，这有点像苏州新园区的例子。最近还将在广州签署一个备忘录，华威将会更多地聚集广州本土的一些不同专业领域高校的机构，华威将会是第一个西方大学来参与到这一个非常令人振奋的知识城的建设之中。所以，我们的商业合作伙伴、大学合作伙伴，通过与学校的结盟关系，能够增强大学的基础实力。

六、企业合作

伯明翰科技城和华威国际制造研究中心是华威校企合作的代表。伯明翰科技城是在当地政府支持下建设起来的，它帮助促进区域性经济的发展，以及促进中小企业的互动，尤其是在西部中原地区。我说到合作伙伴这个词，是希望能够在伯明翰以及大伯明翰地区创造一个区域性经济互动和经济型发展的态势，可以看到区域性投资和注资如何能够加速大学和本地行业的合作。

华威国际研究中心是我们的骄傲所在。学校有一些资助项目，这些项目的出资方来自世界各地不同的公司。这里要考虑到应用研究和基础研究的平衡，不仅有来自汽车行业、航天航空行业的研究人员，同时也有来自健康与医药项目的研究人员，在此进行研究。同时有4 000名员工在进修研究生课程。学校在开发一个新的国际制造研究校园，有来自"捷豹""路虎"的投资合作，大多数的资金是来自像"捷豹""路虎"这样的大型企业，而极少的资金来自政府。这样希望能够帮助我们建立本土性的大学，来进行年轻人的培训。我们设计在本土大学里针对本土新年轻人的一些培训项目，主要是WMG这样一个集团和品牌所资助。

如何来促进大学的创业教育？我的观点是如何在创业教育领域里面寻找最佳实践，不单是在校园里面进行推行，同时在国际联盟伙伴之中推行。

中国特色创业型高校——我们的实践：专业创业

教育部高等学校创业教育指导委员会副主任，浙江工贸职业技术学院党委书记、教授 何向荣

由于英国跟中国社会经济文化的背景不一样，创业型高校的内涵、体制机制建设必然存在着一些差异。在借鉴国外实践经验的基础上，探索国内外创业型高校的一些共同规律，建设具有中国特色的创业型高校是我们当前面临的一个重要议题。中国特色的创业型高校，针对自身的实践，进行专业性创业，尤其是针对学生创业能力进行专业创业教育，有以下三个方面值得深思：第一，创业型经济、创业型城市、创业型高校和创业人才（简称"四创"）的内在联系是什么；第二，什么是中国特色的创业型高校；第三，专业创业如何解读与实践。

一、"四创"的内在联系

中国国家主席习近平提出"中国梦"，实现"中国梦"有三个因素很重要：第一，继续改革开放；第二，创新为基础的创业；第三，文化强国，要解决价值观和信念的问题。国家工商总局对2013年全国市场主体发展的一个调查报告显示，从2009年开始到2013年，市场主体申报量基本上增长9％以上，虽然在2012年由于各方面经济低迷的影响，它的增长量曾经比较低，为8.5％，但是2013年市场主体增长达到10.33％。温州税务局所做的统计，2012年温州新增企业虽然少于企业的注销量，但是2013年又是爆发性的增长，为18.4万，注销是4.9万。温州是一个典型的创业型城市，就老百姓的创业来讲，创业意识、创业精神、创业能力和创业资本条件都是具备的。当然作为创业型的城市还有两点要加强，第一是科技创新，第二是创业的投资软环境。

经济社会发展是一个生态圈，浙江工贸职业技术学院（以下简称

"浙江工贸学院"）致力于将政府、产学研和市场组成一个教育服务联合体，把这些资源整合在一起。现在的创业型经济形态也必须相应地转型，创业型城市作为一个发展平台需要升级，而这两者又需要创业型人才来推动，这是第一要素。人才培养怎样改进？中国教育在世界上排第一位的有三个指标，在校生数、专利数和论文数。接下去十年左右，中国的教授数量、博士数量和高校数量也有可能会达到世界第一。但是，目前我们面临的状况是社会、政府、企业、家长对教育投入越来越大，而社会对教育不满意状况却比较突出。另一方面，英国、澳大利亚大力发展教育产业，其教育市场的生源很大一部分就来自中国。所以，现在不仅是经济全球化、信息全球化，而且教育也是全球化，大家都可以去选择全世界的名校，好的学校和好的专业。因此，中国教育缺的是特色学校，教育同质化就是一个大问题。

党的十一届三中全会以后，不仅仅是在经济领域要通过市场优化配置资源，教育实际上已经在大陆形成一个教育服务的消费市场，比如说大学生就业已经市场化，师资交流也市场化等。家长凡是交学费的学校，都已经通过市场来购买教育成果。当然政府在这方面是很重要，不同国家政府拨款机制各异，英国有英国的拨款机制，中国有中国的拨款机制。目前中国大陆基本上是根据学生人数来拨款，而不是通过社会中介评估学校的教育质量，跟学校的人才培养质量挂钩。政府如果借助社会评价，不仅根据数量也根据教育质量来向学校购买教育成果的话，那么相对来说这个市场就比较健全。

二、中国特色的创业型高校

建设中国特色的创业型高校，最根本的是基于中国特色的创业文化。中国高校变革之路，通过创业型高校的建设，来推动创新创业的教育，创新创业教育应该作为高校人才培养模式的突破口。

1. 价值取向——创业精神

在校园文化里面，应该包含企业家的精神，主要就是创新创业加社会责任。这是不可缺少的，现在的食品安全问题就是社会责任严重缺失所致。如果高校自身做不到服务国家和人民，怎么培养学生服务国家服务人民的社会责任感；如果高校自身做不到勇于探索体制机制创新，怎么培养学生的创新创业能力；如果高校自身做不到立足实际特色发展，怎么培养学生解决问题的实践能力。如果每个专业都去办企业或者引企业，一个专业去全部包办这些，难度很大。浙江工贸学院为解决这个问题采用了通过相近、相关的专业群去办园区的方法，学院三大园区就是这方面的成果。

2. 功能聚焦——创业实践

第一，创业型高校，学校怎么创业；第二，师生怎么创业；第三，创业教育实践怎么做？以创业教育为例，谁来教？教什么？怎么教？重点是师资问题。浙江工贸学院在创业教育方式上采用普及性教育+精英式培育，主要由创业学院组织；其创业教育实践形成"三进"：进课堂，通识+专业；进专业，开放实训；进科研。解决了创业实体如何进园区，项目对接如何进市场，公益行动如何进社会等问题。

浙江工贸学院有24家与大院名校、政府机构、行业企业合办的科技应用及文化研究机构，其中10家属市级以上。这些科研机构有两个特点：一是与大院名校、政府机构、行业企业合办，这是体制机制层面。二是不同于华威大学、斯旺西大学，不以基础性研究和"高精尖"研究擅长，优势是应用型研究。学校要求师生创业要出校门，要求创业进园区、进市场、进社会。2010年温州市最大的黄龙商品市场无偿提供十多个店面，学校的学生团队入驻。2013年学生团队入驻温州源大创业园，创业实践有声有色。

3. 路径选择——资产、资本经营

办高校，首先是从高校的体制机制改革入手，才能推动人才培养模式改革，进而做好社会管理服务的创新。所以国有企业改制解困，由"传统制造业+出租"，转型为"高教+科技+创意"，形成现代服务业。浙江创意园（与温州报业集团合办），主要的特点是学校的专业和一些科研机构入驻，企业入驻，形成学校、企业、园区、创业实体一体化，2013年在这个基础上建成了省级工业设计基地。知识产权服务园（与市科技局合办），是温州创建首批国家知识产权示范城市重点项目，形成版权、专利、商标"一站式"服务，园区入驻机构15家，入驻企业帮助学校培养专利工程师。2013年在这个基础上，建成了混合所有制的温州知识产权交易中心。同年跟上海大学合办温州知识产权学院。省级国际服务外包示范园，主要是软件服务外包、出口，还有人才服务基地等等。

资产、资本经营需要巧实力整合。浙江工贸学院"园区化"工学结合人才培养模式探索入选教育部部长袁贵仁主编的《中国教育改革发展丛书·典型经验系列》，本案例就是学校巧实力的一种诠释。

4. 机制构建——自主办学

我国有些高校抱怨自己没有办学自主权，其实并非如此，关键是自己怎样建立自主办学的机制体制。要做到这一点，关键是"产权+市场契约"。"浙江工贸职教集团"有15家行业协会，园区企业70余家，校企合作的关键是要解决利益共享的机制，通过协议、契约来推动机制创新。浙江工贸学院三大园区入驻的企业，要承担教学义务，课程开发、教材编写、实训，要提供兼职专业教师、创业讲师和导师，进而推动高校治理模式创新。

产教融合怎样融合？这个问题要把握"四个度"：政府主导的"向度"、高等教育的"高度"、协同育人的"深度"、社会服务的"宽度"。浙江工贸学院建立适应市场的扁平式的组织设计，比如说建立学生服务中心、教师服务中心、后勤服务中心、财务服务中心，其中学生服务中心是学生处、招生处、就业处、团委全部合并在一起的。我院承担的一个教育部重点研究课题：高职教育创新创业研究——基于平衡计分卡理论，就是将这种理论运用于学校的实践。依据网络文献资料显示，利兹大学跟华威大学也可能都运用了这个战略绩效管理的工具。中国大陆高校缺的就是绩效和资产运营，他们只要求增加投入，产出没有考评。

三、专业创业解读和实践

专业创业分成三种形态：主线创业、边际创业和错位创业。主线创业是指基于所学专业所涵盖的行业或职业范畴中的创业；边际创业是指以专业为依托，在相互交汇、相互关联的行业边缘，创意创新的创业；错位创业是指以所学专业的知识、技能为条件，以非专业的领域为对象的创业。主线创业的特征是专业创业，学以致用，学专用长，专业方向与创业方向高度一致；边际创业的特征是专业拓展，所学专业为主导，而创业方向既专非专，多专业相互交织，创业处于多专业的边缘区；错位创业的特征是专业迁移，创业基于专业学习的知识、专业化过程的职业态度、职业精神、职业能力的养成，借非专业领域为平台的创业。这三种创业形态的关联度主要是专业技术、专业课程、专业师资、专业团队和专业公司。

2013年浙江省教育评估院对2012年毕业的学生进行"高校人才培养质量调查"，发现浙江工贸学院毕业生有几个专业创业率比较高，达到15％之多。原来的创业教育基本上都是封闭型的，师资、专业技术和专业课程不能很好为社会服务。不突破封闭的教育，专业技术、专业师资（人才）、专业课程（高等教育）对经济社会发展的创新驱动力就难以发挥。因此，只有跳出教育才能客观评价教育。浙江工贸学院在这方面有很多的例子。主线创业的案例，如计算机老师带领计算机应用专业、软件专业的师生组成团队，注册温州易邻信息科技有限公司，以电子信息研究院为平台进行技术开发。工业设计教师带领学生创业注册温州易的产品设计有限公司，创业特征是专业的结合度非常紧密。再如浙江创意园的温州名购网，是电子商务专业师生注册的公司，已经形成了电子商务专业的创业链。边际创业的案例，如2009届毕业生朱君峰同学，他学的是计算机软件工程，现在从事电子商务，他的团队获得2013年浙江省首届青年网络创业挑战赛冠军团队，获得银行授信200万元，这也是温州地区第一款电商贷款。错位创业的案例，如杨忠敏同学，他学的是机电一体化，选修的是瓯塑，成立了一家20多人的创业公司，主营瓯塑产品，他荣获了2012年文化新浙商，是唯一的90后。通过这些创新创业活动，学校2013年获得授权专利286项，有64个实训室对全校的师生开放，专业、非专业的师生都可以通过预约进行实训。

通过多年的研究和实践，学院已经形成了一个专业创业的逻辑图：专业师资、专业技术和专业课程，通过创业推动师生成长、经济增长和社会进步。当然也推动学校持续发展，特别是推动创业型高校持续发展。为此，还需要解决两个问题，第一，科技创新和投资软环境要进一步的改善，其中学校跟城市如何一体化的问题？浙江工贸学院提出了学校、园区和城市一体化构想。第二，就是对专业师资创业进行激励，这个激励因素包括资源共享、项目支持、创业战略、经济回报、职务晋升、名誉声望、专业提升、成果转让、精神需求等，都要做好。

随着创业型高校建设实践的不断推进，也逐渐显现出几个不容忽视的挑战。创业型城市与创业型高校如何双轮驱动？教师专业创业的激励机制如何完善？创业型高校集权与分权如何平衡？如何防范创业的风险？大学如何在教育市场中增强市场竞争？这些问题都需要我们在今后的实践中进一步加强探索。

科学与创新：斯旺西大学的经验

斯旺西大学副校长、教授　伊恩·克拉吉

斯旺西大学的快速发展以及与创业教育、创新教育有关的一些举措，近年来在国际上已经引起一定的影响。创新创业是经济发展的动力，通过技术进步与必要创新相结合来提高经济效益。创新是区域发展的新动力，创新对于国家经济在世界竞争中立于不败之地是一个重要的核心要素，没有创新就没有更好的生产力。

一、与机构广泛合作，借力发展

斯旺西大学通过与其他机构包括企业的合作，来创新自身的发展模式。例如有一个公司希望能够改变企业业务的模型，在这个转型的过程中斯旺西大学也需要大量的土地和大量的资金，于是斯旺西大学就参与到其中去，用了4亿5千万英镑。这个规模非常大，为此建设了新的校区，其中工程学院的规模增加了一倍，还建立了一个60英亩的研发平台。斯旺西大学发展的很多资金都来自市场、行业，以及欧洲的投资银行。这是一个商业的业务与学校的项目相结合的典型案例。现在斯旺西大学正在进行第二期发展，是2亿英镑投资的规模，其中包括数学、计算机、物理学大楼等，这些都是在我们校园里面重新计划的，其中物理学还包括辐射学，准备做很多辐射方面的研究。

二、教、产、研有机融合

斯旺西大学非常重视研究与产业的结合，并且让学生的实践融合进去。ESRI（美国环境系统研究所公司）是著名的公司，与这样的公司合作，可以使学生得到良好的发展。这些公司有临时的居住设施，他们要做6年的研究，这样一些研究生甚至本科生都会参与进来做一些研究，他们和企业一起做项目，研究甚至包括纳米化学。学校的罗伊斯大楼有许多研究学院，这个楼宇里面在不断地进行最新的研究，比如说A380的结构分析，就是由我们的工程团队共同研究的。一些先进的材料，包括钛合金的研究也是在这个楼宇进行的。学校之前有一个企业叫作SMART，可以做引擎方面的研究。

三、大学要符合社会和政策的需求，以合作促进区域经济发展

斯旺西大学的资金主要是来自威尔士一个教育资金理事会的资助。在英国，英格兰和威尔士教育决策以及资金来源是不同的。威尔士政府决定要把一些领域作为他们投资的重点领域，作为大学也需要知道政府的重点投资领域是哪些，比如说先进生产、生命科学、城市发展等，这些都是政府关注的优先投资的领域。大学所做的工作要符合社会和政策的需求，通过联盟关系和协同工作来更好地创新教育，通过合作来促进地区性经济发展。

塔塔集团项目，它是一个政府机构在这里面可以运用到资金的项目，威尔士政府非常推崇这样的项目。我们有三个不同的项目融合在一起，第一个就是LEAD，其中包括1200万英镑的资助。AS-TUTE，它是先

进的可持续发展的项目，而且是第二次得到资金的项目。还有就是利用大学的资源不断地去推进新的产品，这些新的产品由大学和企业共同申请专利，因此不仅仅是一个企业方面的项目，还是一个大学科技研发的项目。类似这样的项目有48个，有2亿金额的投资，有很多的企业都会从中获益。

　　A公司赚钱并为B公司创造机会，然后学校也参与其中，这是斯旺西大学的追求。作为一所大学，从20世纪20年代开始，尤其在过去的7年里面，发生了巨大的变化。欧盟创新研究项目总监曾经评价说："斯旺西大学与工业结合的模式将成为欧洲样板"。实际上斯旺西大学来自欧盟的赞助还多于来自威尔士政府的资助，他们看到斯旺西大学现在在校园上做的创新之举，他们认为这个实际上是欧盟内部可以推广的一种模式。

（原文刊载于《浙江工贸职业技术学院学报》2014年第1期）

服务型高职与创业型高职人才培养的
实践研究

王春柳

一、服务型高职与创业型高职的概述

服务型高职的办学理念是基于社会经济发展、产业结构调整和生态危机的客观局势而提出的高校建设理念。它有别于高等教育普遍包含的社会发展功能和人的发展功能的显著特征在于其"服务"的特征。一是服务型高职具有高度开放性，高校与企业合作常态化，学生也是职业工人，教师同时也是工程师，"校企一体、产教一体、学用一体"的人才培养模式使教育与市场的隔阂消失、学院与企业的边界模糊。二是服务型高职追求社会利益最大化，人才培养与社会服务直接接轨，人才培养与社会服务实现并举，看重高校社会服务的量化和最大化。三是服务型高职注重合作，包括与社会企业合作、国际合作，与行业产业合作推进企业技术和产品升级，推进区域产业转型和社会产业结构改革，强化国际合作，学习和有效利用国际先进技术，赢得行业和有关领域的国际话语权，培养国际化、精英化人才。四是服务型高职以人才培养质量为绩效标准，其培养出的人才社会适应程度高。

创业型高职是创业型高校中的一种，具有应用性科学研究和创新的因子，是高等教育市场化，产学合作高度战略化的形势下，高职适应市场化的拓展，改造和创新了高职职能的形式与内容，提升和扩大了科技与经济的结合，导致了办学理念的一系列根本性变革：以提高国家竞争力和民族创新创业精神为己任，以发展高科技和开拓新产业为手段，承担起发展经济、创造工作机会的新使命，突出强调高职在经济社会发展中的重要作用，并以其实质性贡献引领高职发展的新方向；创业型高职具有更强的资源获取能力、团队研究意识和更为有效的知识转移运作机制，也更加强调其在社会经济发展中的直接作用，它不仅要培养人才、创造知识、转让技术，而且要直接参与并服务于创业活动，以促进区域经济与社会发展；创业型高职建立起了产、学、研、政、市互动的多维度网络结构，它通过技术项目合作、专利和知识产权转移与产业建立密切联系、促进社会经济发展，同时融合多方资源，促进创业型高职科研项目真正落地并与人才培养有机结合；创业型高职具有归属模糊的创新创业组织结构，主要包括大学生科技服务园（大学生创业孵化基地）、知识产权服务机构、服务外包机构、高职与产业的合作项目或合作中心等。创业型高职包括创业教育、资本运营、自主办学，学生创业意识强，创新创业氛围浓，创新创业课程完善，创业实践踊跃。

二、服务型高职与创业型高职人才培养比较

服务型高职与创业型高职的定位和办学特色，决定了二者在人才培养上某种程度的相似性；但二者又在社会行业中扮演着不同的角色，在人才培养的方方面面又存在着显著差异。

（一）人才培养的相似性

第一，服务型高职与创业型高职的人才培养都是在传统高校的基础上，为了适应经济社会发展、行业和产业结构调整、生态发展要求做出的适应性改变，其宗旨是为社会输送质量高、符合行业要求或者能够带动行业发展的人才。

第二，服务型高职与创业型高职的人才培养与社会具有天然的联系，开放性办学理念至关重要，建立广泛和有效的实践平台对二者而言都具有重要意义；服务型高职需要实践平台检验学生技术的熟练和精确程度，创业型高职培养的人才也需要通过实践来检验。

第三，服务型高职和创业型高职人才培养过程是全程、全方位的社会服务过程，其培养的人才具有灵活性、市场性、社会性等特征，以社会、行业、产业发展对人才的需求为目标，培养紧缺的应用型人才。

（二）人才培养的差异性

第一，人才培养目标定位不一致。服务型高职是向社会提供在某一技术领域、行业领域具有领先水平或者先进技术的高素质人才，创业型高职向社会输送的则是创造能力强、综合素质过硬在某个行业领域有比较优势的人才。

第二，人才培养的诉求不同。在思想方面，创业型人才思维通常更活跃，具有创新能力和独特的思维方式，同时他们对市场的变化非常敏锐，洞察能力较强，善于抓住机遇；服务型高职培养的人才的活跃程度相对创业型高职较弱；在能力和素质方面要求也不尽相同，服务型高职侧重培养学生的专业技术能力和社会服务能力；创业型高职人才培养除了学生要掌握的专业技能外，还要注重学生的社交能力、组织能力、活动能力、应变能力和与创业相关的综合素质。

第三，人才培养体系不一样。高校从单一的人才培养型向复合的教育服务型的转型，首先需要建立完善的教育服务模式下的人才培养体系。一是为人才培养服务仍然是教育的首要任务；二是学校转型是教育改革的基本背景，教育改革要"嵌入"学校转型中，形成共变状态。

服务型高职的人才培养是建构校社一体化的生态系统，包括学校内生产的教学性服务系统和社会利益相关体合作的服务性教学生态系统，两个系统相互联系和相互作用。首先学校的专业建设、课程设置、综合职业（专业）素质的设定，紧紧与社会服务的需求内容相联系。以教育服务为纽带，校社一体化的教学内聚力因社会教育力与学校服务力的合成，助长了学生的发展力；教育服务的课程链，突出体现了课程范式项目化、课程组织多样化、课程实践生产化和课程成果产品化的特点，充分彰显了服务型高职开放性办学的活力，使人才培养的社会基础更为深厚，体制和机制更为灵活。

创业型高职的人才培养是在学校和社会这两个大系统中，充分发挥学校教学服务功能和社会资源的服务性教学功能。首先校内的创业课程设置，夯实了学生的创业理论基础；创业实践基地，为学生发挥创业才华提供舞台；科技服务中心，为学生的创业项目转化为科技成果提供智力支持。其次引入校外的风险投资资金为学生解决了创业起步阶段的资金困难；校外企业的参观实训、体验，丰富和发展了学生的创业理论；企业家和创业成功人士的经验传授从最大程度上使学生在创业道路上少走弯路。创业型高职的目标正是依靠学校和社会这两个大系统的合力，培养出一大批具有创业创新意识和能力的高素质人才。

三、服务型高职与创业型高职人才培养的路径选择与实践探索

浙江工贸职业技术学院（以下简称"学院"）在建设服务型高职和创业型高职的过程中，以职业体验教育为路径，搭建实践育人大平台，建立了以学生职业能力、就业能力、创新能力、创业能力"四种能力"为核心的大学生综合素质培养体系，大大提高了学生的核心竞争力，实现了大学生社会价值与个人价值的双丰收。

（一）职场体验

学院发挥校企联合改制的独特优势，通过与主管单位、自办15家企业及引入园内的40家企业的合作，形成了"校中厂"和"厂中校"的校园职业文化环境，构建了全方位的"职场"，学生乐此不疲地沉浸于"职场"中，把自己的职业生涯规划与创业就业体验相结合。学生在职业实践的角色扮演中，提高了发现问题、解决问题和可持续发展的能力，提升了自身的综合素养，培养了团队意识、敬业精神和吃苦耐劳品质。同时，学生在实践过程中可以切身体会到职业意识的重要性，并积极促使自身良好职业意识的形成，学生职业意识的养成反过来又可以促进学生专业实践能力的进一步提高，从而实现了两者之间的良性循环。此外，学院主动引入符合教育规律和学院实际的企业文化，实现企业文化与校园文化的共融，将主管单位杭钢集团公司的"以钢铁意志做人、建业、报国"企业文化融入思想政治教育的全过程，让学生充分认识与了解企业文化，增强对企业文化的认同感和归属感，从而进一步提高使命感与责任感。还先后与瑞立集团、康奈集团等182家大中型企业建立了校外实训基地，通过订单培养、工学交替、项目导向、顶岗实习等途径大大提高学生的专业实践能力。如汽车检测与维修技术、鞋类设计与

工艺、动漫设计等多个专业的实践课程，都以工学结合的教学方式在企业内完成，形成了"校内有企业，厂内有班级"的格局，实现了知识学习与技能训练合一，课堂教学与顶岗实习合一，实训基地与生产车间合一。职场体验有效提升了学生的职业竞争力，近几年来，学生在国家、省、市各类竞赛中获奖100多项。

（二）求职体验

学院充分整合人才市场的优势，以求职体验为抓手，构建完善的就业指导服务体系，大大提升学生的就业竞争力。学院与温州市人保局合作在校园内创办了面向市场的"温州人才市场"，该市场不仅是求职者的理想场所，更是学生就业实习体验的乐园。每到周末夜市或招聘会时，学院有关部门均会安排学生进场体验，学生零距离与用人单位交流、对话，了解企业对学生的专业技能和职业素养的要求，把握企业的用人标准。通过问卷调查结果的分析，学生明白了在人才市场激烈的竞争中，具有创新创业精神的复合型人才深受用人单位的欢迎。同时，也有很多学生自发前往人才市场体验就业。据学生的抽样调查显示，每学期自发进人才市场体验就业的学生群体中，大一学生人均约18次，大二学生人均约26次，大三学生人均约32次。截至2013年10月，市场共举办了500多场次的大型人才交流会，有6.3万家用人单位提供了94万个就业岗位，吸引了156万人次进场求职，达成就业意向97万人次。

（三）园区体验

学院投资1.5亿元，以服务行业转型升级为切入点，先后建成了浙江创意园、温州知识产权服务园和浙江服务外包示范园等三个园区，探索了一条"市场契约式"工学结合人才培养新路子，实现了学习、做工相融合的一体化人才培养新模式，开创了专业实践、课程实践、社会实践相统一的发展新局面。因此，三大园区日益成为学生培育创新能力的"体验工场"，为大学生提供了完善的就业指导、投融资对接、法律咨询、专利申报、场地服务等一系列便利措施，为学生的全面成长成才提供了广阔的发展舞台。在三大园区内，学生可以进行真刀真枪的实战训练，在学生的眼里，"园区即教室、师傅即教师、工人即学生"。如：在浙江创意园内入驻的25家文化创意单位会同了隶属于学院的温州名购网、动漫设计、视觉传达设计、工业设计、传统工艺美术、文化旅游策划等六个工作室，整合了诸如传播、创意设计、动漫创作、视觉设计、摄影影视等文化创意产业的优质资源，通过各优势资源之间的组织互动，形成了"文化创新场"。动漫设计专业教师带着他们的学生承包了当地最大的新闻网站"温州网"动漫频道的所有动漫原创设计业务。

（四）励志体验

学院以创业园为中心，以科研中心为平台，建立了励志创业梦工场，深入开展创业创新教育活动，进一步激发了大学生内在的创业激情与动力，通过浓厚的创业文化氛围，有效培养大学生的创业意识，提高大学生的创业能力。2004年5月，学院与温州团市委联合，在校园内建立了温州市大学生科技创业园，园内学生创业项目涵盖电子商务、鞋样设计、网页设计与制作、文化传播、眼视光服务、创意工作室、软件设计等。创业园为大学生自主创业提供了实践平台，为科技成果转化提供了孵化基地，学生通过创业实践不仅积累了经验，体验了成功，而且还影响和带动了身边更多的大学生科技创新能力和社会实践能力的提高。近三年来，园区共孵化创业团队112家，其中，创业实体和正式注册的公司38家，总营业额3500万元，提供的勤工俭学和就业实习岗位4.5万人次。

同时，学院23个科研中心为大学生创业技术成果的转化提供了交易平台，科研人员协同知识产权服务园挖掘和整理校内"闲置专利"，挑选一批有一定科技含量、市场前景较好，又适合大学生创业的项目，提供给有自主创业意愿的学生，这种举措不仅降低了大学生创业成本和创业风险，又促进了高校专利技术产品的市场转化。

学院紧抓当代大学生热衷于网络的心理特点，利用他们对网络的兴趣以及当今网上交易渐行渐盛的发展趋势，依托创业园，通过主动引导学生将自己所学专业与网络相结合，鼓励学生发展网上电子商务贸易等创业实践，从而将青年学生对网络虚拟游戏的兴趣关注点转移到正面的网络创业，其中温州名购网就是学生发展网上电子商务的最具代表性成果。中英文版的温州名购网将瓯绣瓯塑、个性化定制鞋、眼镜等200多种温州名特优产品通过网络推向国际市场，改良温州商业形态与商业文化，6个专业的500多学生参与名购网及其衍生品的创业型生产性实训。

（五）社会体验

根据服务型高职的有关要求，学院把志愿服务、三下乡社会实践作为精神文明建设的有效抓手，作为社会主义核心价值体系的直接实践，努力探索志愿服务的育人规律，挖掘志愿服务的精神内涵，打造具有学校特色的志愿服务文化，使志愿服务由"活动"向"文化"提升，帮助学生在志愿服务中实践个人价值，奉献社会大众，培养学生的社会责任感和使命感。学院精心打造了"种文化""红马甲""弘恩行""绿丝带""啄木鸟"等志愿活动品牌，开展了以"爱心凝聚文明校园、志愿服务六城联创"为主题的志愿服务活动，组织广大学生开展关爱农民工子女助学活动、刘基文化进社区、服务聋哑儿童、教老年人学网购、科普活动进社区、慈善一日行等一系列志愿义工服务，提升学院对外形象，做好社会服务工作，在全院学生中掀起以"团结、友爱、互助、进步"为主流价值的青年志愿者活动热潮。同时还深化大学生暑期社会实践活动。要求每位同学均要参加社会实践活动。学院每年暑期重点组建近40支队伍，600余人次深入社会基层、农村、社区开展以政策宣讲、国情考察、教育帮扶、科技支农、文化惠农等为主要内容的暑期社会实践活动，受到当地政府、企业、社区、农村的欢迎与好评。不仅锻炼了大学生的社会服务本领，提高了他们对实践育人重要性的认识，而且更好地实践了我院服务型高职办学宗旨。此外，在每年的秋季学期初学院还将发放大学生暑期社会实践调查问卷，从中寻找和发现社会实践存在的不足和问题，以完善和发展我院大学生暑期社会实践制度。

四、几点思考

服务型高职与创业型高职具有深刻的内涵和丰富的功能，其根本目的是提高人才培养质量。因此，尽管建设服务型高职与创业型高职是一个复杂的系统工程，但在建设过程中必须坚持以下几点：

（一）"以人为本"是根本

服务型高职与创业型高职需要对传统的师生教学关系做出调整，以学生为本，培养学生的主人翁意识，突出学生的主体性作用。学生与教师逐渐成为平等双方，在互尊互重的平台上共同进取。学生不再以教师为中心，不再拘泥于教科书，而是在教师点拨的前提下，独立思考，大胆创新，努力实践，形成教学相长的良好育人氛围。高校应根据大学生的思想实际和特点，根据大学生人生观、价值观形成、发展和变化的规律，充分发挥学生的主体性，突出大学生自我教育、自我管理、自我服务的作用，以实现学生的终极价值和学生的幸福为教育目标，将促进学生全面发展作为学校一切工作的出发点和归宿。

（二）良好的社会责任是前提

大学生社会责任包括健全的人格和品德，健康的心理，高度的社会责任和使命感。要求大学生要自立、自强、自爱、自重，对自己的思想、言论、行为负责，对环境负责，对国家和民族负责。社会责任是实现自我价值的必由之路，而个人价值的实现，唯一的途径在于推动社会整体利益的发展，在于每个人主动地承担起社会责任。高校必须紧紧地抓住自我与社会这条主线，帮助大学生提高自我意识水平，找准立足点，自觉地将人生价值、个人理想与国家和民族的前途命运紧密地连在一起，按照社会发展的规律与要求，努力达到实现自身价值与报效祖国、服务人民的有机统一。

（三）培育创新创业能力是关键

当前，创新创业能力已成为一个国家、一个民族生存和发展的决定性因素。创新创业型人才具有更强的核心竞争力，其在市场竞争中会占据更多的就业机会与空间，因而更好地服务社会，进而促进高等教育和社会发展的良性循环。面对严峻的就业压力和产业转型升级的战略机遇，无论是服务型高职还是创业型高职均应该把创新创业人才培养作为中心任务，不断增强自身的创新创业能力和社会服务能力，切实履行高校的历史使命。

（四）积极投身实践是有效途径

社会实践是高校培养高素质创新创业型人才的重要手段，也是高校提高人才培养质量的有效途径。广大学生在实践中磨炼劳动毅力，培养吃苦耐劳精神和艰苦创业意识，学会包容、理解、竞争、合作。通过亲历实践、亲身体验，让学生体会到社会的关心和自己应该承担的社会责任，认识到自己的尊严和价值是在自己努力过程中实现的。同时也让他们在科学认知自我中发现自身潜能和优势，充满信心地选择适合自己的职业；在科学认知环境中树立个人职业选择，从而自觉培养个人优良品质，提升核心竞争力，更好地实现社会价值和自身价值。

参考文献

[1] [美]伯顿·克拉克著. 建立创业型大学：组织上转型的途径[M]. 北京：人民教育出版社，2007：56.

[2] 何向荣，邱开金. 建设教育服务型高校的实践与思考[J]. 浙江工贸职业技术学院学报，2009，（9）.

[3] 何向荣，邱开金. 试论基于中国教育特色体制下的教育服务型高校[J]. 浙江工贸职业技术学院学报，2010，（2）.

[4] 何向荣. 立足校企一体发展路径 建设教育服务型高校[J]. 中国高等教育，2010，（8）.

[5] 冒澄. 创业型大学研究文献综述[J]. 理工高教研究，2008，（1）.

（原文刊载于《中国职业技术教育》2014年第9期）

影响成功创业活动因素的国际比较和
指数分析

尹清杰

创业活动受到各种因素影响，哪些影响因素最为重要，这些因素有哪些关联，各国影响创业因素有哪些不同，有哪些相似方面，目前各国创业发展趋势是什么状态，对我们有哪些启发等，都是非常需要解决的问题。

一、"全球创业观察数据库"数据和相关研究指标

GEM是根据各国的经济发展和创业活动密切关系而产生的全球创业观察数据库，以美国巴布森大学和英国伦敦大学为中心，始创于1999年。

调查研究认为，创业态度指数和创业活动指数及其关系是创业成功因素的主要焦点，从创业过程来看，不但对创业开始准备以及创业之前的信心的获得，而且对创业活动成功也具有很大的影响。

GEM数据库积累了从1999年到2012年期间14年调查的数据。本研究采用从2001年开始到2010年之间的时点数据。同时，重点关注经济主导型国家经济体（factor-driven economies）、效率主导型国家经济体（efficiency-driven economies）、革新主导型国家经济体（innovation-driven economies）创业态度指数和创业活动指数。这些国家包括美国、法国、意大利、英国、德国、日本等六个国家。

选用分析调查的样本数：美国40675件，法国19959件，意大利23723件，英国199073件，德国64117件，日本19326件，根据国家不同要求每年获取最低为2000个样本。为对调查样本进行统计分析，确定统计研究

指标见表1。

选取数据库中各国影响创业活动因素指数，汇总见表2。

表1　影响创业活动因素的重要研究指标

序号	影响创业因素指数	具体内容说明
1	综合创业指数（TEA）	在培育和诞生期阶段创业人数，指经过准备之后开始创业，不满3年半人数
2	创业活动信心指数（KNOWENT）	知道过去2年内开始从事新项目创业的一些人和这些人创业活动经过的人数
3	把握机会认识指数（OPPORT）	在今后6个月内，希望访问自己周边地区从事创业活动的创业者人数
4	知识、能力、经验指数（SUSKIL）	为了创业，开始学习新的创业项目，准备必要的知识、能力和积累经验的人数
5	失败威胁指数（FEARFAIL）	面对失败感到可怕，创业始终犹豫不决的人数

表2　各国影响创业活动因素指数

指数 国家	综合创业指数（TEA）	创业活动信心指数（KNOWENT）	把握机会认识指数（OPPORT）	知识、能力、经验指数（SUSKIL）	失败威胁指数（FEARFAIL）
美国	0.08	0.337	0.322	0.567	0.219
法国	0.032	0.355	0.198	0.290	0.417
意大利	0.035	0.328	0.303	0.392	0.399
英国	0.043	0.240	0.318	0.418	0.330
德国	0.049	0.385	0.239	0.414	0.434
日本	0.027	0.219	0.086	0.152	0.270

注：本章所有指数，均表明每百人中所具有其中因素的人数。

二、创业活动和创业态度动态比较

（一）创业活动指数比较

创业活动指数（TEA）比较包含6个国家，纵轴表示TEA=1，横轴表示6个国家所占百分比，通过10年数据进行动态比较，具体结果见图1所示。可以看到，美国创业活动指数比较高，2005年达到0.12，说明该国创业活动一直比较活跃，而日本和意大利比较低，最低达到0.02左右，说明起伏比较大。大部分国家在2008年达到峰值，在2009年开始急剧下滑，主要与雷曼危机影响有关。由此证明，创业活动受宏观经济因素影响较大。

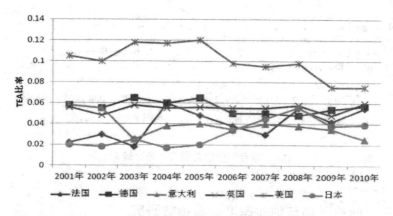

图1　各国创业活动动态指数比较

从创业活动指数受个人属性影响比较来看，不同年龄段表现不同，TEA在25~34岁达到较高水平，随着年龄增加有下降趋势。在日本，35~44岁达到峰值，但是日本创业年龄相对比较平均，英国25~44岁的创业人数比较集中。根据数据显示，从性别属性来看，男性高于女性。而且随着学历增高，TEA呈现增高趋势。

（二）创业态度指数比较

创业态度指数包括创业信心、把握机会认识、知识能力经验、失败威胁四个。图2是各国综合创业态度指数动态比较。图形纵轴表示创业态度指数，横轴表示所占百分比率。我们可以看到，前几年曲线向右上方倾斜，2009年后开始下降，失败威胁在2005年急剧增加。由图形可以看到，在2008年以后，失败威胁指数在增加，原因与宏观经济变化有密切关系。由各国的综合失败威胁指数动态比较，可以看到德国、法国、英国对失败威胁承受能力相对较高，这与每个国家创业发展传统和对创业深刻认识有密切关系。

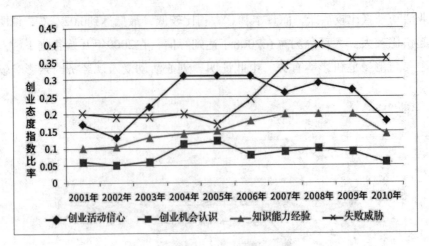

图2　综合创业态度指数动态比较

三、创业活动与创业态度关系指数研究

本文以创业活动指数（TEA）为基础对创业活动与创业态度关系指数进行研究。根据数据分析研究，创业活动指数与个人属性关联性最大，对创业活动有直接影响。以亚洲国家日本与其他5个欧美国家进行关联比较。

具体定量推算以创业活动指数（TEA）为被说明变量。说明变量包括个人属性、创业态度和其他预定的变量，采用回归分析方法计算影响创业活动指数的因素。分析把创业活动指数设定为1，要求样本企业创业经营在5年之后，达到20人以上规模。采用GEM提供的APS数据，在2001年到2010年，主要有6个国家，年龄在18至64岁之间。样本选用216737人的数据，被说明变量是创业活动指数，分别采用不对=0、对=1两个变量值来说明。计算方法采用Probit模型，说明变量的个人属性采用年龄、性别、学历，考虑年龄具有非线性关系。创业活动指数（TEA）的决定因素推算效果如表3所示，（i）、（ii）是除加拿大以外的G7国家，（iii）是只有日本数据，（ii）是用（i）的数据叠加的变量，四个创业态度指数有创业信心、创业机会认识、知识能力经验、失败威胁，并且与日本的创业态度指数设为1的参数变量形成交叉项，来验证日本的创业态度指

表3 创业活动指数（TEA）与创业态度指数关系推算

变量	G7	（除加拿大）	日本
	（i）	（ii）	（iii）
年龄	0.048*** （0.003）	0.049*** （0.003）	0.051*** （0.014）
年龄×年龄	−0.001*** （0.000）	−0.001*** （0.000）	−0.001*** （0.000）
性别（0：男性，1：女性）	−0.125*** （0.009）	−0.125*** （0.009）	−0.142*** （0.052）
大学（0：不是，1：是的）	0.045*** （0.011）	0.044*** （0.011）	0.051 （−0.056）
研究生（0：不是，1：是的）	0.070*** （0.013）	0.069*** （0.013）	−0.155** （0.072）
创业活动信心（0：没有，1：有）	0.378*** （0.009）	0.374*** （0.010）	0.486*** （0.053）
创业机会认识（0：没有，1：有）	0.373*** （0.009）	0.377*** （0.010）	0.228*** （0.068）
知识·能力·经验（0：没有，1：有）	0.827*** （0.011）	0.811*** （0.011）	1.089*** （0.054）
失败威胁（0：没有，1：有）	−0.266*** （0.011）	−0.267*** （0.011）	−0.398*** （0.061）
创业活动信心×日本参数	0.073 （−0.053）		
创业机会认识×日本参数	−0.211***（0.070）		
知识·能力·经验×日本参数	0.319***（0.054）		
失败威胁×日本参数	−0.064 （−0.063）		
调查年参数	有	有	有
各国参数	有	有	有
观测数	216737	216737	12620
Wald x^2	15244***	15249***	969***

注：表中***表明 $p<0.01$，**表明 $p<0.5$，*表明 $p<0.1$，括弧内为稳定的标准偏差。调查年参数，根据2001—2010 年调查，各自分别以1作为参数变量。

数效果。结果表明年龄的一次项系数为正，年龄的二次项系数为负。这是因为随着年龄的增加创业活动指数也在增加，但是以后呈现倒U型的关系。推算结果，创业活动的最佳年龄为36岁，日本的创业活动年龄段为41岁。从性别系数为负采用Probit模型推算表明，男性创业活动指数高，大学研究生的系数为正，表明年龄越大，创业活动指数越高。在日本则相反，研究生创业活动指数偏低，表明日本高学历教育越高，越没有创业倾向，这是创业不活跃的表现。如果创业机会认识上的交叉项系数为负，表明在国际创业比较活动中表现创业活动创业相对不活跃。

四、谋生创业型和事业创业型比较

创业活动动机具有多样性，根据GEM分析认为，以"把握商业机会"为动机而创业的是事业创业型，而以"没有比上班更好，但是为了生活"为创业动机的为谋生型创业型，两者区别很大，在创业动机上具有本质上的区别。

从GEM数据库中提取2001—2010年10年间6国两种创业活动数据，绘制成图3和图4进行动态比较，不难发现，美国事业创业型一直比较高，最高超过8%，说明美国的创业资源比较丰富；日本事业创业型创业在2000年前大约为1%，2005年开始上升，2008年达到3.8%，2009年、2010年则接近2%，事业机会型创业活动逐渐活跃；欧盟的德意法英四国事业创业型TEA动态指数一直稳定在3%左右。

美国的谋生创业型一直处于比较平稳状态，但2008年以后呈现强劲的上升势态。这与2008年以后的美国的金融形势相关，再次验证了创业活动受宏观经济因素影响较大的结论；其他5国谋生创业型也一直处于比较平稳状态，2007年呈现较快上升势态后，均稳定在1%左右。

综合分析得出，各国之间的事业创业型指数存在较大差异，但均大于2%。美国谋生创业型指数虽然高于其他国家，但谋生创业型指数仍低于2%。这与两种创业形态的群体所表现的创业心理具有正相关。

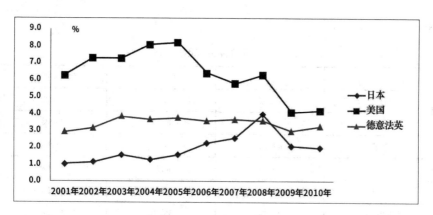

图3　各国事业创业型TEA动态比较

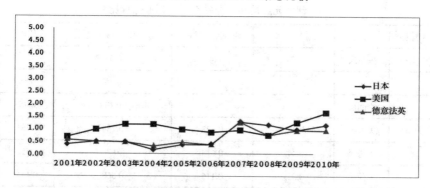

图4　各国谋生创业型TEA动态比较

五、创业无缘层分析比较

（一）创业无缘层

对该项调查设计的"知道过去2年内开始从事新项目创业的一些人和这些人创业活动经过，为了创业，必须具有必要的知识、能力和经验"问题，要提供"是""不是"两个选项。GEM报告定义回答"是"为创业关系层，回答"不是"为创业无缘层，对问题没有具体明确看法的属于"中间层"。GEM对各国各层次分析比较的结果如表4所示。

根据GEM分析可以看出，创业无缘层日本最高，中间层除日本以外，中间层和关系层比较少，说明日本白手起家的平民创业人数比例相对高一些。创业关系层美国比较高，其次是德国，说明美国创业基础比较丰富。

表4　各国各层次创业比率

	创业无缘层	中间层	创业关系层
日本	70.9%	14.5%	14.6%
美国	25.3%	39.2%	35.5%
德国	44.0%	34.7%	21.4%
英国	46.5%	38.7%	14.8%
法国	51.4%	32.4%	16.2%
意大利	48.1%	35.2%	16.7%

表5　创业无缘层和创业关系层对创业态度比较

国家	层次	同等生活水平	期望经历过程	高的地位受人尊重	媒体传播
日本	关系层	0.31	0.42	0.58	0.7
	无缘层	0.44	0.25	0.45	0.55
	中间层	−0.13	0.17	0.13	0.15
美国	关系层	0.499	0.728	0.768	0.763
	无缘层	0.442	0.613	0.7	0.652
	中间层	0.057	0.115	0.068	0.111
英国	关系层	0.675	0.504	0.741	0.632
	无缘层	0.755	0.557	0.742	0.536
	中间层	−0.08	−0.053	−0.001	0.096
法国	关系层	0.482	0.629	0.624	0.424
	无缘层	0.516	0.546	0.606	0.555
	中间层	−0.034	0.083	0.018	−0.131
德国	关系层	0.572	0.484	0.699	0.478
	无缘层	0.606	0.528	0.785	0.485
	中间层	−0.034	−0.044	−0.086	−0.007
意大利	关系层	0.597	0.672	0.645	0.395
	无缘层	0.607	0.625	0.581	0.335
	中间层	−0.01	0.047	0.064	0.06

（二）创业无缘层的价值观比较

GEM对该项调查评价设计了4个问题，需要对问题回答对、不对、不知道、不回答。

问题1：同等生活水平，你们国家多少人希望一切人期望有同样的生活水平。

问题2：期望经历过程，你们国家多少人考虑希望选择新的创业活动。

问题3：高的地位，受人尊重，你们国家多少人希望创业成功，具有较高地位和受人尊重。

问题4：媒体传播，在你们国家多少人关注公共传媒播放成功创业的故事。

具体回答结果见表5。

我们可以看到，在法国，"高的地位，受人尊重"一项在创业无缘层和创业关系层几乎没有什么区别；意大利的创业无缘层和创业关系层的差距比较少，并且希望一生具有创业经历；在英国"同等生活水平和期望经历过程"项目在创业无缘层和创业关系层具有很高的评价，并且希望得到别人尊重；德国对一切项目都给予积极评价，美国对媒体传播非常关注。根据各层次创业价值观不同，可以看出创业活动初期受到哪些因素的影响。

六、结论和启发

影响创业成功的因素有许多，通过对相关诸多因素的大量数据进行指数化分析对比，可以从中找到主要的影响因素。研究认为，创业活动指数和创业态度指数最为重要，这两个指数直接影响创业成功率。

通过以日本为例推算创业态度指数对创业活动指数的关联影响，推算每个国家和世界各国的创业活动指数的不同地方，可以进一步查找原因。根据参加创业活动分类别分析，发现无缘层创业有扩大趋势，年龄大多在30岁以下，在一些国家60岁以上无缘层有开始扩大创业现象，时间表现在2008年以后，证明宏观经济突变，对创业队伍发生一些微妙的变化。研究发现，在创业队伍学历上有走低的趋势，低学历创业人数在逐年增加，但是相对创业成功率有可能逐年降低，因此各国在制定创业教育战略计划中，应该对此高度重视。

参考文献

[1] Bergmann H. and R. Sternberg, The Changing Face of Entrepreneurship in Germany[J]. Small Business Economics, 2007, 28, No. 2/3, pp. 205—221.

[2] Davidson P. The Entrepreneurship Research Challenge[R]. Global Report, Global Entrepreneurship Research Association, 2008, pp109-117.

[3] Morales-Guardroom S. T. and S. Rig, The new venture decision: An analysis based on the GEM project database[J]. International Entrepreneurship and Management Journal, 2005, 1（4）, pp. 479-499.

[4] OECD（2012）Entrepreneurship at a Glance 2012, Reynolds P. D. and Whites', The Entrepreneurial Process: Economic Growth, Men, Women, and Minorities[M]. quorum books, 1997, pp42-55.

[5] Robichaud Y. , R. Eraser, and K. V. Nigerian , Necessity and Opportunity-driven Entrepreneurs in Canada[R]. An Investigation into their, 2010, pp254—255 .

[6] Characteristics and an Appraisal of the Role of Gender[J]. Journal of Applied Business and Economics, 2010, 11（1）, pp77-78.

[7] Story D. J. , Understanding the Small Business Sector[M]. pp13—21 Thomson Business Press, 1994.

（原文刊载于《经济论坛》2014年第5期）

我国创业型经济发展研究

尹清杰

一、创业型经济理论

创业是创业者在当前时代下寻找机遇、发展创新、肩负风险从而获得利益的一种行为。从字面的意思来看，创业就是创建新的企业，没有新的企业，就不能发展工业化；没有工业化就不能促进城镇化的发展；没有企业就没有一个区域内经济的快速发展。当前，经济已经发展到了创新型经济时代，创业也就演变成了经济增长的助力。各区域、各地政府已经将创业当作推动经济快速发展的机遇，成为当前主要的竞争方面。这几年，各地相继掀起了创业的浪潮，有的地方鼓励青少年进行创业设计，并举行了创业设计比赛，激发青少年创业设计的积极性。而且多地的下岗人群也取得了很大的创业成效，下岗人群在失去工作返乡时，靠自己的双手与头脑进行创业，解决了自己失业后没有收入的尴尬局面。对此，政府积极出台了相关的措施与政策，鼓励城乡与下岗人群进行创业，不仅解决了失业人群的再就业问题，还增大了城乡人群的收入，使区域经济得到快速有效的发展。

经济增长的四个主要因素是科技、人力、生产材料和生产关系，其中人才资本是最主要的因素。改革开放30多年以来，长三角地区的经济增长速度一直保持在一个稳定的高度。下面以得到的资料对长三角地区的人力资本变化做模型验证。

科技、人力、生产材料和生产关系用函数关系可以表示为

$$Y=F\ (A,\ K,\ L,\ H,\ t) \tag{1}$$

式（1）中的 A 为技术，K 为生产关系，L 为生产材料，H 为人才，t 为时间。

具体的关系函数是：

$$Y_t = A_{(t)} K_t^{\alpha} L_t^{\beta} H_t^{\gamma} \qquad (2)$$

式（2）中，α、β、γ分别表示生产材料、生产关系和人才对产出的弹性，由式（2）可以得到式（3）。

$$\frac{d \ln Y}{dt} = \frac{\frac{dA_{(t)}}{dt}}{A_{(t)}} + \alpha \frac{\frac{dK}{dt}}{K} + \beta \frac{\frac{dL}{dt}}{L} + \gamma \frac{\frac{dH}{dt}}{H} \qquad (3)$$

然后以差分方程代替微分方程得式（4）。

$$v = \frac{\triangle Y/\triangle t}{Y}, \quad k = \frac{\triangle K/\triangle t}{K}, \quad l = \frac{\triangle L/\triangle t}{L}, \quad h = \frac{\triangle H \triangle t}{H},$$

$$a = \frac{\triangle A_{(t)}/\triangle t}{A_{(t)}} \qquad (4)$$

最后得到：$y = a + \alpha k + \beta l + \gamma h$ \qquad （5）

式（5）中，y、k、l、h分别代表经济增长速度、生产材料投入速度、生产关系的增长速度、人力增长速度，可以通过水平法求得。

通过公式（5），可以估算出科技进步的增长速度a。

$$a = y - \alpha k - \beta l - \gamma h \qquad (6)$$

Ea、Ek、Ee、Eh分别代表技术进步、物质上涨速度、人力投入对经济增长的贡献。计算公式为式（7）。

$$Ea = a/y, \quad Ek = ak/y, \quad El = \beta l/y, \quad Eh = \gamma h/y \qquad （7）$$

根据公式（1）~（7）不仅可以分析出影响经济增长方面的几个因素之间的关系，还可以根据调查得到的数据预测出未来几年的经济增长速度。

二、创业型经济政策体系的框架设计

在创业型经济中，政府利用政策工具达到发展目标。创业政策具有两层含义：一是调动人们创业的积极性，激励更多的人进行创业，增强开始创业企业的存活力；二是营造出一个适合创业的环境，为新的企业提供发展机会。但是创业政策能否实现，就取决于创业的手段和最终达到的目的是否符合目标群体。创业政策其实就是政府对小企业的扶持，创业政策以创业的过程为核心，同时改善创业环境和创业文化，运用政策培养出创业人才，培育出新的企业。

在制定促进创业政策的同时，要重视创业政策的系统性，借鉴创业政策的理论，分析出政策的着重点，把减少创业阻碍、促进创业活动开展、加速经济增长作为政府创业政策的基本目标，构造一个完善的政策体系。

三、创业型经济的实践措施

（一）小公司的快速崛起促进了创业经济的发展

从世界经济发展的角度来看，小公司在促进世界经济发展的旅程中充当着越来越重要的角色，小公司的崛起作为世界经济发展的润滑剂，加快了世界经济的发展。随着大企业的规模缩减，重点优化企业的运营机制，从而给小企业的崛起提供空间。随后，小企业如雨后春笋般相继崛起，开创了更加注重小企业的创新经济时代。在短短的几年时间内，世界上公司的数量成倍增长，而大企业在市场上的份额也随着小企业的崛起逐渐减少，小企业已经逐渐取代大企业发展全球经济。

从许多发展中国家与地区的经验来看，小企业在经济发展过程中占据着越来越突出的地位。现在的创业研究表明，小企业的创立是经济发展的动力，为经济的发展不断注入活力，成为创业经济保持活力的源泉。有学者认为，创业本身就是为个人或者世界增加财富的一个过程。创业活动的价值可以总结为以下四点。（1）创造了就业机会，为下岗人群提供了很多就业机会，减少了失业人群的数量。而且，更多的就业机会使得人群的收入得到增长，从而推动了世界经济的发展。另一方面，有调查研究显示，相比于大企业而言，小企业提供了更多的就业机会，原因就是小企业从事的是一些促进经济发展、但是很平常的事情，大企业对于就业人群的要求相对而言会很高，所以小企业能接纳更多的人群。而且，小企业的数量比大企业要多得多，从而提供的就业机会也会多得多，从这两个原因来看，小企业比大企业提供了更多的就业机会。（2）随着创业融入经济市场，社会的竞争更加激烈，从而推动了世界经济的发展。创业，其实就是促进生产力的动力，不论是开始创业，还是再创业，都逼迫着其他企业不断创新，从而不被其他企业超越，使自己在市场上占据的地位不被动摇。整体的企业都在不断创新，不断前进，从而推动市场经济的不断发展。无论大小企业，都在健全自己的体制、提高产品的质量、提供最好的服务等，从整体上增强经济竞争能力。（3）发掘个人能力，为经济的发展提供人才。有些人的择业标准不只是单纯地想找一份高收入的工作，而是为了挑战自我。人们走创业这条道路就是为了挑战自我，激发自己的能力，实现自我价值。而且，创业人员对于自己工作的满意程度相比较受雇人员而言会更高，创业不仅能够激发人们对工作的兴趣，还能很大程度激发人们的潜质，实现自我价值。（4）创业能够使社会繁荣。创业者推动了市场经济的发展，他们所创造出的成果供人们使用，使得消费者具有更多的选择，有了选择的余地，在人类的各个方面都发挥着不小的作用。

（二）宽广的创业空间呼唤创业经济

自改革开放以来，我国经济的快速发展与创业经济紧密联合在一起。创业经济的发展为区域经济发展提供了一次重大的发展机遇，全国各地都抓住这次机遇，努力发展创业经济。越来越多的城乡居民和下岗失业人群加入创业的浪潮中，创业者努力发掘着自己的潜能，实现自我价值。随后，越来越多的小企业迅速崛起，占据着一定的市场份额。就业机会的不断减少，经济危机的不断加剧，使得下岗人群和待就业人群的数量不断增长，迫使人们努力创业，努力发展创业经济。在发展创业经济的同时，各个地方都存在着一定的差距，我们不仅要看到这种差距，而且还要找出形成这种差距的原因。所以，我们要提出相关政策，帮助小企业做强，为百姓艰苦创业提供方便。在招商引资的同时，还要不断加强本土企业的发展，加快创业经济的快速发展。

（三）激发发展创业经济的创业活力

创业事业的积极发展还需要相关政策的扶持。2002年欧盟出台《宏观经济政策指导方针》，并使用多种手段，贯通了个人、企业和社会三者之间的关系，来激励创业的快速发展。就个人层次方面而言，就是激发创业者创业的兴趣，使他们对创业有新的深入的了解，掌握相应的创业知识和技能；在企业的层次，就是以政府出台的相关政策作为后盾，保证企业的发展与壮大；在社会方面，就是不要以创业的成功与失败作为荣耀的分界线，倡导社会积极创业。

创业的三个重要方面是创业文化、创业环境和创业能力。创业文化是前提，在开展创业活动之前，首先要大力培育创业文化，为创业活动提供巨大的促进力。每个地方都有自己的文化特点，这些文化特点就是由历史传承、文化娱乐、风俗民情和文化个性所构成，其中的鼓励创业、积极创业的精神就有利于促进创业。其次就是要不断优化创业环境，为创业营造吸引力。创业环境是制约创业活动的一个重要因素，也是创业者一直高度关注的问题。各地创业的进度存在差异在一定程度上就是由创业环境所造成的，创业环境存在三个方面的问题。（1）创业禁止与否的问题。国家没有明令禁止的行业，人们都可以进行创业，而且政府承诺开放引资的企业，创业资本都可以进入。（2）政策扶持和引导的问题。目前有些地方对于没有工作的人群都有一定的优待政策，积极鼓励人们进行创业，并对创业经济需要面向的重点进行政策引导。（3）构建服务创业平台的问题。很多企业都反映出融资瓶颈，这就需要政府努力构建一个促进银行和企业相互合作的平台。有的地方政府采取政府人员带头进行创业的措施，从而亲身体会招商的难度，从而强化招商理念，发展创业经济。随着创业人员数量的不断增加，创业项目在不断增加，就要优化创业，培养更多的创业人才，提高人们的创新能力。加强创业能力的培训，积极整合社会职业教育资源，充分发挥培训基地的作用，打造出适应创业需求的创业者队伍，从而促进创业的快速发展。

四、我国创业型经济发展遇到的问题

（一）体制成为发展创业型经济的阻碍

体制设计和制度安排是创业型经济发展的两个根本方面。西方发达国家所支持的创业制度是在市场上相对而言比较成熟的环境成长，我国与之不同，我国正处在经济转型与体制转轨的时代，经济结构还被打上传统型经济模式的烙印，相关的创业型经济体制还未形成，体制阻碍了创业型经济的发展。

（二）创业型经济发展环境的较差对创业型经济形成阻碍

创业环境是创业的一个基本平台，由创业资源、宏观经济、技术变革和创业政策等组成，是一个有机的整体。我国的创业环境现在还处在一个中等偏下的水平，问题就在于金融支持力量薄弱、政府项目少，而且创业所需要的银企合作平台的中间服务比较少，创业教育、创新型人才培训机构条件差，所以改善创业环境是我国当前必须要解决的任务，努力促进我国创业型经济的发展。

（三）创业型经济系统不完善，无法形成有效的创业循环体系

创新型经济没有进入可持续发展的轨道，科技项目与风险投资无法形成有效的对接，造成资源的严重浪费；企业和政府没有对资源进行整合，共享程度较低，缺乏互动；企业势单力薄，没有形成以市场需求为核心的创业网。创业企业生存与成长的空间比较小，无法形成创业型经济循环发展的有效机制。

（四）创新资源不足，获取难度大

我国还处在由政府配置资源的传统模式，对创业的投资严重不足，获取资源的渠道单一。而且创业企业欠缺资信，很难获得应有的资源配置，初期所需的创业管理、市场开拓等方面的资源也十分欠缺。创业企业一般都是体制薄弱、投资风险高、生存能力差，因此给予创业企业足够的资源、良好的创业环境是必不可少的。

五、加快发展创业经济，推动欠发达地区经济的发展

（一）加快发展创业经济

进入21世纪以来，创业型经济成为经济快速发展的源泉。不论哪个国家，都十分重视本土创业型经济的发展，以此带动经济的快速发展。就我国而言，推动融技术、知识、管理、创业于一体的创业型经济的发展，对技术创新、调整产业结构有着十分重要的作用。发展创业型经济对于我国来说有着重大的意义。一方面，创业可以扩大就业率。我国是一个人口大国，长期处于就业压力之下，无业人员和下岗人员只增不减。而创业就是为这些人群提供一个再就业的机会，大大减少无业、失

业人群。据调查显示，一个创业者可以解决五个人的工作问题，以创业带动就业取得了很大的效益。近年来，国家不断号召以创业带动就业，争取大部分人群都能有自己的工作，促进经济的增长。另一方面，发展创业型经济可以调整经济结构。经济结构不合理最主要的原因就是资源配置不合理，而创业就是将资源进行整合、合理分配的过程。随着这些年企业的创建与倒闭，剩余的企业对产品进行升级，实现了市场供求关系的平衡，这种平衡关系优化了社会资源配置，从而优化了经济结构。

发展创业型经济，要重点培育创业主体、完善创业发展环境、提升创业能力，从而营造一个发展创业型经济的社会氛围。

一是要培养创业主体，提高创业能力。当前，很多大学生毕业后不愿意去创业，原因之一就是陈旧的择业观念，总是选择那些热门的行业，希望以此得到一份好的工作。另一个原因就是他们缺乏创业的能力，不敢去创业。而造成这些后果的原因就是创业文化不深。我们可以营造创业文化，在深化高等教育的同时，将创业教育引入教学中，培养人们的创业能力和创业意识。此外开办创业知识和能力的培训班，为创业者提供指导，引导创业者创业，避免创业者走弯路。此外，还要营造创业文化环境，弘扬创业精神，鼓励创业。

二是要提供良好的创业服务。创业环境的优劣对于创业的成功与否十分重要。目前，很多创业者很难从银行得到贷款，因此，想要鼓励创业就必须在优化创业环境上多下点功夫，制定一些相关的政策，给予创业者一些支持。当地政府部门的工作人员应该带头进行创业，亲身体验一下引资的难度，从而找到相应的措施解决这个难题。提供一个银企合作平台，增加创业的资金。总之，使用可以使用的一切方法，扶持创业，满足创业者在资源、资金、信息方面的需求，让创业者敢于创业、有能力创业，真正促进创业型经济发展。

（二）发展创业经济，带动欠发达地区的发展

改革开放以后，在一些欠发达地区出现了两种发展观念，一种是发展创业经济，另一种是发展打工经济。创业就是在当地创办各种企业，提供就业机会，将劳动力转移；打工就是将劳动力合理分配，不仅解决了缺乏劳动力地区的劳动力问题，还解决了当地工作岗位缺乏的问题。但是，打工对于欠发达地区经济的发展来说，作用可以说是十分微小的，因为打工人员在付出自己劳动而获得报酬的同时，还要缴纳一定的赋税，所以打工只是一时的对策，对于当地经济的长期发展没有多大的作用。而发展创业经济，号召人们积极创业，可以开展第二、第三产业，使资金、人才、劳动力向当地转移，促进了本地经济的快速发展。发展创业就是要解放思想，鼓励人们创业，让有利于创业的思想活跃起来。创业企业的崛起可以为本地带来引资，集中资源，为以后其他企业的创办提供有利的条件。总之，发展创业经济，可以带动欠发达地区经济的发展，缩小各地区经济的差异。

六、小结

创业型经济的出现，使社会向一个新的社会经济转变。创业企业为社会提供了一个把创新与商业紧密联系在一起的网络。发展创业型经济的关键就在于构建一个合理的创业型经济体系。从培训创业人才，优化创业环境到集中创业资源，壮大创业主体，是创业的一个科学过程。同时要把握好创业型经济发展的规律，完善创业型经济发展规划，提高人民群众创业的活力，促进新经济的发展，让创业型经济成为一种新兴的研究领域。

参考文献

[1] 宋湛. 加快发展创业型经济[N]. 经济日报，2013-11—22.

[2] 项桦. 发展创业经济促欠发达地区经济发展[M]. 麻城：湖北省麻城市统计局，2007：63-67.

[3] 徐士明. 浅谈我国创业型经济的发展[M]. 大兴安岭古莲河露天煤矿，2008：97-101.

（原文刊载于《改革与战略》2014年第5期）

创业选择与创业业绩的关联分析

尹清杰

提到创业，首先会想到需要有个好的项目，然后进一步寻求创业资金支持，可以说以上都很重要。但是，是否存在其他更重要的创业影响因素呢？基于研究现状，本文做进一步探讨。

一、影响创业选择因素和创业业绩因素研究现状

（一）创业者成功创业受到人力资本属性和社会关系资本的影响

Shane和Venkataraman（2000）提出人力资本属性是创业者的能力、教育和经验，是创业者本人固有的资质。Davidsson和Gordon（2011）主张人力资本属性对成功创业具有正面影响（Bosma，Praag，Thurik和Wit，2004；Shane，2000；Ucbasaran，Westhead和Wright，2007），高学历或经验丰富的创业者可以获得更多机会，经营方法和管理阅历可以提高创业成功率（Brush，Manolova和Edelman，2008）。

Adler和Kwon（2009），Nahapiet和Ghosha（1998）认为社会关系资本属于创业者本人固有的资源，创业者不但可以通过朋友和熟人私人社交网络，获得创业需要的支持、信息和知识。而且获取信息的时间可以减少，信息的质量和可靠性也会提高。Ostgaard和Birley（1996）提出社会关系资本对创业后的销售、利润具有正面影响（Baron和Markman，2003；Davidsson和Honig，2003；Honig，1998；Hsu，2007；Ostgaard和Birley，1996）。Davidsson和Honig（2003）主张，商务网络关系与社会关系对创业成功（创业后18个月以内的销售和利益）有很大的影响。

（二）创业选择的分类

"全球创业观察"（GEM）研究将创业分为两种类型，第一类是为了追求商业机会而选择创业，被称为"机会型"创业模式。第二类是因

为丧失就业机会或失去就业能力，不得不选择创业，被称为"生存型"创业模式。这两种类型创业失败的主要原因有所区别。据调查分析，"机会型"创业失败的主要原因是缺少资金，而"生存型"创业失败的主要原因在于缺乏创意（新）。无论是"机会型"创业，还是"生存型"创业，创业年龄和创业业绩呈现负相关规律，中老年由于资产和积蓄高于青年，资金障碍小，往往选择比较安稳的项目进行创业。

（三）创业选择和创业业绩的关联研究状况

创业选择和创业业绩的关联性研究，其成果主要体现在以下两个方面：创业后的业绩的决定因素的相关研究和潜在企业家创业选择的相关研究。

1. 创业后的业绩决定因素的分析。这个领域的分析方法主要采用创业后的业绩为被说明函数，根据说明函数进行回归分析。即：创业后的业绩=f（①创业家的属性，②创办企业的属性，③企业战略）+ u（误差项）

对上述模型进行回归分析，解释创业后的业绩决定因素。在这里，被解释变量（创业后的业绩）的代理指标由从业员工增长率、企业收支状况、创业者创业后的满足度和企业存活率等组成。解释变量创业家属性由性别、年龄、学历和工作经历等组成；解释变量创办企业的属性由创业规模、行业布局、外部资本的引进和企业形态（法人，个人）等组成；解释变量企业战略由目标市场的特征（出口依存，分包等）、研究开发的态势和人才培养的体制（有无合作伙伴）等组成。这样的创业业绩分析，在欧美、日本等许多国家已经进行了10年以上，得到了很多成果，表1是它们中的代表性模型和结果。

表1　创业选择和创业业绩分析模型

被说明变量	附加价值	收支状况	业绩状况	销售增长率	从业员工增长率	销售增长率	停业率
说明变量	OLSM模型	Probit模型	Probit模型	最优法模型	OLSM模型	OLSM模型	Hazard模型
年龄	×	-	-	+		×	+
性别（女性）	-	-	×	×	×	+	×
教育（大学）	×	×	×	+	×	×	×
经营经验		+	+		×	×	
工作经验	+	×	+		×		
创业规模				-	-		
经营年数	+	×	×				
开业费用	+	+	+		+		

注：＋表示正相关、—表示负相关、×表示没有相关意义、空格表示没有被采用，20为说明变量。

表1中各模型中研究创业业绩的代理变量、解释变量的选定、测量方法等多方面都有差异。根据以上研究总结出一般规律是：创业时创业家的年龄对创业业绩具有负面影响，创业开始企业规模、增长率以及商业信心同创业后的性能指标具有负面的影响。欧美日许多关于影响创业因素的分析结果都指出，创业选择和创业业绩不一定拥有同一个方向性。基于以上先行研究，本文将通过建立新的研究模型，进一步探索创业选择对创业业绩之间的影响，给出其有说服力的解释。

2．潜在企业家创业选择研究。这个问题的研究基本结构是建立Lucas（1978）模型，从个体经营者与被雇佣者的收入依存进行研究。研究从以下问题出发：（1）潜在创业家在创业过程中发生的事件，即实现创业的阻力因素是什么？（2）有创业意愿的人创业主要面对的问题。

以欧美为中心大量的研究认为：（1）实现创业阻力因素主要是流动性制约。代表人有Evans和Jovanovic（1989），Holtz-Eakin et al.（1994）、Lindh和Ohlsson（1998）、Praag和Ohphen（1995）、玄田神林（2001）等等。这些研究中认为保有资产的大小和被雇佣者成为自营业者以后之间具有正相关效应。实际上从创业者的调查来看，开业是一件非常辛苦的事。比如"开业资金的筹措"需要花费许多经营成本，所以政府克服了许多困难进行创业金融支持。（2）许多研究发现，创业愿望者大多数是年轻人，但是创业成功者往往是年龄偏大的人（Blanchflower et al.，2001）。研究认为在选择创业过程中，创业意识和创业能力比较，创业意识比创业能力更为重要（Gatewood et al.，1995、Kruger et al.，2000）。

二、研究方法及模型选择

（一）研究分析线路图

创业意愿者是具有初期创业想法的人，把创业意愿者分为选择创业和不选择创业（最后放弃创业）两类。选择创业者实现创业，结果分为产生良好业绩（产生盈利）和没有良好业绩（亏损、收支平衡）。分析模型采用样本选择模型，首先分析是否选择创业和实现创业，再通过属性分析创业选择和创业业绩之间关联程度（见图1）。

（二）建立决定创业选择因素分析模型

将创业意愿者实现创业记为"1"，没有实现创业记为"0"，作为实现创业的被说明变量，而相关属性作为说明变量（见表2、表3）。建立创业选择因素分析模型，该模型设定为创业选择函数。

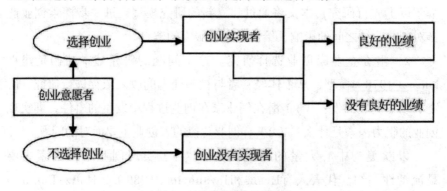

图1　创业选择活动路线图

表2 影响创业选择和创业业绩说明变量

说明属性	选择函数 （创业实现者和创业没有实现）	收益函数 （创业成功者和创业不成功者）
年 龄	○	○
性 别	○	○
教育水平	○	○
父母职业	○	○
经营经验	○	○
工作经验	○	○
所得水平	○	○
资产水平	○	○
创业意愿后持续时间	○	
初创企业规模		○
创办企业经营时间		○
所属业态		○
企业组织形态 （是否有限责任）		○

注：表中"○"说明具有影响关联

表3 说明变量具体内容

说明数量	数 字 确 定
年龄	创业没有实现者和创业实现者的年龄变量（20岁.40岁.50岁.中间值30岁）
性别	创业实现者以及创业没有实现者的性别（女性=1.男性=0）
教育水平	创业实现者以及创业没有实现者的父母的职业（企业主=1.其他=0）
父母职业	创业实现者以及创业没有实现者的以前经验经验和年数（取自然对数）
经营经验	创业实现者的以前从事业态工作经验年数，创业没有实现者在创业目标业态劳动年数。（取自然对数）
所得水平	创业实现者创业以前所得水平，创业未成功者创业以前所得水平（①年收入2.5万美元，设定为"1"， 其他情况未"0"属于低收入水平；②年收入10万美元以上设定为"1"，其他情况为"0"属于高收入水平， 分别为二个变量：中间值为年收入2.5万美元和10万美元之间。
资产水平	创业实现者创业以前资产水平，创业者创业未成功以前资产水平（创业以前保有资产（包含不动产）①不满 5万美元设定为"1"，其他情况设定为"0"属于低资产水平；②30万美元以上情况设定为"1"，其他情况 设定为"0"属于高资产水平：中间值为5万美元和30万美元之间）
创业意愿后持续时间	创业意愿有二个说明变量：创业实现者以及创业没有实现者的创业意愿 开始时期，大约一年以前开始关心创业设为"1"，其他情况设为"0" 作为创业意愿一个说明：6年以前就开始关心创业情况设定为"1"，其他情况设定为"0"
创业时企	创业时期员工人数（对数表示）
创业后经	从创业开始计算
企业所属行业	1、制造业、2、建筑业、3、小商业（餐饮、小超市等）情况设定为"1"，其他情况设定为"0"
企业组织形态	有限责任组织（股份公司、有限公司）设为"1"，其他设为"0."

（三）建立决定创业业绩因素分析模型——盈利模型、收支平衡模型和收益模型

1. 盈利模型。将产生盈利效果记为"1"，收支几乎平衡效果、亏损效果记为"0"，作为盈利模型被说明变量，而相关属性作为说明变量（见表2、表3）。建立决定创业业绩因素分析模型，该模型即为盈利函数，也是创业业绩代理变量。

2．收支平衡模型。将创业者创业产生盈利效果、收支几乎平衡效果记为"1"，亏损效果记为"0"，作为收支平衡模型被说明变量，而相关属性作为说明变量（见表2、表3）。收支平衡函数，也是创业业绩代理变量。

3．收益模型。将创业实现者创业成功业绩良好记为"1"业绩不好记为"0"，作为创业成功的被说明变量，而相关属性作为说明变量（见表2、表3）。该建立决定创业业绩因素分析模型，该模型即为创业收益函数。

三、研究数据来源及基本统计量

本文研究数据均采用"GEM数据库"的数据，并以欧美、日本等创业比较活跃的国家为研究样本。

第一步，从"GEM数据库"中调取创业实现者6270人和7020人创业意愿者个人社会属性数据（见表4、表5），用以研究创业者新创企业的属性。

表4　创业实现者、创业意愿者社会属性

	创业实现者(6270 人)	创业意愿者(7020 人)
	平均值41.4 岁	平均值39.7 岁
年龄	中间值41 岁	中间值39 岁
	标准偏差7.73 岁	标准偏差8.57 岁
女性比例	910 人(14.5%)	1120 人(16.0%)
大学毕业以上	2760 人(44.0%)	3640 人(51.9%)
亲自经营	2220 人(35.4%)	1530 人(21.8%)
	平均值1.88 年	平均值2.07 年
经营经验年数	中间值0 年	中间值0 年
	标准偏差4.04 年	标准偏差4.21 年
	平均值6.65 年	平均值6.94 年
工作经验年数	中间值4 年	中间值3 年
	标准偏差3.83 年	标准偏差4.60 年

表5 创业实现者、创业意愿者创业前状态

		创业实现者		创业意愿者	
创业以前所服务企业规模	1~19人	2570	41.0%	2650	37.7%
	20~299人	2200	35.1%	2350	33.5%
	不到2.5万美元	1500	23.9%	2020	28.8%
创业前年收入	2.5万美元~5万美元	930	14.8%	1010	14.4%
	5万美元~10万美元	2990	47.7%	2910	41.5%
	10万美元~	2020	32.2%	2570	36.6%
		330	5.3%	530	7.5%
创业前资产	0~5万美元	3350	53.4%	3240	46.2%
	5万美元~30万美元	2430	38.8%	2760	39.3%
	30万美元~	490	7.8%	1020	14.5%
关心创业活动时期	大约1年	230	3.7%	2110	30.1%
	2~5年	1460	23.3%	3550	50.6%
	6年以上	4580	73.0%	1360	19.4%

第二步，从"GEM数据库"中调取以上对创业实现者在创业成功后的业绩水平进行统计调查，主要研究创业者新创企业的绩效。

四、计算结果

（一）说明变量和被说明变量相关趋势及分析

根据样本数据，通过选择函数、收益函数建立盈利模型、收支平衡模型（见表6），采用回归分析法计算，对样本从2008—2012年进行动态计算，业绩采用5年平均值。得到说明变量和被说明变量相关趋势及分析结果（见表7）。

（二）以模型1 运算为例，得出以下主要分析结果

（1）年轻的创业意愿者成为创业实现者比较难，但是一旦成为创业者时，业绩比较好；（2）高资产者从创业意愿者成为创业者比较难，变成创业者时业绩比较好；（3）女性成为创业实现者没有特别要求，一旦成为创业者普遍业绩比较好；（4）低收入者创业没有什么特别要求，实现创业其业绩普遍比较低；（5）有经营经验者从创业意愿者成为创业实现者比较容易，但是对以后创业业绩没有直接相关；（6）创业意愿者时间越长，成为创业实现者越容易；（7）中老年创业意愿者即使实现创业，但是往往容易失败；（8）低收入者即使实现创业，但是往往容易亏损；（9）以收支

平衡为创业成功标准的话，创业选择与创业成功没有关联。

表6　创业者创业绩效

企 业 经 营 状 态	盈利	收支平衡	亏损
	2230	2490	1550
	35.6%	39.7%	24.7%

表7　说明变量、被说明变量相关趋势分析

	模型1（盈利函数）		模型2（收支平衡函数）	
	选择函数	收益函数	选择函数	收益函数
创业时公司规模		×		×
创业后经过年数		-		×
创业时年龄				
创业时年龄（20岁）		+		×
创业时年龄（40岁）		×		-
调查时年龄				
调查时年龄（20岁）	-		-	
调查时年龄（40岁）	×		×	
调查时年龄（50岁）	×		×	
女性	×	+	×	×
大学以上文化	×	×	×	×
自主经营	+	×	+	×
经营经验年数	×	×	×	×
工作经验年数	×	-	×	×
有限责任		-		×
低收入	×	×	×	×
高收入	×	×	×	×
低资产	×	×	×	×
高资产		+		×
创业意愿期1	-	-	-	
创业意愿期2	+		+	

注：＋表示为正相关，—表示为负相关，×表示不能确定明显的相关。

（三）创业选择与创业业绩关联分析

创业选择与创业业绩是否有一定的关系，如何分析看待这种关系，以模型1为例通过影响创业的若干属性来说明创业选择与创业业绩关联性（见表8）。

表8　运算结果总结 创业选择与创业业绩关联分析

		创业后业绩良好（以模型1为例）		
		正相关	无相关	负相关
创业 实现 选择	正相关		亲自经营	中老年创业
	无相关	女性		创业前低收入
	负相关	20岁创业 创业前高资产		

　　从表8我们可以看到以下的结果：（1）女性与创业选择没有明确相关，一旦选择创业其业绩比较良好；（2）年轻群体、高资产群体创业意愿不强，一旦创业业绩良好；（3）亲自经营群体创业选择比较主动，对最后创业业绩没有明显变化；（4）中老年群体创业比较主动，但是成功率比较低；（5）低收入群体与创业选择没有明显相关，创业业绩往往欠佳。

　　对于计算结果可以进一步解释创业选择与创业绩效的相关问题。首先，创业的年龄与创业实现和创业业绩之间的关系问题。本文以流动性制约代理变量其所得和资产为说明变量建立模型，得到青年层的实现创业的困难性高，实现创业的业绩也往往不如人意的研究结论。

　　其次，通过模型计算进一步证明，创业意愿者不同年龄的创业动机的差距较大。创业时的年龄阶层和创业动机（创业关心的问题）以30多岁的创业者为标准，20岁的创业者和40岁以上的创业者在以下方面具有较大差异，主要表现为：20多岁的创业者为了"高收入""工资方面的不满"，或是"以父母为榜样"从事创新的事业的多；相反"对社会有贡献""工作单位的未来前景悲观"与40岁以上年龄相比要少。青年层的创业者通过向父母学习，从经济方面严密的判断创业选择，也是青年的创业成功的原因之一。壮年以上的创业动机主要是"严峻的就业形势"总是"无法找到工作""找与年龄没有关系的工作"难，而被迫创业选择比起青年层创业选择比例高。中高年龄层创业意愿者的创业主流是"生存"型，创业实现容易，但其创业业绩一般不尽人意。

　　女性创业选择一般具有以下特点：（1）追求工作主动权的人数比例低；（2）受到晋升等限制；（3）职业生涯的观点与现在就职企业观点接近的多；（4）就业单位表示"没有用的人"很少；（5）创业后的业绩好。研究结果还说明：女性创业者认为"创业与年龄没有关系，因为想要工作"和希望"一生勤劳"所以实现创业普遍比一般创业者高。此外女性"想从事与年龄无关的工作"的回答很多，而"工作不好找"而选择创业比男性明显低了许多；对"终身就业"的关注、对退休后无事可做和失业的恐惧，相对希望追寻积极活跃的就业机会的人比男性多。

　　收入水平对创业实现的研究表明：在创业业绩方面，收入水平和创业选择之间不存在明显的相关，相对创业后的水平高和创业前的收入水平低之间具有负相关。创业选择前收入水平高，收入积累也高，创业有被抑制的一面。

资产水平对创业实现的研究表明：保有资产的水平高的人创业过程比较谨慎，创业后表现良好的业绩。

五、总结和启示

以上，本文通过"GEM数据库"的数据分析对创业选择和创业业绩的关联进行了研究。在创业动态过程中通过创业者属性对创业的影响，研究了创业选择与创业成功的相关性。研究结果显示一般创业相对容易实现的人在创业后业绩相对低。以收支平衡的标准来判断，创业选择与创业成功的相关性无法确认。许多促进创业选择的属性对创业后的业绩反而具有负面的影响，但是也存在一些正面的属性。

针对"我国每年2500万人需要就业，其中只有1200多万实现就业。"我国2014—2017年通过各项政策"扶持80万以上的大学生实现创业"引领计划的创业环境，基于本文研究，得到以下启示：

启示一，在创业促进政策上，许多政策只关注增加新创业数量，忽视了创业选择对创业绩效的影响，造成创业数量增加了，政府发放的创业补助金多了，但创业的退出数量也在增加的结果。因此，创业促进政策一定要关注创业促进目标和创业支持策略，通过有效的创业选择，提高创业业绩。

启示二，培养创业意识远比金融支持更为重要。政府的创业政策应该转变为成立更多的创业计划指导中心，以有效创业选择，实现良性孵化企业，提高创业绩效。

参考文献

[1] Bates T. Entrepreneur Human Capital Inputs and Small Business Longevity[J]. Review of Economics and Statistics，1990（72）：551-559.

[2] Blanchflower D. G. ，Oswald A. Stutzer A . Latent Entrepreneurship

across nations[J]. European Economic Review, 2001（45）: 680-691.

[3] Cooer A. C. The role of incubator organizations in the founding of growth oriented firms[J]. Journal of Business Venturing, 1985, 1（1）: 75-86.

[4] Cressy R. Are Setups Debt-Rationed? [J]. Economic Journal, 1996, 106（438）: 1253-1270.

[5] Dobrev D . , Barnett W . Organizational roles and transition to entrepreneurship[J]. Academy of Management Journal, 2005, 48（3）: 433-49.

[6] Evans, David . Linda S. Leighton. Small Business Formation by Unemployed and Employed Workers[J]. Small Business Economics, 1990, 4（2）: 319-30.

[7] Evans D. , Jovanovic B. An Estimated Model of Entrepreneurial Choice under Liquidity Constraints[J]. Journal of Political Economy, 1989（97）: 808-827.

[8] Gatewood E J. , Shaver K. G. , Gartner W. B. A longitudinal study of cognitive factors influencing start-up behaviors and success at venture creation[J]. Journal of Business Venturing, 1995（10）: 371-91.

[9]Grillo Isabel. , Irigoyen. J. M. Entrepreneurship in the EU: To wish and not to be[J]. Small Business Economics, 2005（26）: 305-18.

[10]Henley Andrew. Entrepreneurial aspiration and transition into self-employment: evidence from longitudinal data [J]. Entrepreneurship&Regional development, 2007（19）: 253-80.

[11]Holtz-Eakin D. et. al. Striking it Out: Entrepreneurial Survival and Liquidity Constraints[J]. Journal of Political Economy, 1994, 102（1）: 53-75.

[12]Honjo Y . Growth of new start-up firms : evidence from Japanese manufacturing industry[J]. Applied Economics, 2004（36）: 343-355.

（原文刊载于《生产力研究》2014年第8期）

高校大学生创业导师队伍质量指标的
调查与分析

杨哲旗

创业导师对大学生创业起到一定的影响作用，为了充分了解大学生创业导师对大学生创业指导情况与影响程度，科学、合理地考核评价大学生创业导师队伍质与量的综合指标，本研究拟将大学生创业看成是一种过程化的活动。调查方式、统计口径与GEM基本一致；指标设计具有开放性，让它随认识的深刻、形势的变化而变更或充实相应的内容。其技术关键在于设计出指数的体系并获得同行的共识，把指数项目化解为各调查量表进行调查的具体工作。主要观察创业导师数量，专兼职创业导师教育背景、专业技术与技能，专业导师对创业指导的时间，创业导师智力成果转化，还包括学生对创业导师作用的评价等。指标统计采用百分制办法。通过大学生创业导师队伍质与量调查结果描述与分析，旨在为浙江高校指出大学生创业导师队伍质与量的优势因素与不足原因，从而提升大学生创业导师队伍质与量水平与大学生创业绩效。

一、调查对象与指标体系

（一）调查对象

采取分层分阶段随机抽样方法，从浙江省普通高等学校（含独立学院）抽取31所构成高校样本，其中本科院校16所，高职高专院校15所。按照学校卷、教师卷、普通学生卷及创业学生卷等四个系列，分层随机抽样方法抽取了学生样本3238人，其中普通学生2870人，自主创业学生176人，抽取在编在岗教师192人作为调查对象，进行数据资料的采集。浙江省高校中，全日制高等院校、普通学生及自主创业学生组成了调查研究样本。

表1　创业导师队伍的质与量指数

二级指标	权重	三级指标（问题序号）	权重	指标内容	指标值	计分标准
导师数量	0.25	1.专职创业师资	0.4	校内专职创业专业教师数与在校生数的比例	100	0.1‰得20分，每增0.1‰加得20分，满分为100分。
		2.校内兼职创业师资	0.3	校内兼职创业专业教师数与在校生数的比例	100	1‰得20分，每增0.5‰加得20分，满分为100分。
		3.校外兼职创业师资	0.3	校外兼职创业导师数与在校生数的比例	100	0.5‰得20分，每增0.1‰加得20分，满分为100分。
教育背景	0.15	1.学历层次	0.3	专兼职创业导师拥有本科学历以上人数与专兼职创业专业教师人数的比例	100	50%得20分，每增10%加得20分，满分为100分。
		2.专业匹配	0.4	符合大学生创业专业需要的创业导师人数与专兼职创业专业教师人数的比例相符（或相关）度	100	40%得20分，每增10%加得20分，满分为100分。
		3.创业师资阅历	0.3	专兼职创业导师有创业（或企业）经验人数与专兼职创业专业教师人数的比例	100	30%得20分，每增10%加得20分，满分为100分。
专业技术与技能	0.15	1.专业技术职务	0.3	专兼职创业导师拥有中级以上专业技术职务人数与专兼职创业专业教师人数的比例	100	30%得20分，每增10%加得20分，满分为100分。
		2.专业技能	0.2	专兼职创业导师拥有中级以上专业技能人数与专兼职创业专业教师人数的比例	100	30%得20分，每增10%加得20分，满分为100分。
		3.中高级创业师资	0.3	符合大学生创业中级以上专业技术（或技能）需要的专兼职创业专业教师人数与专兼职创业专业教师人数的比例	100	30%得20分，每增10%加得20分，满分为100分。
		4.双师型创业师资	0.2	专兼职创业导师拥有两项以上专业技术职称（或技能）人数与专兼职创业专业教师人数的比例	100	20%得20分，每增10%加得20分，满分为100分。

续表

二级指标	权重	三级指标（问题序号）	权重	指标内容	指标值	计分标准
师资培训与进修	0.2	1.专业培训	0.4	校内专兼职创业导师参加专业指导培训（18课时以上）人数与在校生人数的比例	100	0.1‰得20分，每增0.05‰加得20分，满分为100分。
		2.相关培训	0.3	校内专兼职创业导师参加各类与创业指导相关的培训人数与在校生人数的比例	100	0.5‰得20分，每增0.5‰加得20分，满分为100分。
		3.企业挂职	0.3	校内专兼职创业导师到企业挂职学习（60课时以上）人数与在校生人数的比例	100	0.4‰得20分，每增0.1‰加得20分，满分为100分。
智力成果转化	0.13	1.智力成果转化	0.4	专兼职创业导师智力成果转化项目数与在校生人数的比例	100	2‰得20分，每增1‰加得20分，满分为100分。
		2.获取资助	0.3	专兼职创业导师对接社会企业获取资金（基金）数额（百元）与在校生人数的比例	100	2:1得20分，每增1:1加得20分，满分为100分。
		3.获取合作创业项目	0.3	专兼职创业导师获取合作创业项目数与在校生人数的比例	100	0.5‰得20分，每增0.1‰加得20分，满分为100分。
指导效果与评价	0.12	1.扶持初创团队	0.3	专兼职创业导师扶持初创团队数与在校生人数的比例	100	1%得20分，每增0.2%加得20分，满分为100分。
		2.辅导成功团队	0.3	专兼职创业导师辅导成功团队（持续6—42个月）数与在校生人数的比例	100	0.5%得20分，每增0.5%加得20分，满分为100分。
		3.辅导团队获取经济效益	0.2	专兼职创业导师辅导创业团队获取经济效益数额（元）与在校生人数的比例	100	200:1得20分，每增50:1加得20分，满分为100分。
		4.辅导团队获取社会效益	0.2	专兼职创业导师辅导创业团队为社会带动就业人数与在校生人数的比例	100	0.5%得20分，每增0.1%加得20分，满分为100分。

（二）指标体系

根据GEM理论框架体系要求与浙江高校实际，建立了浙江高校提供大学生创业导师队伍质与量指标体系的相关内容，具体指标体系如表1所示。

二、调查结果说明与差异性比较

（一）统计结果与说明

1．关于导师数量

调查结果如图1所示。

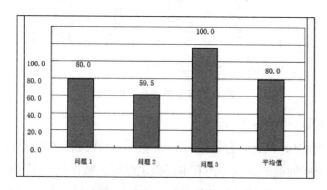

图1　导师数量综合分析结果

从图1可以得出以下结论：

关于问题1，调查综合得分是80.0。说明高校专职创业师资数量多，师生比处于较高水平。

关于问题2，调查综合得分是59.5。说明高校校内兼职创业师资数量偏少，师比处于较低水平。

关于问题3，调查综合得分是100.0。说明高校校外兼职创业师资数量极高，师生比处于极高水平。

通过平均值来看，导师数量综合得分为80.0，说明高校大学生创业导师数量较高，处于较高水平，总体良好。

2．关于导师教育背景

调查结果如图2所示。

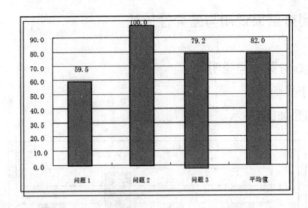

图2　教育背景综合分析结果

从图2可以得出以下结论：

关于问题1，调查综合得分是59.5。说明高校创业师资学历层次结构较低，专兼职创业专业教师拥有本科以上学历人数比例处于较低水平。

关于问题2，调查综合得分是100.0。说明高校创业师资专业匹配程度很高，符合大学生创业专业需要的专兼职创业专业教师人数比例处于很高的水平。

关于问题3，调查综合得分是79.2。说明高校创业师资阅历中等偏高，专兼职创业专业教师有企业创业（或企业管理）经验人数比例处于中等偏上水平。

通过平均值来看，教育背景综合得分为82.0，说明高校导师教育背景相关性较高，情况良好。

3．关于导师专业技术与技能

调查结果如图3所示。

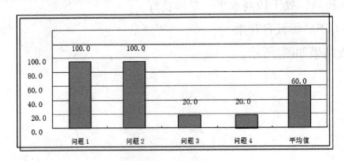

图3　专业技术与技能综合分析结果

从图3可以得出以下结论：

关于问题1，调查综合得分是100.0。说明高校创业师资专业技术职务程度很高，专兼职创业专业教师拥有中高级专业技术职务人数比例处于很高水平。

关于问题2，调查综合得分是100.0。说明高校创业师资专业技能程度很高，专兼职创业专业教师拥有中高级专业技能人数比例处于很高水平。

关于问题3，调查综合得分是20.0。说明高校中高级创业师资比重程度极低，符合大学生创业中高级专业技术（或技能）需要的专兼职创业专业教师人数比例处于极低水平。

关于问题4，调查综合得分是20.0。说明高校双师型创业导师资比重很低，专兼职创业专业教师拥有两项以上专业技术职称（或技能）人数比例处于很低水平。

通过平均值来看，专业技术与技能综合得分为60.0，说明高校专兼职创业导师资专业技术与技能情况一般，处于中等偏下水平。

4. 关于导师专业技术与技能

调查结果如图4所示。

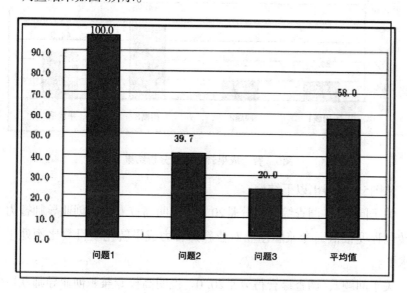

图4　专业技术与技能综合分析结果

从图4可以得出以下结论：

关于问题1，调查综合得分是100.0。说明高校校内专兼职创业师资专业培训次数很多，参加导师专业培训（18课时以上）人数比例处于很高的水平。

关于问题2，调查综合得分是39.7。说明高校创业师资相关培训次数较少，校内专兼职创业专业教师参加各类与创业指导相关的培训人数比例处于较低水平。

关于问题3，调查综合得分是20.0。说明高校创业师资企业挂职程度很少，校内专兼职创业专业教师到企业挂职学习（60课时以上）人数比例处于很低的水平。

通过平均值来看，专业技术与技能综合得分为58.0，说明高专兼职创业师资专业培训情况一般，总体处于中等偏低水平。

5. 关于导师智力成果转化

调查结果如图5所示。

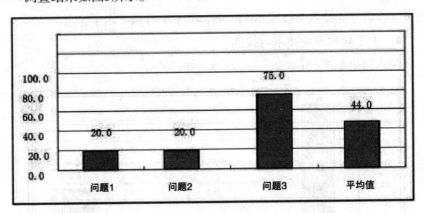

图5 智力成果转化综合分析结果

从图5可以得出以下结论：

关于问题1，调查综合得分是20.0。说明高校专兼职创业导师智力成果转化程度很低，专兼职创业专业教师智力成果转化项目数比例处于很低水平。

关于问题2，调查综合得分是20.0。说明高校专兼职创业导师获取资助极少，专兼职创业专业教师对接社会企业获取资金（基金）数额比例处于极低水平。

关于问题3，调查综合得分是75.0。说明高校专兼职创业专业教师获取合作创业项目数比例处于较高水平。

通过平均值来看，智力成果转化综合得分为44.0，说明高校兼职创业导师智力成果转化较差，处于较低水平。

6.关于导师指导效果与评价

调查结果如图6所示。

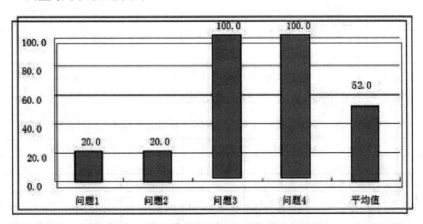

图6 指导效果与评价综合分析结果

从图6可以得出以下结论：

关于问题1，调查综合得分是20.0。说明高校专兼职创业专业教师扶持初创团队数比例处于极低水平。

关于问题2，调查综合得分是20.0。说明高校专兼职创业专业教师辅导成功团队（持续半年以上）数比例处于极低水平。

关于问题3，调查综合得分是100.0。说明高校专兼职创业专业教师辅导创业团队获取经济效益数额比例处于很高水平。

关于问题4，调查综合得分是100.0。说明高校创业师资辅导团队获取社会效益很高，专兼职创业专业教师辅导创业团队为社会带动就业人数比例处于很高水平。

通过平均值来看，指导效果与评价综合得分为52.0，说明高校指导效果与评价较低。

（二）本科院校与高职高专院校的均值差异比较关于创业导师队伍的质与量

为了比较本科院校和高职高专院校在大学生创业导师队伍质与量上的差异，从指标体系中选取了3个主要指标进行比较，如表2所示。

表2　创业导师的质与量比较指标

指标符号	指标内容
x_6	校内专职创业专业教师数与在校生数的比例
x_7	专兼职创业专业教师拥有本科和研究生学历合计达到标准人数与专兼职创业专业教师人数的比例
x_8	符合大学生创业专业需要的专兼职创业专业教师人数与专兼职创业专业教师人数的比例相符（或相关）度

设x_{61}，x_{71}，x_{81}分别表示本科院校的相应指标，x_{62}，x_{72}，x_{82}分别表示高职高专院校的相应指标，统计结果如表3所示。

表3　本科院校与高职高专院校在创业导师的质与量方面的比较

	本科院校得分值			高职高专院校得分值		
	x_{61}	x_{71}	x_{81}	x_{62}	x_{72}	x_{82}
均值估计	56.7	56.7	22.7	27.6	30.8	33.7
均值区间（95%）	[13.8, 69.5]	[13.8, 69.5]	[17.5, 27.8]	[69.2, 88.1]	[59.3, 94.0]	[46.4, 73.6]

对于表3的解释如下：

（1）校内专职创业专业教师数与在校生数比例的得分值，本科院校的平均值为56.7，高职高专院校的平均值为78.7。给定置信度95%（下同），分别得到本科院校的置信区间为[43.8, 69.5]，高职高专院校的置信区间为[69.2, 88.1]。

（2）专兼职创业专业教师拥有本科和研究生（或学位）合计达到标准人数与专兼职创业专业教师人数比例的得分值，本科院校的平均值为56.7，置信区间为[43.8, 69.5]，高职高专院校的平均值为76.7，置信区间为[59.3, 94.0]。

（3）符合大学生创业专业需要的专兼职创业专业教师人数与专兼职创业专业教师人数的比例相符（或相关）度的得分值，本科院校的平均值为22.7，置信区间为[17.5, 27.8]；高职高专院校为60，置信区间为[46.4, 73.6]。

为进一步确定本科院校与高职高专院校在以上指标上的均值显著

性，需要做单因素方差分析。

以指标x_6为例。由于1=56.7，2=27.6，故原假设为1=2；备择假设为1≠2。检验统计量的相伴概率$P=0.0000$。取显著性水平$\alpha=0.05$，则$p<0.05$，故拒绝原假设，选择备择假设，认为显著成立，即显著成立。

类似地，可以对其他指标进行检验，所有检验结果见表4。

表4　本科院校与高职高专院校在创业导师的质与量的假设检验结果

	x_6	x_7	x_8
原假设	$x_1=x_2$	$x_1=x_2$	$x_1=x_2$
备择假设	$x_1 \neq x_2$	$x_1 \neq x_2$	$x_1 \neq x_2$
相伴概率p值	0.0000	0.0025	0.0000
结论	拒绝	拒绝	拒绝

从表4可以得出以下结论：

（1）校内专职创业专业教师数与在校生数比例的得分值，本科院校显著大于高职高专院校。

（2）专兼职创业专业教师拥有本科和研究生（或学位）合计达到标准人数与专兼职创业专业教师人数的比例得分值，本科院校显著大于高职高专院校。

（3）符合大学生创业专业需要的专兼职创业专业教师人数与专兼职创业专业教师人数的比例相符（或相关）度得分值，本科院校显著小于高职高专院校；

三、大学生创业导师队伍质与量的建议

通过调查资料的统计与分析，针对存在的问题提出一些的建议：

（一）适当增加高校兼职导师数量

在稳定高校专职创业师资数量的前提下，适当增加高校校内与校外兼职创业师资数量。

提升高校兼职创业师资数量与在校学生的比例。

（二）优化高校创业师资结构

迅速改变高校目前创业师资学历层次结构偏低状况，尽量满足符合大学生创业专业需要的专兼职创业专业教师人数比例。选派有企业创业（或企业管理）经验的专兼职创业专业教师开展大学生创业活动。

（三）提升兼职创业导师资专业技能水平

保持高校专职创业专业教专业技术职务人数比例较高水平，提升专兼职创业专业教师的专业技术与技能，增加高校双师型创业导师资数量，提升双师型创业导师资比重与兼职创业师资专业技术水平。

（四）加强校内专兼职创业专业教师培训

学习针对高校创业师资相关培训次数较少问题，高校应组织校内专兼职创业专业教师参加各类与创业指导相关的培训学习，鼓励校内专兼职创业专业教师到企业挂职学习提高专业技术与技能综合水平。

（五）加速高校智力成果转化

扭转高校专兼职创业导师智力成果转化程度较低局面，通过高校和专兼职创业专业教师对接社会企业，获取资金（基金）资助，转化专兼职创业专业教师智力成果项目，提升大学生创业科技含量。

（六）逐步提高创业指导效果

加强高校专兼职创业专业教师指导力度，加快指导与扶持初创团队数量提升速度。优化专兼职创业专业教师素质，提高辅导成功团队（持续半年以上）数比例，为社会提供就业岗位，带动更多劳动力就业。

综上所述，本研究通过问卷调查与个别访谈等方式获得了浙江高校提供大学生创业导师队伍质与量指标的一系列较为可靠翔实的数据，利用这些数据对浙江高校提供大学生创业导师队伍质与量指标进行了描述统计分析，然后在关键指标上分别对本科院校和高职高专院校的创业机会、创业能力指标进行了点估计和区间估计，并进行了差异显著性比较分析，得到了一系列的研究结论。奠定了浙江大学生创业指数的动态研究，对改善浙江大学生创业导师队伍质与量条件提供了较科学的依据。

参考文献

[1] 高建，程源，李习保，等. 全球创业观察中国报告（2007）——创业转型与就业效应[M]. 北京：清华大学出版社，2008.

[2] 罗良忠. 中国大学生创业环境与政策问题研究[J]. 未来与发展，2007（7）.

[3] 张鹏宇. 我国高校大学生创业问题研究[D]. 东北财经大学，2010.

[4] 高惠璇. 应用多元统计分析[M]. 北京：北京大学出版社，2005：253—255.

（原文刊载于《前沿》2015年第4期）

创业型高职院校组织变革的理论和方法抉择

何向荣

20世纪70年代末80年代初以来，新公共管理运动浪潮席卷世界。在大变革社会环境下，一些富有创新、冒险精神的大学采用"公司化"的经营战略和"企业化"的管理方法，主动捕捉、适应和满足政府与社会对大学的需求，在服务社会的过程中发展和提高大学的学术和研究水平。美国学者伯顿·克拉克将成功实现了组织转型、具有持续变革能力的高校称之为"创业型大学"。创业型大学更加强调大学的主体能动性，通过改革自身管理，使得原来在高等教育系统中处于不利地位的学校能敏锐地发现、捕捉甚至是创造市场需求和机会，创新性地整合校内资源以满足尚未被开发的市场需求，从而实现在高等教育市场中占有一席之地[1]的国标。因此，这种管理理念和方法更加适应高职院校的功能和发展需求。就有志于建设创业型的高职院校而言，借助创业型组织理念和平衡计分卡战略管理模型方法，对于实现从松散的自治学术组织向战略中心型组织转型，践行服务导向、产教融合的高职办学方向至关重要。

一、产教融合背景下高职院校组织结构的困境

（一）封闭型组织形式不利于高职院校服务经济社会发展职能的发挥和产教融合办学模式的实现

自中世纪大学产生至19世纪中后期，发展水平低下的生产力对知识和技术没有特别强烈的诉求，大学与经济发展和人们的实际生活基本上相脱离，大学多处于封闭状态和半封闭状态。我国高职院校大都沿袭计划经济体制下普通高校的组织结构。在计划经济体制下，我国高校扮演的实际上是政府附属机构的角色，招生、培养和教学上执行的是指令性计划，缺乏自主权；管理上采用校内封闭式的管理，缺少与外界的交流

沟通。企业在面对许多技术和人才问题时迫切需要高校的帮助。美国服务工农业的赠地学院的建立开启了高校服务社会功能的先河。英国城市学院的创建与独立大学运动打破了英国高校远离经济社会需求的惯性。其目的就是将知识与技术从象牙塔拓展到民众实际生产与生活之中，密切高校与区域经济社会发展的联系。这就要求地方高校与所在区域政府、产业之间建立起一种耦合联动的良性发展关系。目前，我国高职院校的大规模发展恰巧是在20世纪90年代行业企业脱离办学和高等教育大众化背景下促成的，是教育政策、人口就业等外力驱动的结果，市场服务意识不强。这种历史惯性至今仍束缚着高职院校的组织调整。结合职业教育的办学特点和使命，高职院校更加需要突破传统办学组织惯性，通过自身变革加强与外部市场组织之间的联系和交流，注重服务地方经济社会发展职能的发挥。

（二）任务和工作的组织逻辑所需的组织与管理架构急需形成

自大学产生以来，大学一般被认为是一种以文化知识为核心要素的社会组织，围绕知识体系分类形成的学科和专业及其教学、研究和管理共同构成大学的基本要素。如伯顿·克拉克认为"无论在哪里，高等教育的工作都是按学科（discipline）和院校（institution）组织两个基本的模式进行。"当然，如果从推动知识创新和教育自由发展的角度出发，大学应该推崇学术自由与自治，从某种意义上讲，也意味着大学组织应赋予教师更多的空间时间自由和较少的组织约束。因此，通常认为大学中教师对组织的认同感远远不如其对于自身专业知识的认同[3]。从这个意义上说，大学更大程度上就是一个典型的松散型组织结构，同时有强烈的内在认同和内向力，对外相对疏离。当然与其他社会组织一样，大学组织内部的人财物资源也需要管理，以保证大学组织运行的有序化和高效率。因此，"大学组织的复杂性在于它既需要加强校级行政权力来保持大学这个复杂庞大机构的整体性、一致性，又要注重教授及教授团体参与民主治校必需的学术权力，而大学任务和权力的分散也是大学组织的内在特性之一。"[4]

然而，高职具有鲜明的任务与工作特征。如果知识和学科的组织逻辑导致了大学对外疏离与组织松散，任务与工作的逻辑决定高职院校的组织特征必然要区别于传统意义上的大学组织。为了完成特定的工作任务，高等院校往往需要重组既有的学科知识体系，需要打破学科知识体系的组织特征，强调不同学科与专业之间的配合与协作；需要高职院校的教师对工作任务保持服务性和适应性，而且要走出自我中心的学术空间，走入行业企业，追求创业的实效和实利，形成产教融合的工作空间和组织特征。

（三）高职院校产学研合作缺乏有效的动力机制

从工作任务组织逻辑和高职院校组织的角度来说，产学研有效结合，需要各方主体之间形成能够满足不同的利益需求、优势互补的保障机制。但从现实来看，高职院校和企业组织合作大多只是浅层的、表面的，没有形成利益共同体。表现在：首先，合作需求错位。高职院校项目经费主要来自政府，而政府在资源配置的组织方式中尚未有效地整合企业需求，却形成了高校科研追求政府设定指标的评价导向，并没有主动服务于企业市场需求。其次，合作成果转化脱节。高职院校在科技研发的前期阶段比较有优势，而企业在技术、产品的市场化和产业化方面比较有优势；但是高职院校和企业之间还缺乏有效的分工和合作，没有形成各方产学研优势互补、前后衔接的组织关系。再次，在合作形式方面，高职院校、研究机构与企业合作关系仍然以松散合作、短期合作居多，缺乏稳定的形式和机制以及长期的跟踪研究，特别是政府、高职院校、企业结成战略联盟，在战略制定、平台建设、人才培养、成果转化等方面结成利益共同体的机制还需要深入探索。

（四）政校企各方缺少产学研联合体形成的组织与管理创新架构

促进高职自身发展和服务地方经济社会发展职能发挥的核心组织形式是形成产学研合作联合体，但目前政府、高职院校和企业在加强产学研合作方面普遍存在认识不够、动力不足、缺乏利益整合、组织形式失效等问题。归根结底，我国产学研合作组织利益共同体的建立还存在以下不足：①各方主体对产教融合、产学研合作组织的建立在认识的层次上不够，大多数着眼于短期利益，对于产学研合作更长远的意义没能从推动地区创新发展、促进人才培养等角度规划合作。②各方之间的合作缺乏规范和管制，同时由于缺少战略性目标规划和有效的管理支撑体系建设，相互间难以形成长期、稳定、制度化的利益共同体。③产学研合作组织属于一种新型的组织形式，还需要考虑其市场运行机制及其运营的风险性，而这方面完善的利益和风险投资机制尚未建成，政府缺乏相应的组织管理制度和法律法规，高职院校难以成为自主经营、管理的实体和创新型组织，因此需要推进相关各方的体制改革和制度创新，例如需要校企双方就产权和运行机制等问题做出具体的约定。

通过产教融合背景下高职院校组织结构困境的分析，笔者认为，迫切需要创业型组织理论和方法来解决这些问题，创业型高校的组织创新思想可以与高职院校发展规律相契合。

二、创业型高职院校组织发展的战略抉择

（一）创业型高职组织变革的目标性思维

1. 突破传统办学模式。创业型高职院校要突破知识和学科逻辑导向的传统大学组织结构阻碍，重要的是加强与外部的沟通联系，建立有利于推动知识创新、知识应用和研究成果转化的战略中心型的组织机构。政府高等教育管理改革为高职院校创立了一个充满变化和竞争性的生存环境。来自生源、就业、财政、市场服务、管理效益等多方面的竞争压力将促使高职院校突破传统办学模式，以形成政府、大学、企业三方新型协作关系。内部资源与外部环境的持续失衡，迫使高职院校领导不仅要懂得其内部教育教学和管理工作的运行规律，还要了解高职院校的外部生存环境，处理好与政府、产业（行业、企业）、公众等之间的关系。突出战略中心型组织导向，强化高职院校校级层面的整体战略规划、管理和资源整合。基于学校组织行为与学者个体行为的有效性比较，创业型高职院校的整体组织行为在捕捉产学研合作需求、争取竞争性资源以及资源整合再分配等方面具有更为明显的优势。

2. 关注不同主体利益诉求。在高等教育大众化阶段，不论是什么类型的高校都面临四种利益相关者——政府、学者、以企业为主的产业界和学习者。面对不同利益群体的价值主张，"协商性对话机制"能够使多样而复杂的质量诉求变得简单而均衡，并最大限度地满足各方需要。

如政府以政治性价值取向来衡量高校办学效益，要求高职院校在应用性人才培养和科技应用服务等方面能更好地发挥作用，而并非只是满足大学和知识内在逻辑本身发展的需要；学生作为高等教育的主要参与者，因其投入了金钱和精力，所以其对客户权利价值主张的呼声越来越高。因此，高职院校所需资源和权力行使是根据质量、外部声誉等来获取的，这种质量不再纯粹以高校内部逻辑"高深知识"为衡量标准，而是看其是否达到了客户所期望的价值标准。

3. 增强组织创业适应性。伯顿·克拉克从大学内部组织变革的角度分析了新兴大学的组织转型，认为创业型大学组织具有5个基本要素：强有力的驾驭核心、拓宽的发展外围、多元化的资助基地、激活的学术心脏地带和一体化的创业文化[5]。根据克拉克的研究，创业型大学的行政组织和学术组织之间的界限变得逐渐模糊，一些学术组织（如研究机构）同时成为大学对外创业的执行机构，并不断衍生出新的拓展性机构，形成了集学术和创业于一体的组织系统。如许多高职院校成立了以处理外部关系、促进对外合作为主要职能的机构或组织（如校企合作处、校友会、产教合作中心、技术转让办公室）等，作为高职院校整体战略规划实施的支持机构。高职院校内各个院系专业教研室、研究院所、创业公司等组织单元都在高职院校的总体战略规划和指引下运行。

高职院校创业，或基于环境竞争压力或基于内生发展需求，都需要依靠高职院校进行组织创新，创建政产学研边界跨越合作组织。由高职院校、企业和政府联合设立的以人才培训、成果应用转化、创业企业孵化为主要功能的新型组织机构有联合研发中心、混合实训基地、创新创业孵化器、创业园区等。通过组建这些新型组织机构跨越传统高校与社会的边界，加速创新创业型技能人才培养和研究成果的转化，促进高职院校改变传统封闭式的模式，实现组织转型[6]。

（二）创业型高职组织变革的创新型管理

1. 明确目标战略。创新驱动发展战略的实施对高教变革提出了迫切要求。服务创新驱动发展，高校不能简单地通过行政管理方式，例如指标分解、层层施压，也不仅仅是指结合创新驱动转型发展需要建立具有区域个性特征的高教机构绩效评价体系，更应是在借鉴其他国家和地区高教发展成功经验基础上的系统再创造，构建"多方协同、规模发展、差异竞争、有进有出"的高教变革压力系统。作为创业型高职院校战略目标的建立，我们需要围绕下列问题分析并回答：①作为创业型高职院校，我们的目的和价值是什么？②谁是我们的利益相关者与合作伙伴？他们希望从我们这里获得什么价值？③为了展示差异化的客户价值主张，我们需要制定什么样的战略主题？需要对哪些流程进行优化？④针对不同的战略主题，我们的目标、衡量指标和行动方案是什么？

2. 选择合适工具。创业型高职院校要实现组织变革和战略发展，平衡计分卡是一种有效工具。西方国家应用平衡计分卡是建立在长期以来严格、科学、规范的组织管理实践和管理理论的不断创新和发展的基础上的，从初期应用于企业组织、财务绩效和非财务绩效的操作实务，逐步发展成为在企业、政府部门、非营利组织得以广泛应用的组织战略绩效管理理论框架体系，成功实施后可以提高组织的管理效率和战略管理水平。平衡计分卡框架一般包括四个维度，各维度间具有因果关系、互相连接，如学习和成长维度的员工培训项目能够提升员工工作技巧、促进组织人力资源开发，从而改进客户服务流程，企业组织也因此获得更高的客户满意度和忠诚度，最终实现财务维度收入利润增长目标。相比其他的管理工具，平衡计分卡增加了有助于内外平衡的外部管理、适应创新创业的组织变革和战略协同。从管理过程而言，战略意味着一个组织从其现实方位向其未来方位转移的过程，包含了转移的目标设置、路径选择、步骤设计、速度把握等一系列相关联的行动方案，这一过程可期待但充满着不确定因素。平衡计分卡将这些战略性假设描述为一系列清晰的可检验的因果关系，并用"战略地图"加以描述。通过"战略地图"和平衡计分卡，使组织内部的每个人能够清晰理解、准确把握这些围绕组织使命、愿景、价值观而制定的战略主题、关键目标和目标值、行动方案，使组织内各协同单位的负责人和成员在战略实施过程中，都能清晰了解组织总体战略、各层级目标和目标值及其实施状况，不断检验假设并按照需要实时调整，以保持围绕战略中心进行组织协同[7]。

3. 协同组织分工。作为一个整体，高职院校战略的实现需要各部门的协同。一个组织整体的工作是由各个业务单元组合推进，可能每个部门的工作业绩都非常出色，但由于各部门之间没有产生协同效应，有时最多也就做到相互之间的工作互不影响，而不能发挥组织的整体功能。因此，组织需要通过各种方式整合业务单元的运营来形成协同的优势[8]。

一般而言，客户、产品和服务流程体现在业务单元范畴，如高校的人才培养、教学科研、社会服务、文化传承创新等活动都在院系的各教学科研单位进行，学校组织总部则侧重于协调组织内不同业务单元的价值创造活动，使其能够为学生、用人单位、社会、政府创造出更多的价值，或降低学校总体运营成本，从而超越各教学、科研、产业单元独立运作所能够达到的程度。但如前所述，高校教师、科研人员往往崇尚学术自由和自治、专业认同感高于其组织认同感，可以推论，如果某高职院校的整体战略实现要通过推行跨专业领域的组织协同从而增强其创业适应性，因传统思维方式、行为习惯带来的管理挑战乃至阻力将高于其他社会组织。因此，在高职院校组织变革的具体实施推进过程中，通过平衡计分卡管理工具，使教职员工切实了解该校整体战略的背景、内容，通过针对性地开展组织和个人的职业（专业）发展水平的自我评估等方式，使之增强变革认同感并在各自的权责领域内开展创造性行动，形成"个性创造力+组织协同力"的双力叠加。

三、基于平衡计分卡的创业型高职院校组织革新

高职院校选择平衡计分卡作为一种管理工具，一方面有助于基于产教融合需求背景下的高职院校组织困境摆脱，另一方面有助于实现创业型高职院校的组织革新，增强高职院校的创业适应性。平衡计分卡的战略主题、目标和评估指标均来源于该组织战略。一般而言，要确保平衡计分卡有效实施，要由组织负责人牵头组建专门工作小组，分析回答梳理组织的使命愿景和目的价值、客户和主要利益相关者的价值主张、战略主题和流程优化，并为各战略主题设定目标、衡量指标和行动方案。从某种意义上讲，高职院校应用平衡计分卡，其核心功能是把创业型高职院校的组织发展战略转化为各种具体目标，并通过合适的指标体系追踪目标完成情况[9]。

（一）学校组织层面的平衡计分卡

1. 客户层面——服务市场需求。即如何通过共享客户资源来提升整体客户价值？在多部门运转的组织中，某个业务单元可以先建立一个客户关系，渐渐拓展，逐步发展成熟，但最终可能因为业务内容过窄而使发展受到限制。这时组织内的其他业务单元就可以通过给这些同样的客户群体提供其他满足需求的服务来提升客户关系。这一点对于高职院校来说，在专业教学、资格证书培训获取以及学历教育升学等领域都可以有所涉及。如某特色（或新兴）专业声誉较好，市场需求旺盛，就业率和就业质量较高，生源稳定甚至供过于求。但由于专业面较窄，难以满足对应产业发展对人才的需求，则应借机发展专业群，即以此专业为龙头，促进相关专业协同发展，壮大专业的整体实力。但一定要注意专业间的关联性等问题，不可盲目发展、求全求大，导致专业质量下降，反而失去了原有的客户资源和优势。

2. 内部流程层面——整合校内资源。即如何管理战略业务单元的流程以产生规模经济效应或价值链整合？将客户价值主张体现作为高职院校战略管理的出发点，学校内部管理流程主要包括育人流程、客户关系管理流程、创新流程、公共关系流程和后勤保障流程，这五大流程的优化，即创业型高职院校组织变革的五大战略主题。其中，育人流程涵盖了高职院校招收学生、学生入校到学生毕业离校、就业跟踪再提升的育人全过程。创新流程主要是指在学校根据客户价值主张进行新专业（新课题）开发与设计、产学研合作、园区化平台建设等。公共关系流程主要指通过各种形式的社会服务在该地区给学校树立了良好的形象，如校友办、校企合作办、职教集团办公室等内部机构的设置为该流程优化创造组织条件。而客户管理流程优化旨在挖掘客户群的差异化价值主张，保障学生需求、教师需求、用人单位需求（社会需求）能够真正居于高职院校战略管理的核心地位，经过创新流程、育人流程为各细分客户群创造更大的价值。后勤保障流程属于基础性工作，以资源整合、运营卓越为标准支持其他流程运作，共同推进组织协同创新。

3. 学习与成长层面——创新运作模式。即如何发展和共享组织的无形资产；如何使高职院校的人力资本、信息资本和组织资本与创业型高校战略协调一致，为内部流程优化创造协同关系和准确度？具有较高组织资本的组织成员对组织愿景、使命、价值和战略有共同的认识，他们在传承的同时，围绕战略不断创造新业绩、共享新知识、发展新文化。创业型高职院校需要通过机制、要素、载体等方面利益链的构建，不断以巧实力整合人力资本、物质资本、社会资本、信息资本和文化资本，推动高职院校体制机制改革、人才培养模式创新、参与社会服务创新三方面逻辑一体化实践，从市场需求、人才科技、战略投资、文化贡献四个角度来积极推进产业经济和社会转型发展，提升高职院校直接服务经济社会转型升级的实力，形成"创业教育＋资产运营（校办产业或产教合作）＋自主办学"的创业型高职院校发展模式。

4. 财务层面——合力创造价值。在组织的战略业务单元组合中，如何提升各业务单元的价值？某些组织可以依靠在不同运作单元内出色的资源分配和治理流程来创造财务协同效应，也通过在平衡计分卡的其他几个维度创造协同效应的过程中起到积极的作用。如在内部流程协同层面，高职院校内部的基本单位是教学院系，以教育教学为其主要任务。在以就业为导向的职业教育办学目标的指引下，高职院校可以利用自身的优势，结合当地的实际和发展需求，拓展服务范围，形成以高职教育为主导，包括职业培训、职业技能鉴定、职业指导、创业孵化、职业介绍（人才市场）、科技应用中介服务和院办产业的高职教育综合基地。探索利用"产权+市场契约"等形式推进校产协同、校企协同、区校协同，促使学校、行业企业、园区、师生创业成为利益共同体，不仅实现了价值创造，而且更密切了相互间的关系。

（二）学校教科研部门的平衡计分卡

不论是传统意义上的大学组织，还是实现了组织变革的创业型大学，或是强调产教融合、校企合作职业教育特征的高职院校，二级分院（系）、科研院所等教科研单位都被认为是高校的核心业务单元。那么，如何根据创业型高职院校的组织战略设置教科研单位各维度的关键绩效指标？结合高职院校教科研工作属性，各维度指标应包括滞后绩效指标和前置绩效指标。滞后指标代表着已经发生的结果，而前置指标则是导致或驱动滞后指标取得结果的那些指标[10][11]。

1. "学生、社会组织与企业"维度。将学生、社会组织与企业并列置于高职院校各二级教科研单位的客户维度，以"如何为学生、为社会组织与企业提供更优质服务，使之实现价值最大化"为各组织单元积极实践教育理念、教育方式方法创新的逻辑出发点。学生维度滞后关键绩效指标包括学生满意度、学生忠诚度、创业就业率、志愿者规模、学生专业第一志愿填报率和报到率。其前置关键绩效指标包括：学生评教与设施完备和完好率，学生关注、宣传和赞赏学校次数，教师教育教学水平，学生辅导员思政工作和就业指导水平、社团组织工作等。社会组织与企业维度的滞后关键绩效指标包括合作企业满意度、社会组织与合作企业创新能力、社会组织获利等。校企合作服务能力为社会组织与企业维度的前置绩效关键指标，包括校企合作质量与合作次数、技术服务转移的项目数和合同金额等。

2. "内部业务流程"维度包括各二级教科研单位内部流程优化和跨部门领域协同流程优化两个层面，指在一定资源状况下，学校二级教科研单位根据学校总体战略主动实施组织协同，通过优化以教育教学为主的育人流程、以产学研合作为主的创新流程、以科技应用与服务为主的公共关系流程、以校友平台为主的客户管理流程、以资源协同为主的后勤保障流程等，不断提升学生、社会组织与企业的需求满意度。滞后指标包括工作审批质量与效率、信息录入发布及时率、违纪率、设施完好率和使用频率、项目实施成功率、科研成果转化率等。其前置指标包括工作任务、人力开发、信息管理、资产管理等各种流程监管制度和执行情况，创新激励制度和能力培养的软硬件投入支持保障力度等。

3. "教工学习与成长"维度主要衡量各教科研单位在其内部业务流程创新、提升客户需求价值等方面的自我驱动能力和水平，通过优化强化组织性系统学习，提高教工学术水平、管理水平和服务能力，即增强学校组织人力资源准备度和协同度，从而使学校具有为客户（学生、社会组织和企业）提供高满意服务的能力水平。该维度与内部业务流程优化具有高协同度，教职员工生产力和胜任能力是关键。滞后绩效指标包括教职工服务年限和流动率、双师型比例、高学历高职称教职工比例、缺勤和事故情况、员工满意度、岗位匹配度等。前置绩效指标包括培养环境、培训投入、沟通计划、绩效考核、结果应用、员工技能水平、激励管理、知识管理等。

4. "财务层面"维度主要考察各二级教科研单位的资金获取能力和资金效用水平，既是组织使命取得成功的促进因素，也是完成使命的限制条件；既是实现教工学习与成长的经济基础，也是内部流程层面加大创新和改革力度的经济支撑。滞后财务指标包括总资产效益和人均资产效用、年学费收入与总收入占比、仪器设备工具生命周期、教工人均收入、教工培养培训投入、专业附加值等；前置财务指标包括资产使用率和资产结构、资产折旧、计划完成情况、专业总投入等。

综上，学校组织层面的平衡计分卡和学校二级教科研单位的平衡计分卡模型互为因果、互相协同，以人员、系统和文化的持续提升驱动流程优化运作，从而增进学校、教师、学生、社会组织与企业的良好关系并最终创造创业型高职院校的组织价值。

参考文献

[1] 陈霞玲，马陆亭. 创业型大学形成的理论与实践[J]. 中国高校科技，2013（07）.

[2] [美]奥尔德里奇. 简明外国教育史[M]. 诸惠芳，等，译. 北京：人民教育出版社，1987：148.

[3] 温正胞，谢芳芳. 学术资本主义：创业型大学的组织特性[J]. 教育发展研究，2009（05）.

[4] 眭依凡. 关于大学组织特性的理性思考[J]. 高等教育研究，2000（04）.

[5] [美]伯顿. 克拉克. 建立创业型大学：组织上转型的途径[M]. 王承绪，译. 北京：人民教育出版社，2003：4.

[6] 王雁. 创业型大学：美国研究型大学模式变革的研究[M]. 上海：同济大学出版社，2011：72.

[7] [美]罗伯特·卡普兰，戴维·诺顿. 战略中心型组织[M]. 上海博意门咨询有限公司，译. 北京：中国人民大学出版社，2008：60.

[8] [美]罗伯特·卡普兰，戴维·诺顿. 平衡计分卡战略实践[M]. 上海博意门咨询有限公司，译. 北京：中国人民大学出版社，2009：109.

[9]黄专途，何向荣. 平衡计分卡在高职院校战略管理中的应用研究[J]. 教育与职业，2008（16）.

[10] [美]保罗·R. 尼文. 平衡计分卡实用手册（第2版）[M]. 胡玉明，等，译. 北京：清华大学出版社，2003：144.

[11] 王小明. 基于平衡计分卡的高职院校内部绩效评估指标设计[J]. 上海教育评估研究，2014（03）.

（原文刊载于《中国高教研究》2015年第5期）

高校创新创业教育生态系统的构建与实践探索

——以浙江工贸职业技术学院为个案研究

曹大辉

高校开展创新创业教育，培养创新创业型人才，是一项复杂而系统的工程，与社会、企业、政府等层面各部门、各因素相互影响与相互作用。运用生态系统理念构建创新创业教育生态系统，有助于推动高校创新创业教育的良性发展，对于破解人才培养难题有很多启发。浙江工贸职业技术学院（以下简称为"学院"）经过实践探索，在创建创业型大学过程中构建了充满活力的创新创业生态系统，极富特色，给我国高校创新创业型人才的培养以启发和思考。

一、创新创业教育生态系统的内涵

英国生态学家坦斯利于1935年完整地提出生态系统的概念。他认为生物与无机环境相互作用构成一个统一的有机整体。无机环境是生物生存的基础环境，包括光、热、水、空气及生物等因子。生物因子之间、非生物因子之间以及生物因子与非生物因子之间通过能量流动和物质循环而相互影响、相互制约，并在一定时期内维持相对的平衡状态，这种平衡状态是动态的。

以生态系统观为指导，把对高校学生创新创业教育起到推动、制约和调控等作用的各种影响元素称为生态因子，各个生态因子因相互作用链接成一个有机体——创新创业生态系统。各生态因子对创新创业教育生态系统的影响不仅仅是单个的，也是综合化的，多因子共同作用。创新创业生态系统是指以创业型大学为基本发展目标，创新创业受教育主体大学生与各生态因子之间通过知识传递、理念交换、制度保障等相互共存、相互促进所构成的有机统一体[1]。生态因子综合化的共同作用维持着创新创业生态系统的平衡运行，持续发展的创新创业生态系统为各生态因子创设了良好的成长环境，简言之，优良的创新创业发展环境大幅度地推动创新创业教育的成功实施与开展。

二、创新创业教育生态系统的主要因子

（一）创新创业遗传基因因子

1. "敢为天下先"的温州人精神。改革开放后，温州人白手起家，不等不靠，依靠抱团发展的自主精神，艰苦创业，造就了一个个商界的奇迹，创造了巨大的物质财富。有人把温州人精神概括为"四敢"精神，即敢为天下先，敢冒风险，敢于创业，敢于创新。温州人精神既是温州历史发展的精神财富，也是温州人群体创业的集体智慧结晶。学院通过各种方式和途径，传承温州人精神，培养学生创新创业意识、坚忍不拔的毅力、拓荒精神和团队精神。

2. 学院固有的创新创业基因。学院50多年的发展史，也是一部创新创业史。学院最初是一所技工学校，经过创业发展，1999年校企改制创建高职学院，2014年学院在全省高职毕业生职业发展和人才培养质量调查中获第一名，学院秉承特有的创业精神，一步一个台阶，创新发展。此外，学院借助资本运营的经营理念，建立自主经营的办学模式，成立资产管理公司，在多领域和产业进行实践探索，整合资源，资产重组。[2]学院的创业历程及创业精神是学生开展创业活动的遗传因子，极大地激发了学生的创业热情。

（二）组织机构因子

学院高度重视创业教育，鼓励大学生创业。2003年，我院启动大学生科技创业孵化工程，成立创业孵化中心，继而建设成温州市大学生科技创业园。创业园还赢得温州市相关部门的支持与合作，为学院进一步开展创新创业教育提供了便利。

为全面推开创新创业教育，学院专门成立创业学院以及研究所，配

备专职教师，整合、组织、协调全校创新创业教育的资源，全面负责创新创业的知识普及、创业项目指导与孵化以及师资队伍建设等工作的开展。

学院利用校企一体平台，为学生创新创业提供服务。学院与温州市教育局合作共建温州市人才市场，定期组织学生就业体验；校内企业浙江思珀整合传媒公司、黎明眼镜店、天一角酒园有限公司等，为不同专业学生创新创业实践提供指导和锻炼便利。

（三）实践平台因子

创建三大园区，扶持学生创新创业。学院以培养创新创业人才为目标，整合校内外资源，实现高校资源社会化和社会资源教育化的良性互动，以学院为依托，建设集真实性生产、职技实景性教学、新技术研发为一体的创新和实践平台"三大园区"，即浙江创意园、温州知识产权服务园、省级国际服务外包示范园。

浙江创意园是与温州报业集团共建，目前入驻企业38家，以文化创意为主线，向广告设计、工业设计、工艺美术、动漫创作等多个方向拓展，形成多元化的产业链，2011年被确定为省级特色工业设计示范基地，2014年国家广告产业试点园区也落户浙江创意园。学院设计类专业师生以此为平台，在园区建立工作室，与入驻企业共同开展创业活动和专业实践，培养和锻炼学生的创新创业意识及能力。例如，"广告人"职业培训班是在此平台上形成的一个创新创业教育项目，与入驻浙江创意园的思珀整合传媒公司合作，在学院创意类专业学生中挑选组建，以企业的真实业务为学习内容，师资是思珀公司等广告策划企业，重点提高学生"广告人"应该具备的职业素养和能力。

温州市知识产权服务园是与温州市科技局共建，目前有15家中介机构及政府服务平台入驻，是全国首个提供专利、版权、商标"一站式"服务的知识产权园，即涵盖专利、商标、版权等知识产权所有类型及知识产权的创造、运用、保护和管理等所有环节的全方位服务。园区在服务温州经济社会发展的同时，通过产学合作，实践探索高职知识产权教育与人才培养。知识产权人才的培养主要以学院工科学生为主，在学生完成专业课程的基础上，组建专利工程师班，学习知识产权相关课程，任课教师均为园区机构的技术主管和专业技术人员，目前已为企业和社会培养专利工程师1600余人。

省级国际服务外包示范园主打软件外包和网络建设服务，重点建设为特色化的国际服务外包人才培养基地。学院以该园为实践平台，创建师生创新创业工作室，推进创新创业教育。例如，致远工作室是学院师生共同经营管理，整合学院专业资源，为企业提供商务平台、软件设计等方面开发和运营服务。

（四）教育因子

1. "金字塔"式创新创业型人才培养模式

学院发挥校企联合改制的独特优势，通过与主管单位、自办企业，及引入校企实现"校企一体"办学，形成了独具特色的"金字塔"式学生创业型人才培养模式。即从全面普及创业基础知识教育，到成功创业团队和创业精英培养。如图1所示。[3]

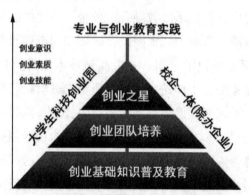

图1 "金字塔"式创新创业型人才培养模式

2. 分层递进实施教育

学院对于实施创新创业教育准确定位为培养大学生的社会责任感、创新精神、实践能力，而不是让人人都去自主创业。[4]学院采用分层递进式开展创新创业教育，即普及教育、精英教育与项目孵化，推广创业教育，培养创新创业精神。

（1）普及教育。学院专门成立创业学院，推出"就业与创业""KAB创业基础课程"等课程，全校范围推广创业教育，普及创业知识、培训创新创业技能。

（2）精英教育。在创业教育得到普及的基础上，选拔一些具有创业热情和意向的学生，组建创业团队，聘请行业企业专家，训练创业技能；制定创业计划书，通过到企业体验的方式，了解市场运行。

（3）项目孵化，打造创业之星。在普及教育与精英教育的基础上，挑选具有市场前景的创业项目，学院聘请企业名家指导，在资金、场地等方面也加大扶持，推向市场，打造创业之星。

三、创新创业生态系统的运行机制

（一）基于产教融合、校企一体化的多元化资源汇聚机制

创新创业生态因子所提供的各类资源以一定的方式汇聚到创新创业生态系统中，并以一定的方式循环流动，成为创业活动成长的推动力。学院在办学过程中，形成了产教融合、校企一体化的办学模式，整合校内及社会各种资源，建成"三大园区"，即知识产权服务园、浙江创意园、省级国际服务外包示范园；打造高新技术平台，建有温州风险投资研究院、姚建铨院士工作站、现代制造与先进材料研究中心等科研机构；引企入校，引入浙江思珀整合传播有限公司、温州瓯越专利代理有限公司等企业公司40多家。这一资源汇聚机制为创新创业活动提供了人才、技术、信息等资源，促成了跨行业、跨领域、跨区域的创业教育公共服务体系和创业实践平台建设，实现了人才培养的新突破，保证了创新创业活动的良性发展。

（二）基于"政、产、学、研、市"一体化平衡调节机制

学院经过实践探索，形成了"政、产、学、研、市"五位一体化办学特色，利益共赢，协同育人，对创新创业生态系统起到很好的平衡调节作用。学院遵循市场规律，以行业企业的技术、人才需求为导向，在政府政策和资金扶持下，发挥高校人才培养的主体优势，培养服务地方经济社会发展的创新创业型应用人才；借助高校人才高地，为地方及行业企业提供智力支持；利用高校高新技术平台和科研机构，以项目为纽带，为行业企业提供技术指导与合作交流。学院在服务地方发展的同

时，在政策、资金、创新平台、实践载体等方面得到各方扶持，创新了
人才培养渠道，保证了创新创业生态系统的稳定发展。"政、产、学、
研、市"五位一体化办学实质是以市场需求为导向，对各方资源实现了
合理配置，对创新创业生态系统起到很好的调节平衡作用。

四、对培养创新创业型人才的实践启示及思考

（一）原理：教育生态系统观

从某种意义上讲，培养创新创业型人才是一项有生命力的组织活
动，是一项复杂而系统的生态系统工程。创新创业主体与其支撑体系及
创业环境相互影响、相互作用，每一个因子都有助于整体生态功能的发
挥，生态系统的整体功能大于各因子功能之和[5]。创新创业理念在课堂内
外全方位渗透，有效地融入课堂、课程和教材等人才培养的方方面面，
学校各部门协同合作，对校内资源有效整合，营造创新创业氛围，为人
才培养提供平台和各种支持。此外，高校还要联合校外各方社会力量，
调动、汇聚各种资源，为高校创新创业提供信息、技术、实践平台等服
务，搭建产学研合作平台，发挥整体功能。培养出来的创新创业型人才
创业成功后，反哺高校创新创业生态系统，带动学弟学妹共同创业，服
务社会发展。各生态因子相互作用，协调发展，形成一个有机的良性系
统。

（二）模式：面向全体、基于专业、提升创新创业综合素质

创新创业教育是一种新的教育理念，由创新、创业和教育三要素
组成，是一个复合概念。创新与创业都强调原发性、创造性地提出问题
和解决问题；在教育层面，两者的共同目标是培养创新创业型人才。[6]
创新创业教育强调学生要学会学习、学会生存、学会发展，并非人人都
去创业。基于理念的认识与解读，创新创业教育应面向每一位学生，通
过专业教育和通识教育的学习平台，将创新创业教育融入人才培养的全
过程，"三育"形成合力，共同培养创新创业型人才。首先要通过多种
手段和途径，引导全体教师和学生对创新创业有准确的理解和认识，在
教学和学习过程中能自觉融入创新创业理念。其次，专业教育是基础，

通识教育是创新创业人才的根基。因为人的创造性不是一种技能，是无法传授的，是通过科技知识与人文知识的熏陶和教化，在潜移默化中生成。[7]创新创业教育必须更深地依赖专业教育，全面渗透到职业教育当中，实现创新创业理念与人才培养目标、课程体系、教学内容等有效融合；创新创业教育要以通识教育为依托，培养学生基本的公民素养和职业发展持续能力，实现人才培养的理性价值和工具价值的和谐统一。

（三）路径：产教融合、校企合作

在创新创业教育生态系统内，各生态因子相互作用，实现生态链条之间良性、协同、共生、和谐发展，维持生态系统的良性的可持续循环。在经济全球化时代，高校单纯依靠自身力量很难培养出创新创业型人才，唯有创新办学体制机制，深化校企合作，推动产教融合，联动多方力量，协同培养创新创业型人才。如何推动校企合作向纵深方向发展，本研究的个案给以启示。产教融合校企合作的目的是育人，即协同培养创新创业人才，通过实现教育链与产业链的沟通与融合，建立长效保障机制，促使学校、企业和社会良性互动，达到协同育人的最终目标。[8]高校应面向企业，以企业需求为导向，主动服务，激发企业与高校主动开展合作的动力；搭建产学研合作平台，与企业、行业、科研机构等开展人才、技术、项目等方面的合作与交流，优化资源配置，实现资源共享，发挥群体优势和规模优势；发挥政府的统筹引导作用，依据区域经济发展特点，调整专业机构，实现专业群对接产业群，做到教学性生产与生产性教学相统一，提高人才培养质量，增强社会的认可度。

参考文献

[1] 刘振亚. 中美高校创业教育生态化培育的比较研究[J]. 黑龙江高教研究，2013（12）：80.

[2] 何向荣. 校企一体创新创业——记浙江工贸职业技术学院50年发展历程[J]. 浙江工贸职业技术学院学报. 2010（3）：11.

[3] 何向荣. 以机制创新为内核，开辟创业教育新模式[J]. 创新创业教育，2010（3）：13.

[4] 贺星岳. 浙江工贸职技学院：创业教育并非让学生都自主创业[N]. 中国教育报，2013-06-11（5）.

[5] 陈少雄. 大学创业教育生态系统培育策略研究——基于广东省高校的调查分析[J]. 教育发展研究，2014（11）：65.

[6] 张澍军，王占仁. 作为理念和模式的创新创业教育[N]. 光明日报，2013-03-14（11）.

[7] 马林. 高职创新创业教育模式的探索与实践[EB/OL].（2012-04-16）[2014-12-11]. 创业教育网. http：//chuangye. cyol. com/content/2012-04/16/content_10025339. htm.

[8] 邱开金. 产教如何才能水乳交融[N]. 中国教育报，2014-03-03（07）.

（原文刊载于《浙江工贸职业技术学院学报》2015年第2期）

创客DNA与高职创业教育的相关性研究

邱开金　周晓玲

　　社会发展和运行的规律表明，国家战略与人才战略总是密不可分。随着我国经济新常态战略的推进，大众创业万众创新的行动日益升温，国家层面对"两创"人才需求表述上提出"大众""万众"的概念，这并非是数量的确指，而是对劳动者普遍素质提高的新要求。基于此，"两创"战略的顺利实施，关键在于"两创"人才的教育和培养，这是整个教育，尤其是职业教育必须面对的大课题。高职的创新创业教育如何实施，从"创客"DNA的透视寻求创新创业人才培养的路径方法，意义重大。

一、创客与创客教育

　　创客与创客教育是两个相关但又不同的概念。要把创客与教育联系起来，其中许多问题还须做深入的分析。

（一）创客DNA的透视

　　"创客"一词来源于英文单词"Maker"，原来的本义是指出于兴趣与爱好，努力把各种创意转变为现实的人。"创客"植入中国文化后，其内涵的认知变得十分复杂。从普遍意义看，创客泛指人的一种素质要素，因为兴趣爱好人皆有之，个体诉求各有不同，在"心想事成"中，从"想"到"成"，许多人都会带有个体的美好期盼，并想方设法去努力实现，这就是大众群体中具有的创客基因。从狭义性看，创客是因谋业形态所不同而特指的创业者的统称，创客群体是相对就业者的另类。首先，创客业态的典型特征是创造性，创客之业并非简单的就业，是自主支配下非常态的就业，富有开拓性和首创性。这里要特别强调的是创客之创，不是盲动，它是在对现实的理智判断、对自己先前体验深刻自省下的创意或决策。其次，创客从业的心态特征是求异性和批判性，因兴趣爱好驱动，以个性诉求为聚焦，职业梦想中洋溢着自信，由此不循规蹈矩、不安分、不畏困难、敢于挑战自我等特点，成为创客共有的心理标签。总之，无论广义或狭义，创客的DNA就是内在的创新素质。

创新与创业同在，这是创客心态与业态的聚合。能按兴趣和愿望个性化地、与众不同地去设计自己的职业规划，另辟独特的路径和新颖的方法善于把心中所想变为现实，这就是创客的气度和能力。常理中"他无我有、他有我优、他优我特"，内力的驱动始终洋溢着创新。可见，创新是创客智慧的灵感，更是创客行动的力量源泉。

（二）创客教育密码的解读

创客教育，是因创客素质培养的目标要求而定义的一种教育方式。由创客的界定可知，广义的创客教育，是一种以创新意识、创新精神、创新能力为培养目标的、面向每一个受教育者的教育。因为无论是就业或创业，都有"做好""做优""做特"的目标诉求，其因子里就有"不一样"的成分，这也就是广义的、绝大多数人应具备的创新素质，故而创客教育实质上也是面向人人的教育。狭义的创客教育，是根据谋业者择业、从业的创业需要，以个性化的自主创业为导向的教育。理论逻辑上一般职业者的创新并非等同于现实中的创业，有创新意识但不一定就要创业；而创客的创新与创业是必备的意识和能力，尊重学生的兴趣发展，激发创新意识，培养创新能力，科学定制个人的创新行动，创客教育有着自己特殊的使命。从共同性分析，个性化发展、兴趣爱好激发、创新创意能力训练、自主创业和敢于发现发明精神的培养等，是创客教育的核心内容。如果说，创客的DNA是创新素质，则创客教育的密码就是针对创新素质培育和创新能力培养的科学策略。

二、创客可教吗

创客是否可以教、是否可以通过教育的方式培养？创客教育是培养完形人还是要素人？争论和置疑都比较多，概括起来主要集中在以下四个方面：

（一）不可教与可教的思辨

这个争论的思想焦点源于教育的一个基本定律，即知识可以直接传授而能力是没法直接传授。这一命题的争论早在1997年学者卡斯珀（Kasper）基于外语或二语教学的研究发表的《语用能力可教吗？》论文，文章提出"无论是语言能力还是语用能力都是不可教"的观点。之后我国学者张绍杰教授就此提出质疑，核心观点是"可教的"。[1]随着语用能力争论的深入，话题逐步涉及本质的问题，即"能力是否可教"。创客教育的提出显然又要面对"不可教"与"可教"的争论。依据创客教育的目标分析其功能，执"不可教"者关注的核心是创之能，认为从能力的结构分析，创客不仅要具有一般能力，还须具备创业的许多特殊能力，而特殊能力的形成，是个人内在因素和外在因素相互作用的结果，这种能力只能通过实践训练和切身体悟方可获得，单纯以课程或课堂的方式传授是无法实现的。而"可教"者认为许多一般能力的获得就可通过"教"来完成，如新知识的领会、学习问题的解答能力等。创客"可教"的理论逻辑是要素分解，是要素内化的结果，创客素质中一般素质仍然不可缺失，教学通过一般能力和专业能力的培养，当内化并形成个人的能力系统后，随着认知表象的积累，相关知识的领会和技能训练的体验，可以促进创新能力的形成。

（二）"没用之教"与"可用之教"的对话

这其实是工具理性和价值理性的对话。持没用之教者认为创客之创业，需要许多特殊的条件支持，如产业环境、经济状况、个人兴趣、心理素质、社会阅历等，创业素质并非是每个人都具有，或者都必须具有的素质。作为大多数学生学习创业知识和技能，学习能力的转化受制于创业条件，创业学习仅仅停留在文化知识的层面，意义并不大。更何况现代职业形态的主流是就业，创业的比率较低，许多大学生的创业之路是先就业再择业或再创业，在大学有限的学习时间里多给学生扎实的、致用的知识和技术，这才是最重要的。持不同观点者认为，创客并非就是创业者的特指，也不是单一地传授创业理论和技术，创客是现代人需要培养的一种共有的创新意识和素质，是一种精神和态度，对于学习思维方法改进及效率提高、日后更好就业或创业的潜能积累都不可缺少。

（三）不学与要学的争论

这一争论聚焦点是学习主体的取向。首先学什么谁说了算？创客教育与创客能否相关，学习者个人兴趣及职业取向很重要。不学者认为绝大多数学生更关注的是就业，不能将创业的内容强加给学生，要尊重学生学习的选择；要学者则认为在学教相长中，因材施教本身包含着学法指导与教法改革的互动，教之主体与学之主体有机统一，创新教育的渗透其实是教育性要素中的当然内容，不学与要学的争论并没实际意义。其次，按"熟能生巧"的法则，"不学者"认为创客素质生硬的"灌输"，学习者机械地模练所形成的某种技能或学习体验，并非有正能量效应；而"要学者"认为创客素质培养不能一蹴而就，它是伴随教育过程以学科课程为载体逐渐综合形成的，目标设定中有意识地加强创客素质的系统引导和训练，创新素质才能得到培养。

（四）可教与要教的主张

针对创客是否可教以及由此展开的争论，本研究认为既可教也要教。可教论的理由是创客的元素中，知识和体验、意识和态度、兴趣和爱好的积累内化，是创意生成和能力形成的重要条件，这些要素既是创新的成分，同时也是学科教学承载的教育要求，两者相辅相成。要教的缘由是创客的灵魂是创新，而创新的意识、态度、方法培养是全方位的，生活教育、学习教育、社会实践教育等都不可缺少，每个人的创新学习都是终身学习的一部分，每个人必须学，教育也必须教。再者，我国"大众创业，万众创新"的新时代背景下，民族综合素质提升已成当务之急，创新教育与创客素质培养是面向人人的教育，这是顺应时代的要求，更是国家持续发展战略的需要。

三、高职创业教育的策略思考

高职的创业教育，创客教育普适性和精英化的两极特点十分突出。从价值取向分析，高职创业教育不是单纯的文化知识教育，对于教什么和怎么教有特定的要求，如果走完全的学科化教学是行不通的。创客DNA是创新，高职的创业教育策略可从以下方面建构。

（一）创业环境营造

创客的创新密码中，创新意识、创新精神、创新能力的培养是综合教育的"合金"，绝非封闭的校园和单一的课堂所能培养。环境营造是环境教育的基础，也是创客兴趣爱好"放飞"、创意灵感生成和实践体验的"土壤"。在高职的创业教育中创业环境营造对于学生创新创业意识和能力的培养意义重大，方法和路径也应多元。

文化化人。职业文化是高职最典型的特色文化，这也是创业教育的"根文化"。创业教育作为一种职业态度、职业精神的培养，创新因子必须植入职业文化的内核之中。以创业教育驱动教改创新、学习创新、活动创新、服务创新，倡导人人有创新意识、人人讲创新，使创新成为学校独特的文化。

制度激励。高职实施创业教育，同样要有制度的保障，这也是重要的"软环境"。学校应建立创新的激励机制，鼓励学生在个人的职业规划和探索中敢于"胡思乱想"，能够大胆地去切身体验。目前，有些高职学校尝试的"开放实验室"，由专业教师加行业大师作为指导教师"把脉"学生的创意，让学生创业的想法变成可行的方案，使创业的"火点"燃烧起来，这种做法值得借鉴。创业教育不同于文化知识教育，社会是最大的课堂，实践是最重要的学习。学校从制度管理上解决学生的创学矛盾，建立和完善学分替换、弹性学制，为具有创业潜质和强烈的创业欲望的学生，给予必要的创业资金支持和项目的专业指导，这也是创业环境建设的重要方面。

实践平台建设。创客要有创意，但也要有体验和实践的场所，这是将所想转化为现实的途径。英国华威大学在这方面的经验值得借鉴，该校长期来运用知识和专长为学生提供创业服务，既让学生得到创业的教育，同时也获得创业的支持，其中就包括让学生共享学校雄厚的社会资源，去体验和实践自己的创业梦想[2]。国内高职教育改革探索中许多学校对此也作了探索，如浙江工贸职业技术学院的"学园城互动生态圈"建设、宁波职业技术学院的"园校一体化"建设等，平台条件让学生便捷地进入真实的职业环境中去体验创业，其功能是学校讲创业课没法达到的。

生活中体验。高职学生生活的兴趣爱好触及点很广，而且个性化的包容很大，创客素养从生活的点滴积累，勤观察多思考，创新能力才会形成。

（二）专业教育与创业教育的融通

强化专业创业。严格讲，职业教育的创客教育绝不是"另搞一套"，其教育的主线仍然是专业教育[3]。专业方向的定位对于绝大多数高职的学生而言，今后个人职业的择向和归宿与所学专业密切相关，专业教育的质量将是他们从业质量的保障和前提。因此，专业素养教育中创新创业的意识、精神、才能等，仍是高职专业教育目标的一部分。课程是专业目标的具体担当者，课程的教育性也必然包含着创新教育，作为职业导向的创客素质系列化、系统化的教育培养也正是通过课程教学来完成的。目前，高职院校学生的就业现状中，因传统行业大量重组，专业边际也日趋模糊，学生边际就业或创业（意指此专业与彼专业交合的边缘区）、错位就业或创业（意指跨专业）的现象增多，这并不排斥专业教育，因为能力迁移也要有既成的基础。曾任耶鲁大学校长20年之久的理查德·莱文曾说过：真正的教育，是自由的精神、公民的责任、远大的志向，是批判性的独立思考、时时刻刻的自我觉知、终身学习的基础、获得幸福的能力。他认为判断一个人是否受过教育的标准，就是看他能否胜任任何学科和职业，究其理论的基础就是迁移原理的应用。

创业教育全面渗透于专业教育。高职教育要将创业教育全程渗透、全面覆盖，也带来不少的新问题，如创业类课程的增多，已经体系化的课程需要重组；按课程权重设定的学分制管理，因实践课程增加，创业所需的跨专业课程选修的学分替代，迫切需要弹性的开放课程学分制管理；专业的外延大多是发散式的职业分流，与其他专业交互形成相互关联的边缘区，这是大多数创业者择业的聚焦点和创业基地，针对这类学生创业需要，专业教育如何跳出专业实施个性化的教学和创业指导，教学改革的难度不小。这些问题表明，创客教育及创客培养与专业和专业化教育的匹配，很难有现成而不变的模式套用，鼓励和帮助学生将专业知识和能力应用迁移到创业之中，让学生创业成功在专业外，这也是高职教育新的使命。

（三）创业分类教育

创业教育广义与狭义之别的存在，决定了创业教育的组织和实施的分类要求。创业教育的分类性反应在高职教育中主要有"普适教育"与"精英教育"两类。

夯实创业教育的基础。从创客素质的普适性要求出发，人人都要具备创新的能力和素养，这表明创业教育的基础是创新教育，它是面向人人的教育。高职学生的兴趣爱好多样性培养，尤其是促成学生将创意付诸实践并转化为创新的素质和能力，生活教育、专业教育、社会教育都需要齐抓共管，要建立合力机制。创业普适性教育最突出的特点显现为"模拟性"，即由兴趣爱好生发的创意多是头脑中的"趋向"，联动的行为多表现为实验或模拟，可谓是"头脑中的创意体验"。这类教育主要侧重于创业意识、创业精神、一般创业能力等培养，创业实践重在创业体验。

个性化扶持创业的践行者。从创客素质的狭义性要求出发，创业并非是单靠有热情有力气就可以，它需要具备一定的条件，如心理层面的抗挫折抗风险能力、灵活多变的决断能力、创业起步的经济基础、创业方向的市场调研与分析等。高职院校中不乏这样的"创客族群"，他们对于创业教育的诉求不是简单的创业知识讲授或创业技能的训练，而是"真刀实枪"的创业行动，创办自己的公司，有自己经营的主业。面向这类真实的创业群体的创业教育，高职院校需要做的很多。首先是建平台，如开辟"大学生创业街""大学生众筹空间""大学生创业园"等，这类创业的起步多是从"小打小闹"开始，从校园的师生服务逐步走向社会服务，经营规模也是由小慢慢变大。其次是做"红娘"，高职学生创业要融入行业企业的困难很多，学校要充分利用品牌优势和现有的社会资源，为学生创业"牵线搭桥"。三是做"智囊"，高职生创业因社会的阅历和创业经验的不足，风险和困难都很多，学校在进行创业教育的同时也要加强学生的创业管理，在创业方向选择、创业规划制定、创业风险评估、公司经营策略等方面给予适时指导。在这里尤其需要强调的是许多高职院校，把学生创业当成是学生自己的事，没有将学生创业纳入创业教育之中管理，这无疑是一种缺憾。

创客与创客教育，创客与创业教育，无论是在"大众创业万众创新"业态下，或是在职业教育终身化学习理念中，都值得认真研究。高职作为技术技能型人才培养的重要阵地，要科学推进创业教育，正确认识创客的DNA，立足创新谋划创业教育，这是最根本的要求。

参考文献

[1] 张绍杰. 关于"语用能力"及其"不可教"的重新思考[J]. 外国语文研究，2013（2）：83-92.

[2] 劳伦斯·杨. 创业型大学：华威大学的发展模式[J]. 浙江工贸职业技术学院学报，2014（1）：4-6.

[3] 邱开金. 创客是可以教出来的[N]. 光明日报，2015-11-10.

（原文刊载于《职教论坛》2016年第9期）

第三篇　深化期（2017-）

2017年以来，随着"大众创业、万众创新"的不断深入，高校创新创业教育已经进入一个全新的时期。2017年8月15日，习近平总书记给第三届中国"互联网＋"大学生创新创业大赛"青年红色筑梦之旅"的大学生回信，勉励大学生扎根中国大地了解国情民情，用青春书写无愧于时代无愧于历史的华彩篇章。中国"互联网＋"大学生创新创业大赛逐渐成为覆盖全国所有高校、面向全体高校学生、影响最大的赛事活动之一。

2017年以来，学校创新创业教育发展也进入一个新的阶段：追求内涵建设和高质量发展。学校率先在全省开展"2+1"创业教育改革试点，至今已经招收了6届学生；同时，专创融合也在有序推进；学校与深圳职业技术学院、南京工业职业技术学院联合主持的国家职业教育创新创业教育教学资源库建设获教育部立项，学校有四门课程参与资源库建设，并于2021年顺利通过验收。学校被教育部评为全国深化创新创业教育改革示范高校。"大学生创业基础"被教育部评为国家精品在线开放课程，《四共理念引领下的高职"研训创融通"创新创业人才培养探索与实践》获得浙江省高校教学成果奖一等奖。国家级众创空间——浙江工贸学院众创空间两次被评为省级优秀，学校也被省发改委评为双创示范基地。五年间，在校生注册公司50多家进行创业实践。学校也将创新创业教育与对台工作结合起来，与温州市政府合建的中国台湾青年创业就业服务中心发挥了重要作用，每年举办两岸青年创客大赛活动。2020年10月，在第三届海峡两岸青年发展论坛上，省委书记袁家军宣布的八条实打实利好台胞台青的具体措施之一就是"在浙江工贸职业技术学院等5所高校建立台湾青年创业创新平台。"学校《以"四化"加强双创教育，带动学生高质量就业》案例成功入选全国普通高校毕业生就业创业工作100个典型案例，是浙江省唯一以"创业带动就业"为主题的入选高校。

在研究方面，这一时期的研究越来越聚焦，主要是两个方面的专题研究：一是学校自身创新创业人才培养的实践研究。由于学校在创新教育方面起步较早，全国影响较大，对学校自身创新创业教育实践的反思与研究成了这一时期的一个重点。如有关学校"2+1"创业教育的持续研究、对学校创业型人才培养模式的研究等，都是基于学校的创新创业教育实践展开的。二是专创融合研究。这一时期，学界对专业教育与创业教育融合问题的研究是一个热点，我校早在探索初期就已经关注这个问题，有多位教师结合专业特点展开了新的深度研究。我校高职创新创业教育向系统化、实证化、案例式方向开启新的探索。

创新创业教育要把握新时代需求

贺星岳　邱旭光

新技术、新产业、新业态的快速生成，给创新创业教育带来的不仅仅是机遇，更是挑战。在新时代，高职院校必须把握新需求、新脉动，探索创新创业教育的新"招式"。

新技术、新产业、新业态的快速生成，给创新创业教育带来的不仅仅是机遇，更是挑战。在新时代，高职院校必须把握新需求、新脉动，探索创新创业教育的新"招式"。

"心之变"：以培养创新精神和创业意识为核心，构建创新创业教育长效机制。

党的十九大报告指出，"创新是引领发展的第一动力"。主动适应经济发展新常态，推进教学、科研、实践紧密结合，培养学生的创新精神、创业意识、创新创业能力，是创新创业教育的核心。高职院校创新创业教育必须根据新时代的需要，找准新的立足点、出发点，建构创新创业教育的教学模式和课程体系。

国务院《关于深化高等学校创新创业教育改革的实施意见》指出，"落实立德树人根本任务，坚持创新引领创业"，突破传统创新创业教育的窠臼，以创新为核心驱动力，不断深化知识创新和技术创新、以创新引领创业是社会发展的需要，也是创新创业教育的重点。

创新创业精神和能力培养的难点是创造性思维养成。创造性思维需要通过激发学生强烈的创新欲望，激励学生大胆创新的勇气，鼓励学生敢于联想，形成逆向思维、立体思维、发散思维的习惯，打破常规，突破思维定式，以实践和技能为基础，促成"顿悟"。创新就是要创造出新思想、新方法，尤其是在技术创新和转化应用方面产出"新点子"，而这离不开知识产权的保护。高职院校在开展创新创业教育过程中，要注重知识产权教育，使"懂法、守法、用法"成为创新创业能力的"压舱石"。

"技之变"：用新技术、新工具激活创新创业教育教学模式，营造新生态。

"工欲善其事，必先利其器"，人工智能和大数据是技术发展的趋势，技术创新、技术进步及其产业化、互联网技术和"互联网+"是产业发展的核心关键，这些新的技术给创新创业者提供了新的经济环境空间、发展生存空间、创新想象空间，同时也促进了教育技术变革。

高职院校要紧紧"盯牢"新技术、新工具的发展趋势，充分发挥新"利器"的功能，在创新创业教育课程资源、师资团队、教学设施设备、创新创业实践基地、实战项目选择等方面，充分利用新技术、新工具，促进创新创业教育教学改革。教育部立项支持建设的创新创业教学资源库，为全国高职院校利用新资源、新信息、新项目开展创新创业教育搭建了有效的平台。

创新创业教育必须是在"教"中"创"，在"创"中"教"，要做到这一点，教育者必须先"创新自己"，摆脱传统的教学模式，带着"具有专业背景的项目"开展创新创业教育。高职院校要紧扣社会经济发展需要，把创新创业教育融入专业教育，构建创新创业教育新体系。

"人之变"：育人为本，开展课程思政，培育新一代创新创业者。

立德树人作为教育的根本任务，要培养"社会主义建设者和接班人"，高职院校创新创业教育必须把握育人为本这个基本点，以思政教育为牵引，在创新创业教育过程中渗透思政内容，培养全面发展的高素质创新创业生力军。

思政课程与创新创业素质课程具有很高的同质性，高职院校要主动发挥思政课程"主课堂""主渠道""主阵地"的作用，将思政课程与创新创业课程有机融合，形成中国特色的创新创业教育"课程思政"新模式，提升新一代创新创业者的人文情怀，开拓他们的创新思维，强化他们的核心素养，使他们树立正确的理想信念和价值取向。高职院校要不断探索创新创业教育"课程思政"的新路径，培养具有时代使命、时代责任和时代担当的创造者、建设者。

（原文刊载于《中国教育报1》2018年9月4日第10版）

创新是新时代高职教育发展"核动力"

程振设　邱开金

新时代呼唤和催生新高职，改革之风可谓是扑面而来。面对"两个一百年"奋斗目标、人民对美好生活的向往、乡村振兴战略等，高职教育承载着新的历史使命。如何担当？显然墨守成规、按部就班不行，高职教育要有新发展、新作为，创新是"方向盘"，更是"核动力"。

理念创新　准确定位新高职的发力点

高职教育的崛起，从聚焦入校数量的办学规模化扩张到以质量为中心的内涵式建设推进，中国特色的高职教育理念创新作为先行者，一直发挥着重要的驱动作用。如从高素质劳动者到高素质专门人才、从工学结合到产教融合、从合格化办学标准建设到内涵式人才培养模式建设等，印刻着特定发展时期的职业教育理念发展，导引着职业教育攻坚克难。

着眼新时代，新高职教育理念创新更为紧迫，它直接关系着高职教育新一轮的发展。首先，党的十九大把人民对美好生活的向往作为新时期的奋斗目标，表述指向的是人的全面发展。从职业教育解读，在人民对美好生活向往的内涵中，"乐业"是生活之基、幸福之本，因此高职办学要与圆梦人民对美好职业期待相联系，作为自觉担当。其次，高职教育的人才观，需要从匠心、匠能、匠艺的目标要求进行重构，建立专业化和职业化相融通的德技双馨人才培养体系，工具理性教育与价值理性教育真正达到水乳交融。最后，教育质量评估要遵循"人民满意"的总则，从社会满意、学习者满意、教育者满意的广角制定开放式的体系。总之，新时代的新高职，将是社会化程度更高、开放性更强、人才培养更实的职业教育。

教学创新　稳步提升新高职的质量度

新时代的高职教育从表面看条块依旧，其实内涵已经发生了巨大变化，人才培养与社会需求、专业链与产业链、专业核心能力与专业岗位核心能力、产教融合校企合作协同育人的现代学徒制、育人与社会服务等，现代职业教育元素已经深深渗透到职业教育教学的全过程，主导着职业教育的新发展。

作为高职实现育人目标的中心工作，教学创新至关重要。如教学形态的"课中课"创新，全媒体现代技术引入课堂后，各类资源库优质资源适时联通，可"请"名师名家"空降"课堂，可让三维动画逼真地演示抽象的技术原理，课堂时空不再是传统的教室；教学过程的"教学做"创新，在传统的教学中，知识学习与技能训练通过不同的、相对独立的教学流程完成，而新高职的课程知技不再分离，任务分解式的知识点与能力点对应，教学做自成一体；教学成果的"产品化"创新，传统学科教学的成果大多是纯量化的分数，是体现在作业本上或答在考试卷上的，高分低能现象较突出，新高职不排斥分数，但决不唯分数，学以致用，能应用所学知识理论发挥主观能动性、大胆尝试制造或创造，将是高职教学考核评价的新方向。

服务创新　着力打造新高职的非常道

社会服务是新高职的使命，也是内涵发展的要求，更是具体的教育行动。首先，在服务国家重大战略的层面上，新高职就不可能固守常俗之道。如服务乡村振兴，高职教育面临着从服务以城市为中心到以乡村振兴为中心的体系化、结构化改革，共担乡村振兴人才培养必须要深深注融"农"的根脉，必须要有"农"的举措，在专业设置中渗透"农"指向，在课程配置中融入"农"课程，在师资结构中增设"农"教师，在实践教育和就业创业教育中创建"农"平台。其次，着眼于知识型、技能型、创新型劳动者大军的培养，在高职教育更深层次的社会服务要求中，在开展以学历教育主导的学制化职业教育外，如何做大做强做优面向行业企业一线员工的职业技术培训，是高职教育改革的当务之急。为解企业技术人才之困和转型升级之难，高职集聚的人才优势、技术优势要主动走出校门，同时又要打开学校大门，让渴求职业培训的员工能进得来、学得着、学得好，教学资源和教学模式要跟上产业发展的要求。

新时代，决胜小康不仅是政治的、经济的、文化的决胜，也是劳动者职业素养和专业能力的决胜。高职作为技术技能人才培养和培训的重要方面军，只有把人民对职业教育的期待作为职业教育的目标追求，只有从人才培养的体制机制上全面推动职业教育的改革和创新，高职教育才能让党和人民满意。

（原文刊载于《中国教育报1》2019年4月16日第10版）

学生创业意向影响因素分析

——基于"2+1"创业教育班学生个体特征及家庭特征的研究

申珊珊

一、引言

浙教学〔2015〕98号文件提出，"在创业学院试点专科学校，开展'2+1'创新创业教育改革试点，对有创业意愿的学生在完成专科二年学习后，转入创业学院集中学习培养"。即学生前两年学习其所属专业人才培养方案规定的课程，第三年转入创业学院，学习创业理论与实践课程。2017年，浙江工贸职业技术学院（以下简称浙工贸）就开展了"2+1"创新创业教育改革试点工作，组建了六个班级，这些班级简称为"2+1"创业教育班。

参加"2+1"创业教育班学习的学生大多数具有一定的创业意向，研究哪些因素对学生创业意向的形成具有影响，各个因素的影响程度如何等，对开展创业教育和指导学生创业具有重要的意义。

通过对浙工贸"2+1"创业教育班学生进行调查分析，发现学生的个体特征和家庭特征十分显著。例如，有过或正在进行创业活动的学生占比达到22.5%，远高于全国高职高专学生的创业率——3.84%[1]；家庭有企业的学生占比达到33.33%，亲友有创业的学生比例更是高达75.83%。这些因素在一定程度上激发了学生的创业意向，从而选择创业教育、实施创业行为。

二、研究样本与设计

本研究以浙工贸"2+1"创业教育班的学生为调查对象，共发放问卷136份，回收130份，有效问卷120份，有效率为92.31%。有效样本的构成如下：男生73人，女生47人；来自城市的33人，农村的87人；有创业经历的27人，没有创业经历的93人；家庭有企业的40人，亲友有创业经历的91人；有文体类特长的34人。

"2+1"创业教育班的学生是潜在的创业者，他们创业意向的高低直接反映着其选择自主创业的可能性有多大。从国内外现有文献来看，目前对创业意向的测量并没有公认的量表，结合浙工贸的具体情况以及"2+1"创业教育班学生的特点，通过对前人量表进行梳理，主要通过"我打算将来开设公司""我有一直努力不懈成为知名企业家的信念""我积极地为创业做准备""我会尽最大努力克服创业困难""如果毕业有个好单位，选择先就业的可能性大"5个测项多方面测量创业意向[3][4]；所有测量指标的编制均是参照李克特式量表，分成5个等级，从"完全同意"到"完全不同意"（赋值分别是1~5）。作为一种心理活动，很多因素都会对创业意向的产生起到直接或间接的影响作用。"2+1"创业教育班学生的个体特征和家庭特征十分鲜明，所以本研究将从学生的这两个方面，采取实证分析法来探讨"2+1"创业教育班学生的创业意向的影响因素，同时对个体特征及家庭特征对其创业意向的影响度及稳定度进行了分析。

三、研究结果

（一）"2+1"创业教育班学生的创业意向现状分析

创业意向各指标的描述统计结果如表1所示。由表1得知，"2+1"创业教育班学生在创业意向的正向测量指标中的得分介于2.23～2.47之间，即介于有点同意和不确定之间，但是更偏向同意。这说明"2+1"创业教育班学生的自主创业意向比较显著。但是反向测量指标的得分最低，只有2.19，这表明学生虽然对创业有兴趣，也在为创业做准备，但是如果有好单位，还是更倾向于选择就业。2014届浙江省高校毕业生职业发展状况及人才培养质量调查报告中也指出，有一半以上创业者选择在受雇工作一段时间以后再开始自主创业[5]。这说明学生在创业的选择上比较成熟，比较冷静、谨慎，在工作一段时间，积累一定的资源后再创业更能降低创业的风险。

表1　"2+1"创业教育班学生创业意向测量指标的描述性统计结果

测量指标	测量题目	有效N	平均值
	我打算将来开设公司	120	2.47
	我有一直努力不懈成为知名企业家的信念	120	2.39
创业意向	我积极地为创业做准备	120	2.29
（均值：	我会尽最大努力克服创业困难	120	2.23
2.65）	如果毕业有个好单位，选择先就业的可能性大（反向）	120	2.19

注：在测量创业意向的均值时，反向测量指标已做了正向处理。

（二）"2+1"创业教育班学生创业意向影响因素的回归分析

本研究采用多元线性回归法来分析学生个体特征、家庭特征两个方面的因素对大学生创业意向的影响程度。模型一表示"2+1"创业教育班学生个体特征因素影响其创业意向的回归分析结果。模型二表示"2+1"创业教育班学生家庭特征因素影响其创业意向的回归分析结果。模型三是同时将个体特征和家庭特征因素引入模型后，各因素综合影响其创业意向的分析结果。详见表2。

根据表2，模型一分析了性别、文体特长、创业经历、创业自我效能、创业态度五个方面的个体特征因素对其创业意向的影响情况。由多元线性回归分析结果可以看出，当模型中只引入个体特征五个方面的因素作为自变量时，男生的创业意向显著高于女生。创业自我效能和创业态度均会积极影响"2+1"创业教育班学生的创业意向。此外，由回归分析的结果可见，创业自我效能对创业意向的影响作用要大于创业态度，且创业自我效能对创业意向的影响作用最大。

模型二分析了家庭所在地、父母受教育程度、父母工作类型、家庭是否有企业、亲友创业经历五个方面的家庭特征因素对创业意向的影响作用。由多元线性回归分析结果可以看出，当模型中只引入家庭特征

　　五个方面的因素作为自变量时，来自城市的学生，其创业意向会明显高于来自农村的学生。这或许反映出，创业已经从最初的生存型创业转变为机会型创业，已经不再是为了解决就业问题而创业，城市学生由于相对容易得到来自家庭、社会、资本对其创业的关系支撑，其选择自主创业的意向较为突出。另外，母亲的受教育程度和父亲的工作类型都是影响学生创业意向的积极因素。母亲的受教育程度越高，学生创业意向越突出，可能因为母亲更多承担孩子的教育工作。母亲受教育程度高，其思想观念更加先进，教育孩子的方法可能更加科学，知识女性对孩子的言传身教效果更加明显，也培养了学生大胆尝试、不畏困难的态度。父亲在工作中承担管理角色，学生更具有创业意向，这或许是因为孩子受到父亲的激励，能相对容易地获得诸多资源，如资金、机会、实践和咨询等，从而激发了他们的创业意向。亲友创业经历对学生的创业意向具有消极影响，这可能是因为学生目睹了创业的困难和挑战，尤其是近年来实体经济不景气，企业倒闭时有发生，甚至对家庭造成严重的负面影响，促使学生对创业持有十分谨慎的态度。从多元线性回归分析的结果来看，家庭特征的五个方面的因素，父亲的工作类型对学生的创业意向影响作用最大，其次是母亲的受教育程度，由此可见，在创业意向的培养中，父母教育起着相当大的作用。

　　模型三是同时引入了个体特征的五个方面因素和家庭特征的五个方面因素，分析了个体及家庭特征对"2+1"创业教育班学生创业意向的影响情况。由回归分析结果可见，在模型一中对学生创业意向有影响作用的性别、创业自我效能、创业态度等因素，在模型三中其影响作用仍然显著，而且创业态度对创业意向的影响作用最稳定。模型二中对学生创业意向有显著影响的家庭所在地、母亲受教育程度、父亲工作类型等因素，在模型三中其影响作用已不显著。

表2 "2+1"创业教育班学生创业意向影响因素的多元线性回归分析结果

自变量	因变量:学生创业意向(标准化系数)		
	模型一	模型二	模型三
性别(男生赋值为1,女生为0)	0.089***	—	0.067***
文体特长(有赋值为1,没有为0)	−0.003	—	0.005
创业经历(有赋值为1,没有为0)	−0.024	—	−0.026
创业自我效能	0.475***	—	0.364***
创业态度	0.449***	—	0.445***
家庭所在地(城市赋值为1,农村赋值为0)	—	0.135***	0.038
父亲受教育程度	—	0.092	0.015
母亲受教育程度	—	0.467**	−0.080
父亲工作类型	—	0.489***	0.156
母亲工作类型	—	−0.047	0.061
家庭是否有企业(有赋值为1,没有为0)	—	0.002	0.017
亲友创业经历(有赋值为1,没有为0)	—	−0.118**	−0.052
Adj-R^2	0.948	0.911	0.949
F	429.032***	169.945***	179.087***
N	120	120	120

*$p<0.1$;**$p<0.05$;***$p<0.01$

四、研究结论与建议

以"2+1"创业教育班学生为研究对象,对其创业意向进行了现状分析,并探讨了个人特征及家庭特征因素对其创业意向的影响,基于上述研究结果,得出以下结论:

(1)"2+1"创业教育班学生的创业意向较为强烈,处于中等偏高水平。本研究通过4个正向测项和1个反向测项,多方面考量学生的创业意向时发现,当前浙工贸"2+1"创业教育班学生的创业意向处于中等偏上水平,说明参加"2+1"创业教育的学生在主观上有学习创业的需求,这为浙工贸开展"2+1"创业教育提供了很好的基础。

(2)"2+1"创业教育班学生个体特征因素和家庭特征因素对其创业意向都有着显著的影响,但各个因素对其影响程度并不相同。从模型一和模型二中调整后的拟合优度判定系数(adj-R^2)来看,个体特征因素对创业意向的影响大于家庭特征因素，大学生进入高校后，受家庭的影响逐渐弱化，而高校开展创业教育可以影响个性特征，进而提高创业教育的实效，这也证实了高校开展创业教育的必要性。

（3）"2+1"创业教育班学生个体特征因素和家庭特征因素对学生创业意向的影响情况与其共同引入模型时，综合影响学生创业意向的情况是存在较大差异的。其中，个体特征因素对创业意向的影响状况比较稳定，无论是仅引入个人特征作为自变量，还是同时引入个体特征和家庭特征作为自变量，性别、创业自我效能、创业态度这三个个体特征因素对创业意向的影响都是显著的。而家庭特征因素对其的影响状况变化较大，当仅引入家庭特征因素作为自变量时，家庭所在地、母亲受教育程度、父亲工作类型对创业意向有显著影响，但是当同时引入个体特征和家庭特征作为自变量时，家庭特征因素对其影响就不显著了。这表明，个体特征因素和家庭特征因素在对大学生创业意向产生影响的同时，它们之间同时有着某种程度的相互作用。

根据上述研究结论，为更进一步激发"2+1"创业教育班学生自主创业的热情，提升其创业意向，提出以下两点建议：

（1）积极提升"2+1"创业教育班女大学生的创业意向。研究结果显示，男生创业意向明显大于女生。这可能是因为创业是件十分艰辛的事，除了必要的能力外，需要很好的身体素质和心理素质，男生在这方面更具有优势。而且，受传统观点和文化的影响，男生对事业的追求更高、承担着更大的社会责任，会更倾向于自主创业。为此，我们需要一些措施来提升女生的创业意向。因为女生的身体和心理素质方面都可能比男生弱，不能承担太大的压力，所以可能更适合一些小而美的创业项目，将自己的兴趣、技能发展成自己的事业。像花艺、化妆、美甲、礼仪等，这些小而美的创业对身体素质要求相对较低，而且在创业中，是跟美丽打交道，更能让女生自主爱上，不会产生太大的心理压力等负面情绪，会激发她们更好地去学习、创作。"2+1"创业教育班特意为女生开设了专门的创业教育方向——巾帼创业教育班。该班主要教授从事女性创业的基本技能——化妆、插花、茶道、婚庆等。从招生来看，这些学生确实是因为对授课内容有兴趣才来到了这个班级学习。从本学期的教育效果来看，确实激发了绝大部分女学生的创业兴趣，并积极地学习相关技能。在接下来的创业实践中，需要指导她们的创业想法、帮扶她们的创业项目，使其为创业做好准备。

努力发展有利于提升学生创业意向的个体特征因素。创业自我效能、创业态度均对创业意向有着显著的影响，且作用稳定。因此，学校要致力于培养学生积极的创业态度，通过开展创业普及教育、落实创业实践等活动强化学生的创业自我效能，从而提高其创业意向。例如，在就业指导课中，要贯彻创业教育，要让学生改变传统的就业观念，意识到在知识经济时代，人的生存与发展方式不再是适应，而是创新。大众化的高等教育立足于时代与市场要求，培养的是具有创新精神与实践能力的复合型人才。同时，学校应加强培育创新创业文化。浙工贸有大学生创业者联盟这样有特色的创业社团，打造了创意集市这样有特色且有一定影响力的系列活动。建议在现有的基础上，更积极地发挥联盟社团的作用，定期举办创意集市，为"2+1"创业班的同学提供信息交流、展示创意、开展创业实践的平台，打造创意创业街。通过创意集市的定期开办，培育创新创业文化。同时，让学生组队参加创意集市，可以更好地培养他们的创新创业意识，提升创业实效。

参考文献

[1] 杨晓慧. 中国大学生就业创业发展报告[M]. 北京：人民出版社，2015.

[2] 2015届浙江省高校毕业生职业发展状况及人才培养质量调查报告[M]. 杭州：浙江省教育评估院，2016.

[3] 李明章. 高校创业教育与大学生创业意向及创业胜任力的关系研究[J]. 创新与创业教育，2013（03）：1-13.

[4] 束方银. 基于计划行为理论的创业教育效果评价[D]. 南京大学，2013.

[5] 浙江省教育厅. 2014 届浙江省高校毕业生职业发展状况及人才培养质量调查报告发布[EB/OL].（2016-01-08）[2016-12—28]. http：//www. zjedu. gov. cn/news/145274153571965971. html.

（原文刊载于《浙江工贸职业技术学院学报》2017年第2期）

高校园区孵化式培养创业型人才模式研究

——以浙江高校为例

杨哲旗

浙江高校创业型人才培养，20世纪90年代初始于浙江大学。2001年温州大学率先创办学生创业工作室，并将培育创业人才列入高校人才培养的部分方案中。2003年春，由浙江工贸职业技术学院发起，在当地政府支持下联合了温州医学院等当地五所高校创建市级大学生科技创业孵化园。2006年温州各高校分别独立创建大学生创业园[1]。2008年后，宁波大学等60多所浙江高校陆续创建大学生创业园、创业孵化器、创业示范园、创业创意园、知识产权服务园及众创空间等创业园区，为浙江大学生创业培训、创业实践实训提供服务场所，为孵化创业型人才提供活动平台。同时构建了创业教育核心课程群，整合教学内容，改革评价制度，推进精品课程建设，筹建创新创业资源库。建立一大批跨学科高素质师资队伍，开展了问题导向型、自主实验型、创新研究型教学。实施了传授、学习、实践、研究、考核等全方位的教学改革，优化了学习过程，强化了实践环节，提高了教学质量。20年来，高校园区已成功孵化出多支创业团队，培养了近100000名大学生自主创业者与创业型人才，涌现了400多位在国家级创业大赛中荣获一、二等奖的企业家人才。浙江大学等四所浙江高校被教育部列入全国创新创业教育工作宣传总结50强高校，为全国高校大学生创业型人才培养提供榜样与示范效应[2]。诚然，浙江高校在园区孵化式培养创业型人才上还存在一些问题与不足。本研究在调研基础上，提出了构建高校园区孵化式培养创业型人才新模式及保障体系，为高校培养创业型人才提供借鉴。

一、高校创业型人才培养存在的问题与分析

浙江高校在创业型人才培养实施过程中取得了出色的成绩，并在一些院校中进行较广泛的宣传与推行。但是，在高校内外部多种因素的制约与影响下，园区服务与教学管理等方面还存在诸多问题与不足。为避免在成果推广中陷入误区，以下几个问题应引起防范与重视。

（一）分层分类定位不准，创业人才培养目标不明确

浙江高校对创业型人才培养经过二十余年的探索与实践，除警察类高校外相继成立了创业学院，实施了创业普及课教育教学，已初步形成了高校各自的创业型人才培养模式，但在合理性、科学性、完整性及结构性上还存在较大问题。据对80所设有创业园区的高校（包括独立二级学院）调查数据显示，目前80所高校均已开展创业普及教育，其中有教学大纲与建设方案的56所，占70.0%，没有的24所，占30.0%；有41所高校开展了创业精英班（本科3+1、高职2+1）教育，有教学大纲与建设方案的12所，占29.3%，没有的29所，占70.7%；有16所高校开展了创业明星班（企业家）教育，有教学大纲与建设方案的12所，占75.0%，没有的4所，占25.0%；三个不同层次完整的创业教育并具备教学大纲与建设方案的只有11个，占13.7%。这就意味着大多数高校创业人才培养分层定位不准，人才培养目标不够明确[3]。

（二）孵化式培育渠道狭窄，园区化校企教学融合不够深化

在80所设有创业园区的高校（包括独立二级学院）调查显示，高校学生创业团队与社会企业入驻高校创业园区比例，占80%～100%的有10所，占50%～79%以上的有23所，占30%～49%以上的有41所，占1%～29%以上的有6所。由此可见，有近六成（47所）高校学生创业团队入驻高校创业园区的比例小于50%。在80所高校创业园区入驻的4000多家企业中，担任且完成实施高校创业型人才培养教学任务的企业有600家，约占15.0%；担任未完全实施任务的企业1200家，约占30%；没有担任教学任务的企业2400家，约占55%。可见有一半以上入驻高校园区企业没有参与高校创业型人才培养工作。在80所高校创业园区中，完全实施分层分类创业教学的有9所，占11.2%；部分实施分层分类创业教学的有46所，占

57.6%；未实施分层分类创业教学的有9所，占31.25%。可见完全实施分层分类创业教学的高校数量较少，园区孵化式培养学生渠道比较狭窄，校企融合程度不深，影响高校创业人才培养质量。

（三）知识产权转化率较低，项目运作竞争性不强

据调查，在80所高校入驻创业园区的约2000支学生团队中，运用高校知识产权转化的有500支，占25.0%，基本没有运用的有900支，占45.0%，完全没有运用的有600支，占30.0%；创业项目运用高新技术创业的有700支，占35.0%，基本停留在传统产品创业的有1200支，占60.0%；全面运用网络化方式创业的有400支，占20.0%，部分运用的有1100支，占55.0%，基本没有运用的有500支，约占25.0%，创业项目与专业结合紧密的有300支，约占15.0%，不够紧密的有600支，占30.0%，没有关联的有1100支，占55.0%。由此可见，大部分学生项目还处于低小散水平，技术性较低，网络化程度不高，存在学生创业项目与所学专业结合不够紧密等问题[4]。

（四）创业师资结构不合理，教师（导师）保障机制不健全

据80所设有创业园区的高校调查资料显示，引入企业家、工匠与高校创业教师比例在50%以上的有18所，占22.5%；在30%以上的有45所，占56.3%；不足30%的有17所，占21.2%。具备教师资格与专业资格的双师型教师比例在80%以上的有12所，占15.0%；在50%以上的有40所，占50.0%；不足50%的有28所，占35.0%。专门制定且实施创业教师（导师）上岗、晋升、辞退制度的高校有13所，占16.3%；没有专门制定且实施的58所，占72.5%；没有制定与实施的9所，占11.2%。对教师（导师）全面实行"常规+业绩"考评的有10所，占12.5%；部分实行的58所，占72.5%；没有实行的12所，占15.0%。可以看出，高校创业师资存在结构性问题，教师（导师）保障机制不健全。

（五）考核评价体系不完善，影响创业团队与人才质量提升

据80所设有创业园区的高校调查数据显示，对学生创业团队与个人实施分层分类考评的有20所，占25.0%；部分实施分层分类考评的有45所，占56.3%；没有实施分层分类考评的有15所，占18.7%。对管理者全面实行"过程+成果"考评的有16所，占20.0%；部分实行"过程+成果"

考评的有28所，占35.0%，只有成果考评没有实行过程考评的36所，占45.0%。由此可以看出，高校在园区孵化式教学考核评价制度实施中还存在不够全面、不够规范、不够深入等问题。此外，高校在园区孵化式创业型人才培养中，存在与社会资源对接程度较低，学生借贷难度大，园区场地不足，创业教育培训面较窄，创业管理服务人员配备少，教学质量与培养规模还达不到预期要求，满足不了经济社会发展对大学生创业人才的需求等问题。

二、构建高校园区孵化式人才培养新模式

实践证明，高校创业型人才培养是一项系统工程，在客观总结浙江高校培养创业型人才取得成果的同时，针对存在的问题，应通过确立培养目标，合理定位，创新教学，突出特色等一系列模式构建，将高校创业园区的文化、教育、经济等功能达到最优组合，以满足培养适应时代发展的高素质创业型人才的需求[5]。

（一）完善教学大纲与方案，明确创业型人才培养质量标准

针对浙江大多数高校创业人才培养分层分类定位不准，创业人才培养目标不够明确的问题，在高校推进创业类课程教学改革、提高教学质量时，首先应确定培养怎样的人才，具体标准有哪些？不同教育层次如何定位等问题应该予以解决。

1. 明确"创业普及班"层次园区孵化式培养人才的目标与定位

根据国务院总理李克强"大众创业，万众创新"精神与教育部长陈宝生"四个回归"要求，建议高校将人才培养目标确立为：培养学生以服务国家、人民的社会责任感为己任，依托创业园区，培养具备创新精神、创意理念、创业能力的社会主义自主创业人才与潜在创业人才的园区孵化式培养普及型人才。根据目标来制定与完善教学大纲、大学生人才培养方案。

2. 制定"创业精英班"层次园区孵化式培养人才的目标与方案

高校园区孵化式培养精英型（本科3+1、高职）人才的目标，是在"创业普及班"培养人才目标完成后，根据区域社会经济发展的需要，

依托创业园区与学校优质的教育资源，发挥"政、产、学、研、市"一体化优势，制定与完善教学大纲、大学生人才培养方案，培养科技创业、网络创业与文化创意创业等人才。

3. 确立"创业明星班"层次园区孵化式培养人才的目标

高校园区孵化式培养明星型（企业家型）人才的目标是针对创业教育而确立的，在完成以上两个培养层次后，根据明星型（企业家型）人才培养质量的要求，依托创业园区及当地社会经济文化等优质资源，集全校一切创业教育力量，制定与完善教学大纲、大学生人才培养方案，培养能获取省级创业一等奖或国家二等奖以上并能驾驭大中型企业能力的企业家型创业人才。

（二）加深园区校企合作教学融合度，拓展创业人才培养途径

1. 课程教学设计与内容

园区孵化式培养创业型人才的课程设置采用三阶段模式，即普及教育阶段→精英教育阶段→明星孵化阶段。园区孵化式培养创业型人才的教材模式：采用自编教材与遴选教材相结合。园区孵化式培养创业型人才的递进课程教学内容模式：培育创业知识技能→创业实战能力→企业家素质。课程教学模式见图1所示。

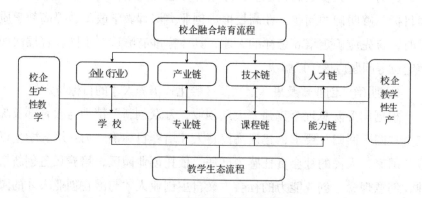

图1　课程教学模式流程图

2. 采用递进式孵化的教学方法

根据学生创业教育所处层次与类别的不同，采取各不相同的教学手段。根据学生意愿与基础不同进行分类教学，在学生通过普及理论教育合格的基础上，安排与理论课相当的课时数，组织学生进入创业园区进行创业学习——即创业园初期孵化，采用实际案例示范式的手段实施教学。在普及教学基础上，筛选30%左右的学生进入创业精英班，进行精英式教学——创业前期，采用实践活动式教学手段，进行中期孵化园培育创业型人才。在精英式教学基础上，筛选10%左右的学生进入专业园区（文化创意园、工业设计园、知识产权服务园等）施行园区孵化教学，培养明星创业团队与企业家人才。每年培育一批企业家或潜在企业家人才。

3. 形成园区化校企一体教学模式

在多种途径优化园区化校企一体办学环境的同时，采取项目研究与试点实践相结合的策略，制定园区化校企一体教育教学流程，推出教改创意项目，内容涉及园区化校企一体实训基地共建共管、园区化校企一体课程开发、实施与评价机制。选定3～5个专业进行试点。试点后，再次编写专业教学流程，重组教学内容，通过教学性实践和实践性教学的有效实施，学校的顶层设计在创业实践中得到了充分的体现，形成完善的校企一体的教学模式，并在全校得以示范和推行。全面施行园区化校企一体教育教学流程，改善了高校工学结合的育人环境，将园区校企之间由基于"人缘"的合作转变为基于"契约"的合作，将被动局面转变为校企互为主客体、互为需求方的和谐局面，使教师多了企业工作的机会和环境熏陶，使企业的员工多了培养学生的责任和荣誉[6]。

（三）构建创业项目"网络+X"模式

1. 构建创业项目"网络+科技"模式

高校在原有知识产权的使用的条件下，通过加大价值（货币）形式转让或入股形式将师生科研成果转化为学生创业项目的力度，提升创业项目科技含量，确保创业企业的核心技术独占性。应用现代化网络化手段，全面构建"网络+科技"创业模式，培育科技创业团队，提升科技创业型人才培养质量。

2. 构建创业项目"网络+文化创意"模式

发挥高校的校园文化优势，通过开展大学生文化创意创业实践，应用现代化网络化手段，全面构建创业项目"网络+文化创意"模式，培育文化创意创业团队，提升文化创意创业型人才培养质量[7]。

三、建立创业型人才培养新模式推行的保障体系

为将高校园区孵化式创业型人才培养新模式有序、快速、健康地实施与推广，必须建立一系列保障体系。

（一）建立创业项目综合保障机制

1. 高校应大胆引进竞争淘汰制

定期对入驻企业与团队实行全面、系统、综合地考核评价制度，通过充分整合园区有形资产与无形资产价值，让广大学生有机会了解项目运作，感受园区创业氛围，为学生提供可行性较大的备选创业项目，增加学生自主创业成功机会。

2. 将园区校企一体作为发展动力

高校应以园区校企一体作为发展"核"动力，通过建立与完善创业政策保障、创业机构与人员保障、校园文化机制保障，为园区孵化式创业型人才培养教育教学实践提供创业项目保障与创业资金（基金）支持。

3. 发挥高校创业园区资源优势

充分发挥高校创业园区引入社会企业的科技、文化、网络等优势，通过园区企业的"传承"与"互补"等形式，继承"母体"与"兄弟"企业的创业优质资源，为推动初创企业团队快速成长，提升创业成功率，提供创新资源上的保障。

（二）完善师资质量的保障体系

1. 疏通教师（导师）"进退"渠道

对担任创业园区创业型人才培养的教师，上岗前必须通过创业指导素养与专业技能的全面考核；定期安排教师进行对口的进修与学习；提高职务与职称晋升匹配度，施行岗位要求与教师职责对应机制，杜绝虚设岗位现象；完善园区教师（导师）"优进劣退"等师资管理办法。

2. 培育与优化师资结构

采用兼职师资分类模式，即企业家+行业专家+外校教师进课堂的专兼导师制。培育与引进足够数量的专兼职创新创业教师，使创业提高班师生比达到20：1以上，创业精英班师生比达到15：1以上，创业明星班

师生比为8∶1左右。加大培育具备教师资格与专业资格的双师型教师，主动引进企业家、行业专家进校园进课堂。师资结构的要求采用双师型教师与引进企业家（行业专家）比例为5∶5；教师与导师及企业家比例为1∶1∶1。优化专兼职教师队伍结构，提升专兼职教师队伍素质。

3. 采用"常规+业绩"相结合考评模式

对教师（导师）教学业绩考评，在采用检查备课、检查学生作业、听课督导、学生评课等四项常规考评外，再采用考评"学生教学成绩+创办企业数量与质量+竞赛获奖+探索研究"等考核评价模式。

（三）建立完整系统的人才培养质量考核评价体系

结合园区孵化式教学实际，对学生、教师及园区管理者在教学过程与成果进行全面系统综合的考核与评价，从而形成了全方位、立体式的考核评价体系[8]。

1. 创业型人才评价实行分层分类综合考核模式对学生学习成绩考评，对创业提高班、创业精英班、创业明星（企业家）班等不同层次实行分级考评模式。处于同一层次的不同阶段，又采用不同考评内容与设置相应合理的权数，采用"个人考核+团队考核"与"创业理论成绩+创业实践业绩+创业研究成果"模式相结合的综合考核评价模式。

2. 实行园区目标业绩与平时过程考评相结合模式对园区管理与服务机构及人员采用"服务规模与质量+创业数量与质量+竞赛获奖数量与等级"的过程与成果相结合模式。过程考评主要是对新进驻园区的企业、创业团队的"入园资格"把关情况及服务质量等考核。在此基础上，对计划目标完成情况进行成果与业绩考核，既能确保有真正创业因子与能力的企业或学生团队进驻高校创业园区，又能确保创业园区机构及人员在管理与服务质量的提升。

综上所述，通过园区孵化式培养创业型人才新模式的确立，建立健全一系列高校机制，保障新模式的实施与推行。巩固浙江高校引领全国高等院校创业型人才培养的已有成果，克服传统教学模式的不足，为高校大学生创业提供更优质的实践活动的空间，为高校创业型人才培养提供理论参考与实践借鉴。

参考文献

[1]黄昭信，赵国靖．中美高校创业教育课程体系的比较研究[J]．中国高教研究，2015（1）：56-59．

[2]高文兵．大学生创业教育的研究与实践[M]．长沙：湖南人民出版社，2012．

[3]郁震，高伟，陈颖辉．高校PBL创新创业型人才培养模式之初探[N]．中国青年报，2008（1）：89-92．

[4]施永川．我国高校创业教育十年发展历程研究[J]．中国高教研究，2013（4）：77-82．

[5] 黄昭信，曾尔雷，施永川．高校创业教育的重心转变[J]．教育研究，2011（10）：381-385．

[6] 何向荣．立足校企一体发展路径 建设教育服务型高校[J]．中国高等教育，2010（8）：49-53．

[7] 谢敏，王积建，杨哲旗．大学生创业指数研究[M]．北京：中国社会科学出版社，2012．

[8] 亨利·埃兹科维茨．麻省理工学院与创业科学的兴起[M]．北京：清华大学出版，2007．

（原文刊载于《浙江工贸职业技术学院学报》2017年第2期）

学创一体：高职创业教育与专业教育融合新模式初探

施星君

一、引言

网络创业是以互联网作为载体和平台的创业形式。互联网作为创业要素积累与创业资源整合最重要的工具与手段，创业对之依赖性与日俱增。换句话说，目前的创业绝大多数都是网络创业。关于"大众创业、万众创新"，许多专家已经进行了深入解读，认为随着互联网在经济社会各领域的广泛深入应用，传统产业结构与生产组织模式发生了颠覆性改变，无论创业或就业，无论从事哪行哪业，都必须具备创新创业的内在意识、思维方式和基本素质，这点在业界已形成普遍共识。

对于高职院校，创业是大学生职业发展的重要途径，而创业教育并非一定培养学生走创业的职业生涯路线，而旨在培养学生创新创业的意识、思维与素质。网络创业教育如何普及，创业教育与实践平台如何构建？创业资源要素如何集聚？如何与专业教育教学无缝对接直至全面融合？针对这些共性难题，目前各大院校相继进行了大量的研究与实践，也在一定程度上取得了突破与进展。

二、研究与实践现状

1. 研究现状

国外较具代表性的相关研究有Gnyawali等（1994）提出的构成创业环境的五维度模型；Patrie K.M.等（2002）使用了8个国家1307家企业的数据，分析了环境对创业意愿的3个子维度（革新、风险承担、前瞻性）的

217

约束效应；Miller和Friesen（2007）认为政府应通过有效政策，鼓励大学生发挥自身优势，捕捉市场机会，进行非生存性创业等。

国内关于大学生创业的研究有叶依广等人（2004）设计了创业教育是否进入大学课程等54项指标对创业环境进行评价；万细梅等（2007）提出了我国大学生创业的积累演进模式、连锁复制模式等6种基本模式；王贤国（2004）通过中美对比得出我国创业教育与大学生创业活动尚处在较低水平和初级阶段并提出相应对策等；肖军（2013）等分析了大学生互联网创业的发展现状并提出提升学生创业能力和成功率的有效举措；刘树安（2013）分析了影响大学生电子商务创业的4个关键因素：团队、项目、运管、风控；陈玉婕（2013）从信息质量、人力资本与项目风险3个维度系统剖析了众筹项目融资获得成功的因素；张凌（2017）基于我国不同地区学校、政府、家庭等因素方面的差异，定性研究了环境对大学生创业行为的影响等。

2. 典型实践

国内高职院校网络创业教育实践往往先于理论研究，大致归纳为5种典型模式。

（1）通识教育模式。在大多数地区的大多数高职院校，网络创业教育更多的是作为学生通识教育的一部分，通过开设"网络创业""创业生涯规划"等通识课或公共选修课普及创业教育。同时依托当地产业特色与创新创业环境，结合高校自身的社会资源整合能力设立创业园，导入基金、平台等资源，为优秀创业学子提供支持。

（2）模拟体验模式。在江苏、山东等大中企业云集的发达区域，高职院校与大企业合作紧密，学生获得了大型国有、外资或私营企业的实训实习和就业岗位资源。但在网络创业实践中往往难以得到"最接地气"的资源支持，如轻工货源、分销平台等。因此，除开展创业通识教育之外，通过网络创业模拟实践平台进行模拟体验也是一种有效形式。例如，济南某职业院校与企业联合开发了创业模式实践平台，并通过职教组织联盟进行推广应用，学生通过模拟演练，使创业思维得到了有效的训练。

（3）创新支撑模式。在深圳、北京、杭州等一些创新创业高端要素集聚的一线城市，科技创新和商业模式创新成为创业的核心竞争力。这些城市往往也是国内一流大学的集聚地。学生的网络创业既贴近实际，定位又相对"高大上"。一种是面向生活或一定产业服务的商业模式创新型App创业，通过资源整合发展用户基数，通过多轮融资实现上市或并购；另一种是基于师生各类课题项目和产学研服务形成的技术成果开展的科技型创业。

（4）学分替代模式。在浙江金华、温州、嘉兴等民营经济发达、专业市场成熟的地区，当地职业院校往往紧密结合区域产业特色与资源，鼓励学生开展基于当地特色轻工业产品的电商创业。部分专业学生创业业绩按照政策折算成一定学分，可部分或全部替代修习相关专业课程；学校主要提供政策、培训及电商服务业务等支持。

（5）独立通道模式。这种模式的主要做法是，为学生设立创业发展通道。学生完成一年或两年的理论课学习之后，有创业意向或基础的，可以转入校内创业园开展创业学习和实践。可以通过提前完成未修的专业学分或者用相应创业业绩代替来完成学业，通过创业计划书代替毕业论文，从而取得毕业证书及学位证书。在教育部评审的创业50强高校中，就有来自浙江、广东、天津等地的多所创业型高职院校开始了这一模式的探索。

3. 现状评述

通过对国内外文献进行梳理和实地调查可知，当前各大高校均开展了大量的创业教育研究与实践。相关研究主要集中在创业环境分析与评价、创业教育实施现状评述与创业政策支持等层面；各类高职院校也结合自身设计和区域产业特征，在创业普及教育、创业环境打造、创业政策扶持等方面作了许多实践与探索。但是在创业教育与专业教育如何全面融合的焦点话题上尚未形成突破性成果。

笔者所在院校早在2007年起就针对网络创业教育开展了系统性的研究与实践，从单一专业试点延伸到专业群，再到全校性普及；而在推行过程中又避免一刀切，针对不同专业或专业群灵活调整实施策略。整体上有效把握了网络创业特征，实现了创业教育与创业实践、创业教育与专业教育的全面融合，孵化了一批优秀创业学子，也有效普及了全校学生的创业素养养成教育。该模式可以概括为4个字：学创一体。

三、"学创一体"模式的探索

1. 背景

以笔者所在高职院校电子商务专业为例，自2006年专业开设以来，由于当时本地企业电子商务应用水平不高，为了满足学生工学结合、项目实战的需要，专业通过扶持校内学生开展淘宝创业，并在优秀学生卖家毕业后继续提供场地等条件支持，以期自行孵化电子商务企业，既为专业学生提供电子商务运营、网店管理、产品拍摄与美工、网络客服等真实的实训项目，也同时为教师提供实战锻炼平台。

2. 探索历程

2006—2009年，随着业务量的剧增，网店对参与实践的学生人数要求不断增加。但由于大一、大二学生学业任务较重，上课期间淘宝运营业务受到了耽搁。为有效解决该问题，学院以同年段两个电商班级为试点试行半工半读模式，如电商0601班上午上课，下午参加淘宝实训；电商0602班则与一班对调；中午期间，两个班相关岗位学生进行任务交接，从而保障了实训项目开展的延续性，此为"学创一体"模式的萌芽。

此模式也同时带来了另一个问题：当时一个班级的学生有50多人，但实训项目不够。为此，学院调整模式，由专业优秀师生联合成立平台型电子商务公司，通过整合本地轻工产业资源，设立物流转储中心、视觉营销中心、淘宝TP（代运营）中心等部门，为学生淘宝创业提供一站式服务平台；学生则3~5人组团开设淘宝店。据此，网络创业从纯集聚模式走向"1+x"模式。

2011年之后，随着移动电商、跨境电商的发展以及学生创业团队的茁壮成长，对创业实践平台的需求不断走向细分化和精准化，公司因此决定疏解相关业务，由学生创业团队成立独立的市场调查工作室、视觉营销工作室、物流工作室、客服工作室、代运营工作室、移动商务工作室、跨境电商工作室等，形成了基于电子商务产业链的链式工作室集群，不同的工作室分别由市场营销、国际贸易、物流管理、计算机应用技术等专业学生负责。网络创业教育从"1+x"模式进一步走向去中心化的多元发展模式。

3. 关键突破

学生在创业实践中往往会遇到各种技术难题，映射出相关专业课程教学内容的安排进度与创业实践项目工作流程不吻合的问题。一方面，课堂教学依然是按照传统教材的章节体系和抽象案例开展的；另一方面，创业实训无法得到有效的专业知识支撑，创业成效无法在学生学业成绩中体现。例如，在视觉营销中心创业实践的学生，其业务按照营销推广、商务谈判、承接业务、产品拍摄、后期处理、综合设计、移交客户等流程开展。而相关课程的设置逻辑往往是按照知识的关联顺序或能力的递进顺序安排的，如按照Photoshop使用基础、商品拍摄、色彩学/构图学、视觉传媒设计等课程内容顺序编排，这就导致了学生开展的创业实践活动缺乏专业知识技能支撑，学生的课程知识技能学习也缺乏充分的实践来内化提升。要破解这种"两张皮"现象，需根据创业项目工作程序化教学内容，重新进行人才培养模式设计与课程开发，是一项系统化且高度复杂的工程。

四、"学创一体"模式的构建

网络创业是一种以互联网为基础的资源整合模式，具有创新先行、快速迭代、两极分化等特征。要实现"学创一体"模式，关键是实现专业教育与创业教育之间全过程、全要素的"一体化"，其整体模式如图1所示。

（1）教学目标一体化。高职院校以培养适应产业需求的技术技能人才为根本目标导向。如今，很多专业在进行人才需求调研与剖析时，都不约而同地感受到典型工作岗位和工作任务的能力需求中涵盖了创新思维、创新意识、创业精神、创业品质等多个方面。同时在创业过程中，专业能力与素养对于创业项目的高度和深度又起到了决定性的作用。因此，学生在职业发展通道中无论选择就业还是创业，所需具备的创新创业品质都是一致的，人才培养的目标都是高度统一的。同样，我们进行课程开发时，也应该将创新思维、团队合作、抗挫折能力、逆向思维能力等学生创新创业素养养成的目标分解并融入每一门课程甚至每一个单元的教学目标中。

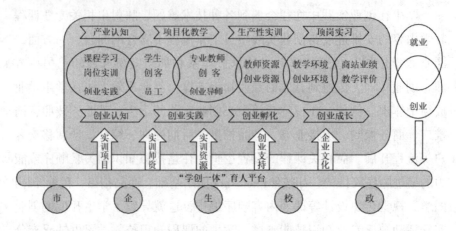

图1 "学创一体"人才培养模式

（2）教学模式一体化。以往在高职教学实施过程中强调"理实一体、工学结合"等，如今还强调创业实践与课程学习、岗位实训的一体化。为此，有必要根据教学目标重构专业课程体系，创新教学组织形式。首先应整合岗位工作过程和创业实践过程，即通过对岗位工作过程的再造，把企业价值创造的全过程按照岗位分解重构成若干个创业子过程，实现岗位工作与创业实践一体化；再根据岗位创业过程序列设置课程体系，实现在岗位实训和创业实践中完成课程的学习。例如，"市场调查与预测"是"市场营销"专业的一门专业课；同时市场调查也是创业活动中的一个重要环节。因此可以将市场调查与预测课程总体工作任务设定为"开创一家市场调查公司，并为客户完成一项以上的委托市场调查业务"；按照公司创办、运营和承接委托业务的全过程分解成若干过程，开展项目化课程开发与教学实践，并将课程相关知识学习融入相应过程中（见表1）。

表1　"市场调查与预测"课程基于"学创一体"模式的教学体系设计

教 学 章 节	创业实践项目	说　　明
项目一 认识市场调查	创办一家市场调查公司	公司注册的学习已在以往课程中完成，本章节主要就公司申请时经营范围制定、公司的章程制定、主要经营业务介绍等创业工作任务开展"学创一体"教学
项目二 了解市场调查的内容、成果及价值	向客户介绍公司提供的服务	通过向客户介绍本公司能为客户做什么、最终向客户呈现什么、对客户有什么意义的形式来明确市场调查的内容、成果与价值
项目三 开展调查方案设计（含模块、流程、进度、原则等）	按照委托合同要求开展调查方案设计	与客户签订合同的环节已在以往课程中学习，这里直接过渡到调查方案设计环节
项目四 调查的组织与实施	实施市场调查业务	这里是生产实践和创业实践的最佳结合点，主要体现在团队组织、分工合作、进度执行、过程评价等环节
项目五 调查数据统计与分析	调查数据分析	学生根据客户实际需求和预设的调查目标，选择恰当的分析工具和手段，获取必要的市场预测结果
项目六 调查成果整理完善	完成调查报告并提交给客户	这里是课程学生成果、生产实践成果以及创业领域的客户价值主张程度三者统一的最终成果展现

（3）教学环境一体化。教学实施的主要载体不再是以往的多媒体教室、理实一体教室或生产性实训室，而是在创客空间中。将原先的生产性实训室从"工厂某一车间"的身份转变为某一独立运营的工作室（创业实体）。每个工作室由创客、学生、专业教师、政府（项目支持）、投资人等主体根据不同生产要素投入共同持股运营，根据生产过程或业务关系对外独立承接外包业务，在工作室完成承接业务的同时也完成课程内容的学习与实践。

（4）师资队伍一体化。各工作室创始人除了专业教师和学生外，还有具有丰富行业工作经历的能工巧匠（含本专业优秀校友），专业教师兼具了专任教师、创客和创业导师3种角色；来自行业的能工巧匠兼具了专业兼职教师、创客和创业导师3种角色，学生则兼具了学生、创客、员工3种角色，从而有效化解了专任教师实践能力不足、兼职教师投入教学时间动力不足等职业教育老生常谈的难题，实现了师资队伍的一体化建设与发展。

（5）教学资源一体化。教材、在线课程等教学资源开发与各工作室的创立、发展与规范过程密切结合。教师（创始人之一）在制定岗位工作标准时同时开发课程标准，在开发岗位工作绩效目标时同时开发教学目标，在开发岗位工作手册时同时开发教材等。例如，学生售后网络客服实训项目指导书就是在创业公司制定的《客服工作守则》的基础上开发的。同时作为行业能手、学生等复合角色的工作室联合创始人共同参与指导书、案例、微课等各类教学资源的开发工作。

（6）教学评价一体化。专业核心课程主要根据学生所在工作室运营业绩、岗位工作绩效等评价学生的课程学习成效；由于教师和创客作为评价主体，与学生共同完成了创业运营的全过程，对学生的评价得以更加过程化、客观化。其他专业类课程则实行学分互换互认制度，即根据学生在工作室的运营业绩和岗位工作绩效赋予一定学分，可用该学分冲抵一定范围内专业课程学分（以表2"淘宝商务运作"课程评价体系为例）。

表2　"淘宝商务运作"课程评价体系示例

评价指标	要点	权重	说　　明
形成性评价	考勤	10%	含课堂考勤及店铺运营期间网络考勤
	作业1：店铺装修	5%	综合评价店铺视觉呈现特征
	作业2：产品曝光率	20%	综合评价：店铺参加直通车、淘宝客、天天特价等各种站内推广活动，"双十二"等大促活动；各种站外引流活动等
	作业3：转化率情况	15%	考查详情页设计、售前导购等情况
	作业4：客服服务情况	5%	考查纠纷处理、好评率等指标
总结性评价	店铺运营综合绩效	30%	含订单量、销售额、评价情况等；按个体在团队中的作用分配比例
	总结测试	15%	在规定时间内闭卷完成"如何提高客户黏性""如何评价和控制推广成本""半年内店铺发展策略制定"等相关题目

五、结语

"学创一体"模式是一种将高职专业教育和创业教育高度融合的教

育教学模式，通过众筹、众包、众创的模式实现了深度产教融合，提升了专业人才培养质量。该模式尤其适用于设计类、文化创意类、信息传媒类、电子商务类等专业类别，也适用于一些适合开展网络创业的工科类专业。当然，该模式并非适用于每一个专业；但是该模式中反映的创新创业教育融入专业教育的思想与理念，以及通过股权等利益共享形式促进各类社会主体全力投入到专业人才培养的思路具有一定的普适性借鉴意义。

参考文献

[1] 施星君. "互联网+"与"众创"背景下的高职电子商务专业人才培养模式转型[J]. 教育与职业，2017（10）：93–97.

[2] 施星君. 基于行业生态变革的跨境电商课程体系构建[J]. 浙江工贸职业技术学院学报，2016（3）：33–36.

[3] 肖军，陈柳. 大学生互联网创业的发展现状及对策研究[J]. 中国大学生就业，2013（20）：56–60.

[4] 刘树安. 大学生电子商务创业的关键因素分析[J]. 中国管理信息化，2013（3）：224—226.

[5] 陈玉婕. 创新创业环境下众筹项目融资成功影响因素研究[D]. 中国科学技术大学，2017.

[6] 张凌. 创业环境对大学生创业行为的影响研究[J]. 中国商论，2017（10）：178–179.

（原文刊载于《工业和信息化教育》2017年第12期）

高职院校双创教育与专业教育融合创新的路径

曹大辉

我国要实现由制造大国向制造强国的跃升，人才培养是前提和基础。高职院校是技术技能型人才培养和供给的主体，以创新创业教育（以下简称双创教育）为路径培养创新型的技术技能型人才，是其发展的必然路径。双创教育的核心是培养学生具有开创精神，引导其成为创新型人才。目前我国多数高职院校已开始实施双创教育，但成效不尽如人意，突出表现在双创教育与专业教育的融合度不够，没有形成深度融合、协同发展，而这恰恰是双创教育取得突破进展的关键。

一、高职院校双创教育与专业教育融合的现实审视

（一）对双创教育的认识不到位

双创教育在我国起步较晚，最早是一批本科院校开始从事双创教育的实践探索，而高职院校则要晚一些。教育部2010年发布的《关于大力推进高等学校创新创业教育和大学生自主创业工作的意见》对开展双创教育给出了具体、详尽的指导，大量双创教育政策随之出台，创设了良好的政策环境。李克强总理在2015年提出了"大众创业、万众创新"的号召，高职院校积极响应，双创教育逐渐由第二课堂向第一课堂迈进。实践探索过程中，部分高职院校对双创教育的概念和本质认识不到位，存在一定的狭隘性、片面性与局限性，主要表现在两个方面：一是双创教育被异化为精英教育培养模式，对具有创业意向和潜质的少数学生进行专门培养，培养目标功利化，受众面很小，忽视了对全体学生创新能力的培养，普及性与大众化亟待加强。二是双创教育游离于专业教育之

外，未被纳入专业课程

体系之中，导致工作中出现"只见树木，不见森林"的现象，不能与专业教育形成有机融合，大大降低了学生创新创业能力培养的成效。

（二）教学过程中各自为政

教育部2015年印发的《关于做好2016届全国普通高等学校毕业生就业创业工作的通知》要求，从2016年起，所有高校都要开设双创教育必修课和选修课，并将其纳入学分管理程序[1]。这对双创教育的开展起到了极大的推动作用。但在高职院校中，不同专业的学生接受的却是同质化的双创教育，所讲授内容与专业教育严重脱节；专业创业类课程的开发与教学实践很少，有些高职院校甚至是空白；师资力量欠缺，任课教师大多是现有思政教育从业人员，缺少创业实践经验，教学仅限于对创新创业基础知识的普及，脱离了社会产业经济发展的实际需求。这形成了高职院校进行双创教育与专业教育融合的障碍。

（三）双创教育实践过程中没有发挥出专业优势

高职院校积极搭建平台，建立创业基地，举办各种类型的创业大赛等，以推动双创教育的开展。但在这些实践活动中，学生的创业项目、参赛作品多脱离专业，没有发挥出专业优势，创新性不足；参加实践活动的学生人数较少，成员间专业互补性不强，没有形成有效的创新团队；双创教育校外实践开展较少，与社会、专业领域内的企业等融合不够，成效不明显。此外，大多数高职毕业生的创业实践与自身所学专业相关性不大。如开淘宝店、微店、奶茶铺或在校园从事收发快递业务等，技术含量不够，创业的层次性较低。

二、双创教育与专业教育融合的逻辑机理

（一）创新型人才培养是开展双创教育的核心

放眼全球，日本、欧美等发达国家和地区的创业教育比较先进，对创业教育有较为深入的认识。在日本，企业家精神培养是高校开展创业教育的主要目标，创业教育的主要内容就是企业家教育与创业者资质能力开发，旨在培养创新型人才。欧盟委员会曾指出，与一般的商业和经

济教育不同，创业教育的目的在于培养学生的创造力、创新精神和自我雇佣能力。有"创业教育之父"称誉的美国百森商学院的蒂蒙斯认为，学校的创业教育不同于就业培训与企业家速成教育，其真正的价值在于着眼为未来的几代人设定"创业遗传代码"，以造就最具革命性的创业一代[2]。

高职教育具有自身独特的属性，面向生产、建设、服务、管理一线培养高素质技术技能型人才，所培养的人才既要有扎实的理论知识，又要具有较强的实践操作能力，能在今后的工作岗位上创新性地把设计、策划、决策等付诸实施，创造社会财富[3]。这体现了其人才培养目标中对创新型人才培养进行严格要求的一面。创新创业是基于创新的一种创业实践活动，其特质是创新。由此可见，高职教育人才培养目标与创新创业在本质上有相同之处，其精髓就是创新。双创教育所倡导的创新创业素养是专业教育中的重要内容，也是高职教育面对经济社会发展对人才素养要求做出的回应。对于高职院校而言，双创教育的核心是培养创新型人才，即通过双创教育在学生身上植入创新创业的基因，使学生掌握一定的创业技能，为其以后的职业发展奠定良好的基础。

（二）专业教育是开展双创教育的根基

高等职业教育中，专业教育通过传授给学生某一专业相关的理论知识和专业技能，提升学生与职业岗位相匹配的职业素养与职业技能，从而把学生培养成某一专业领域内的高素质技术技能型人才。从人才培养与专业的关系来看，学校要教什么、学生将来要做什么，专业的职业导向性与学生就业创业的方向性之间有着内在的密切联系。专业教育是高职教育人才培养的主要依托形式，对人的思想和观念影响深远，也对社会的职业分工起到了决定性的作用，无形中引导着社会发展的需求，对高校人才培养的方方面面都起着导向性作用。专业是学生将来谋业和发展的根本，对学生的就业或创业始终起着主导性作用。学生通过对专业知识的学习与技能的积累、职业素养的提升，也会思考今后的职业发展与创业期许，并付诸创业行动实践。专业教育实施过程中，依托专业教育开展双创教育是先决条件，也是双创教育发展的必然。因此，只有将创新创业教育融入高职教育的全过程，把创新创业教育的思想、理念等不断渗透到专业教育之中，才能取得更好的成效。此外，双创教育还引领着专业教育的革新方向，促使学生运用动态、发展的眼光理解专业，不断提升其专业创新能力和思维发展水平。

（三）双创教育赋予了专业教育人才培养新的时代内涵

双创教育是以培养创业精神、创业意识和创业能力为核心，以提升学生的创新创业素质为价值取向的新型人才培养过程[4]，具有鲜明的时代特征，是一种素质教育、创新教育。双创教育融入专业教育，专业教学过程中渗透创新创业意识，能使学生具备必要的职业技能与职业素养，自觉地将创业理论上升为一种明晰的理想与信念，在专业领域内开拓创新，成为一名有理想、有境界、有责任感的双创型人才。

三、双创教育与专业教育融合的实践经验

（一）国外典型院校的实践做法

美国高校以鼓励、促进学生创新和创业，支持高校积极申请专利、开展科技成果转化，促进校企合作，推动高校参与区域与地方经济发展等为着力点，推动师生创新创业，服务于国家的创新发展。例如，斯坦福大学成立了专门的创新创业组织机构，并调配资源、提供创业课程、开展创业活动与创业研究，其创业课程体系包括理论创业课程、专业创业课程和多元化的实践创业课程。与此同时，还设有跨学科课程，课程内容朝专业化与综合化方向发展，实现了专业背景下的创新创业教育，引导其工学院围绕技术创业、人文学院关注社会创业、地球学院强调环境创业等[5]。创业实践以丰富的校园创新创业活动为依托展开，形成了创业俱乐部、创业挑战大赛以及硅谷实习等特色项目，并以优秀企业家和创业专家为导师，有力地推动了创业知识的实践转化。此外，斯坦福大学还首创了科技工业园区模式，实现了政产学研的优化组合，推动了创新创业教育的发展。

德国高校视创业教育为大学教育的重要组成部分，创业教育课程完备、管理科学，大学生的创业意识与创业精神得到显著提升。慕尼黑工业大学是德国创业教育的领跑者，以建设创业型大学为发展目标，依据

社会重大需求改革内部组织结构，开展创业教育。该校搭建了由综合机构、研究机构、技术机构和资金赞助等组成的全方位的创业支持系统，以企业化的管理方式推动创业教育质量的提升[6]；通过校企合作，培养创新型人才，开展跨学科的市场研究；注重不同学科间的交叉与融合，培养学生的跨学科思维能力；重视对人文学科知识的传授，培养学生的责任意识，为其头脑中植入企业家精神与企业文化；创业教育课程实施过程中突出实践能力导向，鼓励师生通过技术转让、技术发明进行创业。

（二）国内高校的实践探索

1. 重点高校的经验。清华大学是国内最早开展创业教育的高校之一，也是国内最具创新力的高校。路透社发布的2015年"TOP 100全球最具创新力大学"排名中，国内高校仅清华大学入选。清华大学将双创教育系统地融入人才培养体系之中，促进了双创教育与专业教育的有机融合，重视创新精神、创业意识、创新创业能力的培养，使双创教育能覆盖全体学生。具体实践做法包括：（1）打破院系藩篱，建立学科交叉的创新创业辅修专业，探索跨院系融合培养双创人才的新机制；（2）将双创教育融入各专业的人才培养方案，实现与传统专业的有机融合；（3）推进国际化的双创教育，培养学生的全球化视野和双创精神；（4）打造各级各类双创教育平台，推动技术与管理互动，在高校"培养人才、科学研究、服务社会"三大功能连接上成为典范[7]。

2. 地方应用型本科院校的经验。温州大学紧密依托温州区域资源，注重创新创业教育的本土化，培养"专业+创业"的复合型人才，开创了创业人才培养的温州模式，独具区域特色：（1）构建协同递进式的双创教育体系，将双创教育融入人才培养的全过程，将温州人的创业文化基因和创业精神嵌入人才培养，首创专业教育与双创教育深度融合的试点班——"3+1"创业精英班（3年本专业学习+1年创业实践）；（2）强化区域特色的双创教育课程体系建设，推出创新创业实践项目、跨院系跨专业选修课等，构建了基础类、温州区域特色创业类、专业类等三大类创业选修课程为主的双创教育课程群[8]；（3）结合区域产业布局，建立跨院系、跨学科、跨专业、跨行业交叉培养创业人才的新机制，设立汽车服务工程等专业教育与创业教育融合的人才培养模式实验区；（4）

引入社会创业资源以激活教学要素，探索创业教育的"校、企、政、产、金、介、创"多维协同与合作[9]。

3. 高职院校经验。深圳职业技术学院的双创教育实践经验包括5个方面：（1）理念上认为双创教育重心在教育，核心是创新，旨在培养学生的创新精神、双创能力与素质，开发学生的潜能，引导其向多元化发展。（2）构建从启蒙教育、预科教育、专门教育到指导创办企业的进阶式创业人才培养体系，将专业教育和创业教育紧密结合；（3）推行"专业+"改革，让学生攻读一个拓展专业，并探索项目化教学改革，推出"创新型项目课程"和"创新工程"；（4）鼓励教师将科研项目、企业委托课题转化成项目化课程，鼓励学生以专利技术、科技成果转换或置换课程、替代学分，引导学生依托专业，通过科技创新开展创业[10]；（5）整合教育资源，发挥政校行企多方的联动效应。

四、推动双创教育与专业教育融合创新发展的路径

（一）根要扎得深：依托专业

对于高职院校而言，通过专业培养人才是其显著标志，不同专业类型的人才都植入了相应的专业基因，专业成为高职生的谋业之本、立业之基，专业学习对其人生职业发展的影响是终身的。双创教育是一种"生成性教育"，重在培养创业意识、创业情感，贮备创业知识与创业能力，间接体验创业实践[11]，培养创新的方式方法。双创教育中创新精神、创业意识与创业能力生成的深层根基乃是专业教育的基础知识与基本技能。国内外典型高校实践经验表明，双创教育只有深深扎根于专业之中，才能取得显著的成效。为此，高职院校进行双创人才培养，应立足于区域产业经济发展，依托专业，发挥专业与产业、市场对接的天然优势，构建基于双创教育与专业教育有机融合的双创人才培养体系，将双创教育理念植入专业人才培养方案及实施计划，使双创教育融入人才培养设计的全过程；深化专业课程体系与专业教学内容改革，创新教学方式方法，完善专业人才培养评价体系，推动双创教育与专业教育的融合，从而实现双创教育的常态化和可持续发展。

（二）力要用得精准：深化课程改革

课程是人才培养的核心，是推动高职院校双创教育与专业教育融合发展的靶心。因此，应聚焦双创教育课程，精准用力，深化课程改革，解决双创教育与专业教育各自为政的问题。一是面向全体学生，开设双创教育通识类的必修课和选修课，将创新创业的基础知识与素养及创业实践所必需的经济、企业管理、营销等相关通用知识传授给学生，普及创新创业知识，优化学生的知识结构，强化其创新创业精神。二是深化专业课程改革，将双创思想渗透到专业课程中，通过专业教学活动向学生传授本专业、本行业中的最新技术、技能、理念，揭示专业、行业发展前景和创业方向[12]；将教师的科研项目、企业委托课题等转化成项目化课程，培养学生的创新能力；在专业课程体系内增设专业必修课或专业选修课，重点突出行业要求和专业特色，为学生今后探索基于专业背景的创新创业之路奠定基础；三是要实现教学资源共享，打破院系藩篱，突破专业边际，开发设计跨专业课程，实现多专业协同的人才培养。四是立足区域产业发展特点，设置多元化的创新创业实践课程，理论与实践结合，培养学生的知识运用能力与实际问题解决能力。

（三）师资要精良：加强队伍建设

深入推进双创教育，促进与专业教育的有机融合，加强师资队伍建设、强化师资素质的培养与提高是关键。理想中的双创教育教师，不仅是学生创新创业的引路人，而且还是专业领域内具有一定创业经历和经验的成功实践者。而高职院校的现实是双创教育师资普遍短缺，拥有创业实践经历的教师更是少之又少，这严重制约了高职院校双创教育的有效开展。立足于现实，高职院校应多途径加强师资队伍建设。首先，专业教师要具有创新意识与精神，关注区域经济社会发展，以技术技能参与区域行业、企业的实践，在课程教学中注入行业发展的动态，融入行业领域创新创业的实际案例，为学生创新创业实践活动提供指导。其次，鼓励专业教师到相关的行业企业挂职锻炼，以企业的技术技能需求为着眼点开展产学研合作，积极支持教师的科研成果转化，并把成果项目移植到课堂教学之中；同时鼓励专业教师带领相关专业学生开展社会创业实践，创办公司或企业。再次，聘请各行业、企业的优秀专业人才及创新创业典型人才担任专业课程或双创教育课程的教师，他们能把最新的政策、行业发展前沿信息、专业成果及自身的创业经历融入教学中，同时还能为学生提供社会资源。

（四）政校行企要协同：搭建平台

双创教育是一项复杂的系统工程，又是实践性很强的活动，需要多方联动，形成合力。国内外典型高校双创教育的重要实践经验就是政校行企协同推动双创教育，共同培养双创人才。高职教育具有跨界和实践属性，与企业、产业联系最为密切，这是其天然优势；政府掌握着大量的财政、信息、政策等资源，是双创人才培养的重要支持力量。基于此，高职院校应通过深化机构改革，建立产教融合的协调机构，搭建政校行企协同创新平台；扎根区域经济，融入产业，以技术技能积累服务企业创新发展，推动区域产业转型升级。高职院校应做到"有为有位"，通过政校行企协同创新平台，集聚优质双创教育元素与资源，赢得政府对创新创业的政策支持，形成相互适应的双创教育校企合作体制机制；吸纳政府、企业、产业界的管理人员、技术人员、企业家以及创业经验丰富的实践者为学生的创业导师，并参与设计人才培养方案，共同设计开发专业类创新创业课程，协作共建实训基地等；高职院校应联合企业组建科技协同创新团队，带领相关专业学生开展技术研发和产品开发，赢得社会及企业对学校的支持，建立学生与老师共同参与的创业机制，推动双创教育与专业教育的有机融合。

参考文献

[1]教育部. 教育部关于做好2016届全国普通高等学校毕业生就业创业工作的知[EB/OL]. http：// www. moe. edu. cn /srcsite/A15/s3265/201512/t20151208_223786. html.

[2]徐小洲，李志永. 中国高校创业教育的制度与政策选择[J]. 教育发展研究，2010（11）：12—18.

[3]蒋腾旭，王晓军，万权性. 高职创业教育与专业教育相互渗透探析[J]. 职教论坛，2014（29）：85—88.

[4]张超，钟周. 创业型大学视角下的创业教育研究——清华大学与新加坡国立大学创业教育比较［J］. 清华大学教育研究，2017（5）：91—97.

[5]申潞娟. 美国斯坦福大学创业课程建设研究——基于创业课程与专业课程融合的视角[J]. 世界教育信息，2016（9）：45—49.

[6]薛珊，德国高校技术创业教育探析——以慕尼黑工业大学为例[J]. 贵州师范学院学报，2016（3）：61—66.

[7]清华大学. 清华大学关于深化创新创业教育改革的实施方案[EB/OL]. http：//www. moe. edu. cn/s78/A08/gjs_ left/s3854/cxcyjy_ssfa/201604/t20160413_238103. html.

[8]黄兆信等. 以岗位创业为导向的高校创业教育新模式——以温州大学为例[J]. 高等教育研究，2014（8）：87‐91.

[9]南方网. 分层分类、深度融合：温州大学创业人才培养探索与实践[EB/OL]. http：//edu. southcn. com/jygd /con‐tent/2016—12/01/content_160780288. htm.

[10]洲璐. 打造双创教育"深职模式"[N]. 深圳特区报，2017—11—10.

[11]邱开金. 专业创业教育缘何被冷落[N]. 中国教育报，2014—11—10.

[12]唐树伶，赵永红. 高职院校依托专业教育实施学生创业教育的研究［J］. 职教论坛，2013（15）：102—103.

（原文刊载于《现代教育科学》2018年第11期）

基于开放API的大学生电子商务创业实训指导平台构建

张 禹

一、引言

在大众创业、万众创新的时代背景下，电子商务的发展让越来越多的大学生参与到创业浪潮中来，但大学生电子商务创业所需的是复合型人才[1]，需要具备网店运营和营销推广能力、活动策划能力、市场洞察能力、商品进出掌控力、团队合作协调能力，掌握各类技能和增强职业素养需要参加真实的项目实践[2]，创业过程更需要创业导师进行及时的具体的指导[3]，因此有必要构建一个即时协同的多数据融合的大学生电子商务创业实训指导平台，以利于实时指导与监控，提高大学生创业实践能力与创业成功率。

目前，解决电子商务创业实践主要以案例教学、仿真实训为主，案例教学可以加强创业前期与创业后期对知识的学习了解[4]，仿真实训可以为大学生提供电子商务创业流程与规则的学习[5]。但两种教学方式都很难提供电子商务创业真实的操作环境，无法取得真实的创业实践成效。当然也可以让大学生直接在各类平台上开网店，以此来开展真实的项目实践[6]，但存在网络商城平台多、创业分散不集中、实施集中指导难、指导过程及时性差、创业成功率不高、创业规模小、学生投资风险大、无法累计网店运行数据与贯穿三年全方位指导等问题。另外，在电子商务网店运营过程中需要及时查看运行数据，大学生创业者虽然可以通过各官方平台和第三方平台进行查看，且这两种类型的平台都提供了网店运营数据，在数据及时性与准确性方面都非常完善[7]，但无论是官方平台还是第三方平台都没有从大学生创业指导的角度进行研究开发，以上问题必然直接或者间接影响着大学生电子商务创业。因此，构建实训指导平台既可以增强学生的动手能力，还可以强化创业过程中的实训指导环节，对提高大学生电子商务创业成功率有很大作用和显著成效，是一种具有可操作性和实用价值的实训教学方式和载体。通过大量调研和教学实践探索，取得电子商务创业过程所需的关键指标，以此建立层次化的平台构架与合理的功能模块，同时整合京东、天猫、亚马逊等API开放平台的数据[8]，采用贝叶斯算法来处理数据，实现数据实时存储，并利用余弦相似系数构建预警模型，以plotly来做数据可视化呈现。不仅可以摆脱传统实训教学过程中项目化实践难、过程指导难的问题，还能激发学生学习积极性，提高学习兴趣，让学生在实训学习过程中增强电子商务创业意识和专业技能。

二、创业实训指导平台分析与设计

通过调研奥康国际、红蜻蜓电商、网趣电商等17家长期合作的电子商务公司，以及12个小型电子商务创业团队，掌握电子商务创业运营的业务需要，并结合创业实训过程指导和结果考核，从基础设施、功能模块以及体系架构三方面构建电子商务创业实训指导平台。

1. 基础设施

创业实训指导平台需要能够完成来自多种不同平台多个网店的数据分析，因此平台在运行过程中必然涉及对海量的数据进行计算与存储，在硬件方面需要使用具有运算性能快、安全性高、扩展性强的服务器，减少平台运行时业务层的响应时间。而云计算服务器作为一种新的服务器解决方案能够很好地满足这些需求，具有比传统的物理服务器更加简便高效的管理方式，用户可以根据平台的运行需求来选择性能合适的云服务器。利用云服务器可为平台提供安全稳定的运行环境。

2. 体系架构

在技术架构上采用B/S的MVC架构模式，多层结构开发模式成为电子商务创业实训指导平台开发的主流结构，因此系统采用图1所示的层次化平台总体构架。将展示层、业务层、服务层、数据层严格区分开，业务逻辑组件以可管理的方式增长。在网络构建上采用网段隔离技术，尽量避免让主机暴露在互联网上。在后台管理端则采用SSL加密技术，保证各职能管理部门交换信息的安全性。扩展性方面，在当前开发的基础上可以扩充其他部分功能，从而节省开发成本和时间，解决大学生电子商务创业实训指导平台兼容性与扩展性问题。

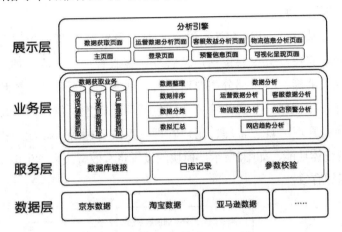

图1 电子商务创业实训指导平台总体架构图

（1）展示层。用户可以通过手机端、电脑端对该设备进行访问，系统与用户之间进行交互，展示系统分析数据、页面导航，其中页面导航主要包括平台的登录页面、系统主界面、平台数据获取页面、平台运营数据分析页面、平台客服绩效分析页面、物流信息分析页面及预警信息页面，最终可视化呈现。该层采用HTML5进行页面展示，展现层将用户请求数据发给服务端，服务端返回JSON格式的数据并以合适的方式在客户端进行呈现。

（2）业务层。主要是根据电子商务创业指导中涉及的业务需求进行分析，包括实现对基础业务、数据业务以及展现业务进行分析。将服务层返回的抓取数据进行分类、排序、汇总等业务，例如销售数据按照实际排序、时间分布统计、关键词频率统计等。

（3）服务层。通过对平台的业务流程进行基础性的抽象，从而提取出了通用性的基础服务，使用该层可以实现对平台基础业务的调用。调用与解析数据基础服务层将为平台提供开放API数据、网页的DOM树解析、数据抓取、数据负载存储等基础性服务。

（4）数据层。主要指业务数据保存到数据库中，采用MySQL数据库结合Mybitas的对象关系映射（ORM）技术，完成对平台中各种对象的"增、删、改、查"等操作，从而提高对大规模数据的存储与操作的效率。

3．功能模块设计

从功能模块上，电子商务创业实训指导平台主要分为前台、后台两大部分。前台部分主要包括运营管理、客服管理、物流管理、网店预警、货源供销等，后台部分主要对平台一些基础数据和各个模块权限进行分类有效的管理，主要的管理功能包括网店管理、供应商管理、产品管理、预警管理、日志管理、用户管理、系统管理等，以此来构建平台模块实现整体功能，如图2所示。模块的设置将有效解决大学生电子商务创业过程指导有效性。

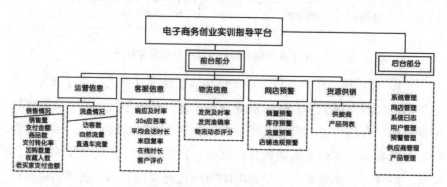

图2　电子商务创业实训指导平台功能模块

（1）运营信息。主要分为销售情况与流量情况两大方面10项二级指标，包括销售量、商品数、支付转化率、客单价、支付金额、加购量、收藏人数、老买家支付金额等，为运营人员提供网店真实的运营数据，了解网店运营情况，为运营决策做辅助参考，还可以查看其他团队网店的运行情况，构建起团队之间相互交流学习的桥梁，也方便教师对多网店进行分析指导，形成能查看日、月、年运营情况的数据中心。

（2）客服信息。主要根据客服绩效考核六项关键指标来进行数据分析，主要有响应及时率、30s应答率、平均会话时长、未回复率、在线时长、客服评价等，考核团队中客服为客户的整体服务情况，是否有效解决客户购买过程中的问题，提升用户购物体验。

（3）物流信息。主要结合各平台对货物管理和发货速度的要求，其中3项关键指标分别为发货及时率、发货准确率、物流动态评分，查看分析网店物流信息数据，把握发货速度与准确率，并且可以提高用户好评率。

（4）网店预警。要结合平台采集的网店数据建立销量预警、库存预警、流量预警、违规预警，对网店进行预警设置，查看近期指数下滑较快的指标，并进行预警，防止网店出现单项考核指标差而影响整个网店的运行，从而有效实现创业实践的指导功能。

三、创业实训指导平台关键技术实现

为了使电子商务创业实训指导平台能够对各个功能模块进行更好的结合，从而使得各模块之间的耦合是松散的，同时提高平台的及时性、安全性与稳定性，并且实现多平台开放API数据的接入，需要利用海量数据存储、预警分析模型、数据可视化等关键技术。

1. 多平台开放API数据汇聚与分析

传统的电子商务创业实训都是基于模拟数据进行，这种方式的数据价值有限，通过申请加入各大网络商城开放API平台，在开放API文档的指导下，提取各大平台的各类开放数据，开放API数据分免费和收费两大部分。具体步骤一是申请平台账号，二是生成App Key、App Secret和Session Key，三是测试绑定账号，四是提供SDK接口，五是开放API接口测试，最终形成开放API数据读取，综合多方平台开放API的数据形成平台分析业务的数据源。通过这种方式实现在不同的硬件平台、不同的语言平台、不同的操作系统平台以及不同的数据库应用之间进行平滑统一的通信。但是，从各大网络商城开放API平台采集的海量原始数据往往含有大量重复的、无序的、未分组的以及包含各种不同信息的单元格，不能直接用于构建分析模型。因此，要将详细数据呈现给学生之前，需要先将原始数据集进行正确分类和汇总，以便获得最佳结果。

为了能合理有效地对所获得的开放API数据进行分类汇总，本研究采用贝叶斯算法来处理数据不确定性问题，该算法的具体定义如下：

第一步：假设$x=\{a_1, a_2, \cdots, a_n\}$为一个待分类项，而$a_i$代表第$i$个特征属性；

第二步：另假设$C=\{y_1, y_2, \cdots, y_m\}$是类别集合；

第三步：计算待分类项对应每个类别的条件概率：

$P(y_1|x)$，$P(y_2|x)$，$\cdots$，$P(y_m|x)$；

选取一个已知分类的待分类项，将该集合作为训练样本集。计算该训练样本集的每一个特征属性$\{a_1, a_2, \cdots, a_n\}$对应各个类别$\{y_1, y_2, \cdots, y_m\}$的条件概率估计。即：

$P(a_1|y_1)$，$P(a_2|y_1)$，$\cdots$，$P(a_n|y_1)$；

$P(a_1|y_2)$，$P(a_2|y_2)$，$\cdots$，$P(a_n|y_2)$；

$\cdots$；

$P(a_1|y_m)$，$P(a_2|y_m)$，$\cdots$，$P(a_n|y_m)$。

如果各个特征属性$\{a_1, a_2, \cdots, a_n\}$满足独立性条件，则根据贝叶斯定理可得：

$$P(y_i \mid x) = \frac{P(x \mid y_i)P(y_i)}{P(x)} \tag{1}$$

由于公式中的分母对于所有的类别都是常数，因此只需使分子最大化即可，而在各特征属性符合条件独立性的条件下有：

$$P(x \mid y_i)P(y_i) = P(a_1 \mid y_i)P(a_2 \mid y_i)\ldots P(a_n \mid y_i)P(y_i) = P(y_i)\prod_{j=1}^{n}P(a_j \mid y_i) \tag{2}$$

第四步：取$P(y_k|x) = \max\{P(y_1|x), P(y_2|x), \cdots, P(y_m|x)\}$，将待分类项$x$认定为属于第$k$个类别$y_k$。

2. 海量数据实时存储

通过对电子商务创业实训指导平台所涉及的模块数据信息进行采集，开放API平台一般以返回JSON和XML为格式数据，获取返回数据后存入到相应的数据库表中，实现实时数据存储的要求，为此来设计运营数据表、客服数据表、物流数据表、预警数据表、货源供销数据表等，形成数据表32个、字段量389个、接口70个，根据需求编写数据提取的编程语言。

3．预警分析模型

电子商务创业实训指导平台的预警分析模型的构建主要包括销量预警、库存预警、流量预警、违规预警等，为创业实践者提供运营预警，创业者可以设置创业预警指标，同时在开放API平台获取数据，两组数据可以从中抽象出平台数据的特征向量。

创业者可自行设置预警指标向量，记作$A=\{a_1, a_2, \cdots a_n\}$，而平台实时获取的数据指标记作$B=\{b_1, b_2, \cdots b_n\}$，选用余弦相似系数用于计算两个向量之间的相似度（记作$\text{sim}(A, B)$）。计算公式表示如下：

$$\text{sim}(A,B)= \cos(A,B) = \frac{A,B}{\|A\|\cdot\|A\|} \quad\quad （3）$$

$\text{sim}(A,B)$的取值范围为[-1，1]，其值越大则两个向量的夹角越小，表示数据指标越接近预警指标。

4．数据可视化呈现

为了使数据查看更加直观，将电子商务创业实训指导平台数据进行可视化（Data Visualization），目前国内外可视化工具有很多，例如plotly、iCharts、jQuery Visu-alize、网易有数等，通过增量数据加载、可视化建模、自助式分析、数据大屏的使用，实时呈现数据变化，让平台数据展现丰富多样。创业实训指导平台采用plotly来做数据可视化呈现，具体效果如图3所示。可让大学生对繁杂的数据一目了然，增强教师与学生的视觉体验，从而促进实现精准营销。

图3　可视化PC端与触摸端数据展示

四、创业实训指导平台应用效果分析

为了验证本研究提出构建创业实训指导平台的有效性与合理性，将22个电子商务创业团队划分成A组、B组两组，每组各11个团队。其中A组为实验组，B组为对照组，分别对A组实施使用平台开展实训指导，对B组未使用平台开展实训指导，一年后对大学生电子商务创业的网店达成率进行比较，同时对师生使用平台满意度进行调查。

1. 运营数据对比

网店运营过程中销量代表经营规模，成交金额代表销售质量，访客数代表流量，转化率代表运营成效，客服响应及时率代表客服服务质量，物流发货及时率代表物流服务质量，通过对销售量、成交金额、访客数设定考核目标，最终统计目标达成率，再结合转化率、客服响应及时率、物流发货及时率六项指标维度进行数据比较，比较结果如图4所示。

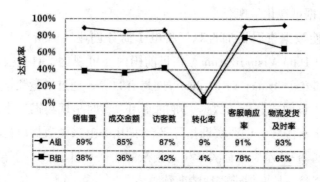

图4　2017年网店运营情况数据比较结果

从图4可以看出，在这一年中，实验组A组比对照组B组的网店运营六项指标均呈现极为显著的效益区分度，A组显著高于B组，其中最重要的销售量达成率高出51%，访客数达成率高出45%，转化率高出5%，三项指标都翻番一倍以上，从结果中充分体现平台对学生创业的巨大帮助且成效显著。

2. 满意度调查

大学生与指导教师作为平台的使用者，考量平台布局是否合理使用、是否便捷至关重要，以此围绕大学生指导过程及时性、有效性、便捷性，以及考核结果评价的准确性来开展满意度调查，调查结果如图5所示。

从图5可以看出，师生在及时性、有效性、便捷性，以及考核结果准确性四项指标中对平台的满意度均高于90%，特别是过程指导及时性、便捷性以及结果评价准确性三项指标满意度高达95%以上。调查结果体现出两者对平台的充分肯定，对促进指导成效与结果评价起到重要作用。

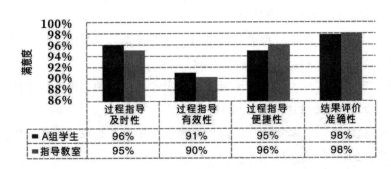

图5　平台满意度调查结果

五、结束语

为培养电子商务创业所需的复合型人才，提升大学生电子商务创业成功率，也为其他高校在平台建设方面提供借鉴。通过分析电子商务创业网店运营过程中所需的各项关键指标，结合开放API来实现多平台的数据获取，采用贝叶斯算法对所获取的数据进行分类汇总，以此构建数据预警模型与海量数据的存储，最终以可视化数据呈现。通过数据比较与调查分析，平台有效地解决了电子商务创业过程指导的及时性、有效性、便捷性以及考核结果准确性问题。在学校层面大幅提升了电子商务创业成功率，在教师层面明显提高了创业指导效率与质量，在学生层面增强了实践技能与创业互动，对指导创业项目做大做强成效显著。在后续的实践中，为迎合市场变化，在预警指标方面还可以通过平台数据累积进一步深入实践探索。

参考文献

[1] 黄海珍. 基于跨专业创业团队的高职电子商务创业教育实践——以广西职业技术学院为例[J]. 职业技术教育，2016（5）：50-53.

[2] 翟敏. 创业学习、创业能力对网店创业绩效的影响研究[D]. 杭州：浙江大学，2014：1-117.

[3] 雷兵. 电子商务专业"分类"培养模式构建与有关问题探讨[J]. 高教论坛，2015（9）：32-35.

[4] 王巍，贾少华. 论电子商务创业课程体系的构建[J]. 职教论坛，2011（35）：74-78.

[5] 朱启鑫. 地方高校电子商务创业型人才培养的实践和探索[J]. 高等工程教育研究，2014（2）：117-121.

[6] 贾晓丹. "零货源"下高职大学生电子商务创业模式探讨[J]. 商业时代，2014（1）：48-49.

[7] 曾建萍. 中小企业电子商务运营模式的问题与管理策略[J]. 商业时代，2014（29）：79-80.

[8] 李余琨，杨平，朱燊权. 支持开放的API接口的增强型业务[J]. 计算机工程与应用，2016（36）：134-136.

（原文刊载于《中国教育信息化》2018年第10期）

"2+1"创业教育效果评价——基于创业意向及创业胜任力培养的实证研究

申珊珊

一、引言

为响应党中央国务院和省委省政府"大众创业、万众创新"的新要求，浙教学〔2015〕98号文件——《浙江省教育厅关于积极推进高校建设创业学院的意见》，提出"选择若干所高校开展本专科'3+1''2+1'、研究生专业硕士融合创业教育等不同类型的创业教育模式改革试点"。浙江工贸职业技术学院贯彻落实文件精神，试点创业教育改革新模式——"2+1"创业教育。

"2+1"创新创业人才培养改革的模式，即在第二学年第二学期期末结束前，有创新创业兴趣或意向的学生，经过自愿报名，可以转入创业学院学习。第三学年所学课程和学分，替代原专业培养方案规定的课程和学分，创新创业实践和创新创业项目可以替换毕业实习和毕业设计。

"2+1"创业教育班采取产教融合的方式开展，依托园区，由企业家、高管承担所有教学任务，这改变了以课堂教学为主的模式，突破了专任教师缺乏实践经验的限制。同时，为每位学生配备了一至两名创业导师，指导学生创业技能实操及创业实践。"2+1"创业教育实施过程分为三步走，即第一学期前10周，课堂教学和技能实操并举，培养学生创业所依托的专业技能。第一学期后8周以创业实践和创业计划书撰写并举的模式，在实践中进行技能和创业能力的提升。第二学期，学生进行创业实践和孵化。整个一学年的教学设计中，实践课课时占比超过80%。

作为首次尝试的创业教育模式，需要及时了解此教育模式的实施效果，从而有针对性地进行调整，指导"2+1"创业教育的持续改进。

二、理论基础与研究假设

创业教育有长期效果与短期效果，相应的，创业教育效果评价指标有长期指标与短期指标，二者结合才能有效地测量创业教育效果[1]。创业教育的最终目的是创业率的提升，然而，创业教育有"时滞效应"。从国内外的实证研究结果看，接受创业教育到真正实行创业行为大约存在10年左右的时滞[2]。我国目前创业者虽然趋向于年轻化，但是多数创业者仍然会选择在受雇工作一段时间以后再开始自主创业。作为评价长期效果的创业率，不应该在短期内测度，而且"2+1"创业教育模式刚试点推行，只有一届毕业生，使得创业率也很难成为"2+1"创业教育效果评价的有效衡量指标。

"短期指标"主要衡量实施创业教育后短期内的效果，包括创业意向、创业胜任力等。对创业者而言，创业意向是重要的，因为只有具备显著创业意向的人才有采取创业行为，开展创业活动的可能。创业胜任力会直接影响创业者的创业业绩。创业是复杂且艰辛的活动，需要创业者具备良好的创业胜任力，如人际沟通等。

目前，国内外学者对创业教育效果评价的研究，采用创业意向、创业胜任力等短期指标为主。研究结果也表明创业教育能够影响学生的创业意向和创业胜任力。虽然研究的主流思想认为创业教育能提升创业意向和胜任力，例如，Souitaris等人经过实证分析，证明了创业教育项目与学生创业意向之间的正相关关系[3]。Priyanto等人的研究表明创业学习能提升创业胜任力[4]。国内学者李明章的研究表明创业意向和创业胜任力能作为我国高校创业教育短期效果的衡量指标[5]。但是，也有部分实证研究发现，创业教育对创业意向及创业胜任力的作用是反向的或是作用效果微乎其微。如，李静薇的研究表明创业教育效果越好，越会减弱大学生的创业意向[6]，Hessel等人的研究也显示创业教育对创业意向的影响是负面的[7]；高桂娟通过对比各类型学校分析，得出高校创业教育未见明显成效[8]。已有的创业教育效果评价研究多以事后评价为主，缺乏前测与后测的比较。

"2+1"创业教育就是以培养学生的创业意识、提高创业能力为目标。笔者认为，只有当"2+1"创业教育真正提高了学生的创业意向和创业胜任力，"2+1"创业教育才算尊崇其本质，其效果才是真正地落到了实处。故本研究借鉴已有研究成果，选择短期效果评价指标——创业意向和创业胜任力，对"2+1"创业教育效果进行评价。综合相关理论，提出以下两个研究假设，通过前后测比较研究，探讨"2+1"创业教育效果。

H1："2+1"创业教育可以显著提升学生的创业意向。

H2："2+1"创业教育可以显著提升学生的创业胜任力。

三、研究设计

（一）量表设计

1. 创业意向

创业意向表示个体是否从事创业活动的主观态度，创业意向越强烈，其实施创业行为的可能性越大，其对创业行为有很好的预测作用。目前，对创业意向的测量并没有统一的、公认的量表。国内外学者都对创业意向开展了较为充分的研究，均用多项目测量法。如，Thompson[9]从正反两方面设计了个体创业意向量表。本研究借鉴了Chen等[10]人开发的创业意向量表，结合"2+1"创业教育的情况和特点，形成4个正向计分测项和1个反向计分测项的量表，分别从正反两个方向来测量学生的创业意向。

2. 创业胜任力

胜任力，指个人的关键技能和行为特征，能直接影响工作业绩。创业胜任力，则是指从事创业活动所需要的关键技能。学生必须具备良好的创业胜任力，才能解决在创业过程中遇到的诸多困难。目前，创业胜任力也没有统一、公认的测量量表。本研究主要借鉴李明章[5]开发的创业胜任力量表，在此量表的基础上，结合"2+1"创业教育的特点，对因子负荷偏小的进行了适度的删减，形成3个二级指标，10个三级指标。

本研究的测量指标依据likert式量表编制，将学生的回答从"完全同意"到"完全不同意"分为5个等级（分别赋值1~5分）。

（二）问卷的发放与回收

本研究对"2+1"创业教育班的学生进行了两次问卷调查，分别在开学初（前测）和第一学期结束（后测），分别发放问卷150份和136份，回收问卷140份和130份，回收率分别为93.3%和95.6%。经筛选，前后测分别得到有效问卷135份和120份。

"2+1"创业教育班学生的性别、创业经历、家庭背景特征等的描述性统计见表1。

表1 样本的描述性统计结果

变量	类别	前测		后测	
		样本数	比例/%	样本数	比例/%
性别	男	87	64.44	73	60.83
	女	48	35.56	47	39.17
专业	理工科	80	59.26	76	63.33
	人文社科	55	40.74	44	36.67
自己是否曾创业	是	24	17.78	27	22.50
	否	111	82.22	93	77.5
家庭是否有企业	是	42	31.11	40	33.33
	否	93	68.89	80	66.67
亲友是否曾创业	是	100	74.07	91	75.83
	否	35	25.93	29	24.17

表1显示，后测中，女生占比39.17%，较前测占比有所提升，说明"2+1"创业教育班的女生流失率低，可能是由于专门开设了针对女生创业的巾帼创业班，有效保持了女生接受创业教育的积极性。理工科占比63.33%，也有明显提高，说明人文社科的学生接受创业教育的意愿低于理工科学生，侧面证明其创业意愿低于理工科学生。后测数据中，在样本量少的情况下，自己创业的样本数依然大于前测数据，说明在接受创业教育期间，有学生开展了自主创业活动。

四、研究结果

（一）量表信度检验

在进行假设检验前，需要先对量表进行信度分析。信度检验，通常以Cronbach's α系数为指标，通常该系数高于0.6就说明某一变量的测项之间具有较好的内部一致性。本研究采用SPSS23.0获得Cronbach's α系数。由表2可见，量表的前后测信度较好。

表2　量表信度分析（Cronbach's α值）

指标		前测	后测
创业胜任力	情绪胜任力	0.635	0.677
	态度和价值观	0.671	0.694
	知识获取能力	0.657	0.674
	创业胜任力总量表	0.822	0.828
创业意向		0.719	0.783

（二）假设检验

1. 创业意向的前后测比较

本研究利用SPSS23.0软件的均值比较功能对创业意向的前测和后测数据t检验，结果见表3。

表3　创业意向前后测比较

	前测		后测		t	p
	平均值	标准差	平均值	标准差		
测项1	2.45	1.09	2.47	1.04	-0.12	0.91
测项2	2.51	1.09	2.39	1.09	0.82	0.41
测项3	2.31	1.16	2.29	0.979	0.19	0.85
测项4	2.06	0.98	2.23	0.999	-1.34	0.18
测项5	3.89	1.18	3.81	1.01	0.56	0.56
创业意向	2.64	0.67	2.64	0.64	0.09	0.93

注：反向测项已做正向处理。

表3中数据显示，经过一学期的"2+1"创业教育，学生的创业意向并没有发生显著变化，即"2+1"创业教育对学生的创业意向影响并不显著，拒绝H1。这可能因为"被试自我选择效应"的存在，即学生本身的创业意向就比较高，才会选择参加"2+1"创业教育。同时，所有学生在大一均接受过大学生创业基础教育，而创业教育对创业意向存在一定的边际效果递减，创业意向并不会随着参与创业学习的时间越长而越高[11]。

2. 创业胜任力的前后测比较

通过均值比较对创业胜任力的前后测数据进行分析，结果见表4。可见，经过一学期的"2+1"创业教育，学生的创业胜任力并没有得到显著提升，拒绝H2。创业胜任力在教育效果评价中，被学者认定为一个短期指标，但这个短期指标是相对创业率而言的，由于"时滞效应"在创业教育中的存在，创业胜任力并不是通过一学期的教学和实践就能显著提升的"短期指标"。尤其是这一学期，学生的重心在专业技能的学习上，创业实践活动刚开展了八周时间，创业胜任力还需要经过一段时间、相对较系统的创业实践活动来积累才能有所提升。

表4　创业胜任力前后测比较

	前测		后测		t	p
	平均值	标准差	平均值	标准差		
情结胜任	2.44	0.62	2.50	0.52	-0.87	0.37
态度和价值观	2.16	0.76	2.28	0.72	-1.12	0.22
知识获取	2.45	0.72	2.38	0.73	0.86	0.39
创业胜任力	2.37	0.55	2.40	0.52	-0.37	0.71

注：反向测项已做正向处理。

五、讨论

本研究选择了创业意向和创业胜任力两个评价指标对"2+1"创业教育进行效果评价。实证检验结果显示，经过一学期的"2+1"创业教育，学生的创业意向和创业胜任力并没有显著提升。这主要是由以下三点原因造成的。

一是"被试自我选择效应"的存在，学生自身创业意向较高，创业选择趋于冷静。束方银的研究发现，大学生创业教育中存在鲜明的"自我选择效应"，即创业意向较高的学生会主动选择参加创业教育并表现出较高的创业意向；而创业意向较低的学生则不会主动选择创业教育[11]。通过对"2+1"创业教育的现状调查发现，学生在创业意向的正向测量指标中的得分介于2.23~2.47之间，更倾向于有点同意，创业意向较高。但是反向测量指标的得分最低——2.19，这表明学生虽然对创业有兴趣，也在为创业做准备，但是如果有好单位，还是更倾向于选择就业。《2014届浙江省高校毕业生职业发展状况及人才培养质量调查报告》中也指出，有一半以上创业者选择在受雇工作一段时间以后再开始自主创业[12]。这意味着，学生在接受创业教育后，更加深刻地理解创业活动，理性思考和判断自己创业的可能性，从而理性规划和决策创业时机，减少盲目创业的冲动，提高创业成功率[6]。这正是"2+1"创业教育带给学生的积极、正向地思考。

二是课程体系设置有待完善，教师队伍需要壮大。完善的创业教育体系可以提高学生的创业胜任力，但目前我国高校的创业教育仍属"业余教育"，师资匮乏、创业课程不完整。"2+1"创业教育的课程以创业方向的专业技能为主，创业讲座等为辅。课程体系中，缺乏对学生创新思维、创业能力等指导的课程。在座谈与调查中，学生对产教融合的教学模式给予了很高的认可和评价。但是，学生也反映了个别企业家上课过于经验化，缺乏系统的专业知识，加上兼职教师的主要精力并没有在教学上，导致教育效果可能并没有达到预期。

三是创业导师制度实施效果有待加强，教学效果差强人意。通过调查，发现教学质量的得分均值为2.07，可见，"2+1"创业教育班学生对教学质量相当认可，学生对创业导师帮扶模式给予了很高的认可。创业是一项实践性很强的学科，在"2+1"创业教育中，实践教学占据了主体，课时占比超过80%。由于资源有限，难免出现"僧多粥少"的现象，即一位创业导师带有多名学生。由于个别导师自身工作繁忙，导致精力不足，难以保障实践教学内容的系统性和完整性，效果有待提升。此外，个别学生的创业实践积极性和主动性需要提高。总之，创业胜任力需要经过一段时间、相对较系统的创业实践活动来积累才能有所提升，并不是通过短短几周或一个学期的实践就可以迅速见到成效的。

六、结论与建议

"2+1"创业教育班的学生对创业教学质量、创业实践等几个方面给予了良好评价，肯定了"2+1"创业教育所取得的成绩。在本人的另一项研究中也发现"2+1"创业教育可以有效提升学生的创业自我效能，尤其对学生的人际关系管理维度的提升非常显著，而且可以帮助学生树立理性的金钱观，形成正确的创业态度。这说明依托园区，产教融合的开展"2+1"创业教育取得了一定的效果。尤其为学生提供创业导师以及实习基地等资源，促进了学生的发展。但是"2+1"创业教育总体效果有待提升，尤其在创业胜任力的提升上，需要进一步落实和细化教学内容，夯实"2+1"创业教育的实践环节。建议从以下三个方面进一步着手推进"2+1"创业教育改革。

一是完善课程体系，使其更具针对性。"2+1"创业教育的理论授课主要集中在了专业技能方面，缺乏创业胜任力的理论教学。建议在课程设置上，添加创业能力、创业心理品质等方面的选修课程，供学生根据自身需求，有针对性地选修，如财会知识、管理能力等。学校可以充分借助创新创业教育教学资源库，丰富课程类型，实现线上线下学习，满足个性化需求，更具针对性。

二是加强师资队伍建设，打造教学、实践、服务"三结合"的高质量师资队伍。创业教育也需要专职教师，不能仅仅依靠兼职教师。因此，要提升从事创业教育的专兼职教师队伍的整体水平。专职教师要有创业经历，教学效果好，指导过学生创业。专职教师负责创业教育基础课程教学，突出理论结合实践的教学。企业兼职教师进行实践课的指导，创业者定期到学校开展讲座、咨询等，根据自身的创业案例，打造结合学生的创业实践课程，对有创业意向或正在进行创业的学生提供指导，提升创业教育的水平和成效。

三是创建企业积极参与的激励机制，夯实实践教学环节。学校应建立起校外创业导师责、权、利相一致的激励机制，通过构建长期、科学地校企合作机制，充分调动创业导师指导学生的积极性。同时，学校有必要继续扩大与企业的合作，进一步丰富创业导师、实习基地等资源，强化创业实践。此外，严格筛选师生，对创业意向不强烈、实践学习积极性较低的学生，经过笔试、面试等环节进行筛除。这样既保证了学生的质量，又保证了每位导师带的学生数量有限，精力充沛。通过座谈会、听课、实地访察等方式了解导师对学生指导的情况。对于缺乏激情的、责任心较差的企业兼职教师应当避免任用，宁缺毋滥。将真正有创业想法的学生与经验丰富又乐于指导学生的导师结对后，通过实践平台系统考核等方式每周、每月及时了解学生动态、导师指导情况，以此夯实实践教学，预期可以加强创业实践效果，激发学生的创业潜能，提升其创业胜任力。

参考文献

[1] 沈超红，谭平. 国外创业教育效果评价的有效性分析[J]. 创新与创业教育，2010，1（02）：3-7.

[2] 沈超红，陈彪，陈洪帅. 创业教育"时滞效应"与创业教育效果评价分析[J]. 创新与创业教育，2010，1（04）：3-7.

[3] Souitaris V, Zerbinati S. Do Entrepreneurship Programmes Raise Entrepreneurial Intention of Science and Engineering Students? [J]. The Effect of Learning, Inspiration and Resources. Journal of Business Venturing, 2007, 22（4）: 566-591.

[4] Sony Heru Priyanto, Iman Sandjojo. Relationship Between Entrepreneurial Learning, Entrepreneurial Competencies and Venture Success: Empirical Study on SMEs[J]. International Journal of Entrepreneurship and Innovation Management, 2005（5-6）: 454-468.

[5] 李明章. 高校创业教育与大学生创业意向及创业胜任力的关系研究[J]. 创新与创业教育，2013，4（03）：1-13.

[6] 李静薇. 创业教育对大学生创业意向的作用机制研究[D]. 天津：南开大学，2013：182-184.

[7] Hessel, O. , Mirjam, P. &Auke, I. The impact of entrepreneurship education on Entrepreneurship skills and motivation. European Economic Review, 2010, 54（3）, 442-454.

[8] 高桂娟，李丽红. 高校创业教育实效性的评价与提升策略研究[J]. 华东师范大学学报（教育科学版），2016，34（02）：22—29，112.

[9] Thompson Edmund R. Individual Entrepreneurial Intent: Construct Clarification and Development of an Internationally Reliable Metric[J]. Entrepreneurship Theory and Practice, 2009（3）: 669-694.

[10] Chen，C. C，Greene，P. G. & Crick，A. Does Entreprenet Distinguish Enrtepreneurs from Managers？. Journal of Business（2000），295-316.

[11] 束方银. 基于计划行为理论的创业教育效果评价[D]. 南京：南京大学，2013：18—22.

[12] 浙江省教育厅. 2014届浙江省高校毕业生职业发展状况及人才培养质量调查报告发布[EB/OL]. （2016-01-08）[2017-12—20]. http：// www. zjedu. gov. cn/news/145274153571965971. html.

（原文刊载于《浙江工贸职业技术学院学报》2018年第2期）

"2+1"创业教育试点的现状调查及对策研究

——基于浙江工贸职业技术学院的实践探索

申珊珊 台新民

"2+1"创业教育模式是浙江省高校推行的一种创业教育试点改革新模式，简单讲即学生前两年学习专业，选拔部分有创业意向且有创业能力的学生第三年转入创业学院专门学习创业的改革试点模式，学生所学课程和学分与原专业对等替换，创业策划书与创业实践替换原毕业设计（论文）和毕业实践。此模式实施是在对全体大一、大二学生开展创业普及教育的基础上，将专业教育与创业教育有机融合，以培养创业意识、提高创业素养和创业能力为教学目标。"2+1"创业教育模式既能保证学生有效掌握专业知识，又能帮助学生掌握必备的创业知识，提升学生的创业能力。

作为首次尝试的"2+1"创业教育模式，需要及时了解现状，对实施过程中的问题进行分析，提出相应对策，从而提升"2+1"创业教育效果。为此，我们对本学年参加了"2+1"创业教育的学生进行了调查研究，了解其现状，对存在的问题进行分析，提出相应的对策。

一、调查对象与方法

笔者所在学校浙江工贸职业技术学院"2+1"创业教育试点改革共开设了文化创意创业班、网络创业班、巾帼创业班、科技创业班、瓯厨艺术创业班、泵阀设计创新创业班等六个班级。本研究以参加我校"2+1"创业教育试点改革创业班的136名学生为调查对象，采用问卷调查、访谈等方式，旨在了解我校"2+1"创业班的学生现状：学生对创业教育质量的认可程度、在实际的创业中遇到的问题，以及学生的创业态度、创业意向、创业能力等，在此基础上，针对我校"2+1"创业班学生的现状有的放矢提出建设性意见，提高"2+1"创业教育质量，从而培养学生的创业意向和能力。

（一）问卷设计与发放、回收情况

该问卷从六个方面进行设计，分别是被访者的个体特征、学生的创业自我效能、创业能力、创业态度、创业意向、"2+1"创业教学质量。从国内外现有文献来看，目前对各项指标的测量还没有公认的量表，结合我校的具体情况以及"2+1"创业班学生的特点，通过对前人量表进行梳理，形成了用于测量各指标的二阶变量，并共用50个测项来测量[1—2]。

具体来说，创业自我效能主要通过风险管理、关系管理、机会识别、创新环境4个二级指标、14个三级指标来测量；创业胜任力通过情绪胜任、价值观、专业知识3个二级指标、11个三级指标来测量；创业态度通过对社会贡献的态度、对竞争的态度、对金钱的态度3个二级指标、10个三级指标来测量；创业意向主要通过"我打算将来开设公司""我有一直努力不懈成为知名企业家的信念""我积极地为创业做准备""我会尽最大努力克服创业困难""如果毕业有个好单位，选择先就业的可能性大"5个测项多方面测量；教学质量主要通过教学态度、教学内容、教学方法、教学效果4个二级指标、10个三级指标来测量。测量指标依据likert式量表编制，将学生的回答从"完全同意"到"完全不同意"分为5个等级（分别赋值1~5分）。

本次采用定量调查方式，发放问卷136份，回收130份，有效问卷120份，回收问卷有效率为92.31%。

（二）访谈基本情况

从"2+1"创业班里共抽取了55位同学进行访谈，其中，男生39位，占比70.91%，女生16位，占比29.09%。访谈内容主要为：创业教育的课程设置、教学效果、授课方式、创业实践等方面。

二、"2+1"创业班学生现状

（一）"2+1"创业班学生的个体特征

性别：在回收的120份有效问卷中，男生73位，占60.83%，女生47位，占39.17%。

专业：在回收的有效问卷中，工科类学生76人，占63.33%；人文社科类学生44人，占36.67%。

特长：在回收的有效问卷中，有文体类特长的学生34人，占28.33%。

除了上述基本情况，还调查了"2+1"创业班学生的家庭基本情况和社会活动情况，如家庭是否有企业、亲友是否曾创业、社会工作经历（包括兼职、实习、志愿者等）、是否有创业经历，等等。具体的调查情况见表1。

表1 "2+1"创业班学生的家庭基本情况和社会活动情况统计结果

调查结果	调查指标					
	家庭企业	亲友创业	社会工作经历	创业经历	学生会成员	社团成员
是	40	91	111	27	46	58
占比	33.33%	75.83%	92.50%	22.50%	38.33%	48.33

表1显示，"2+1"创业班学生家庭有企业的比例约为33.33%，亲友有创业的比例更是高达75.83%。同时，"2+1"创业班约有22.50%的学生有过或正在进行创业活动，这一比例远高于全国高职高专学生创业率——3.84%[3]。这些因素也许是促使他们有创业意向，从而选择创业教育、进行创业行为的原因之一。

（二）"2+1"创业班学生的创业自我效能

创业自我效能各指标的描述统计结果如表2所示。由表2得知，"2+1"创业班学生在创业自我效能上的得分均值为2.53，倾向于有点同意，这表明学生对创业的自我效能感比较高，反映出"2+1"创业班学生的积极和自信。其中，学生在接受新的挑战、新鲜事物方面的得分分别为1.77和1.80，表明"2+1"创业班学生非常富有冒险、创新精神。但是关系管理指标得分只有2.99，倾向于不确定，表明学生对创业活动中人际关系管理较其他方面不够自信，有待进一步提升。通过上述分析结果可以看出，当前学生的创业自我效能基本处于较高水平，这或许就是他们选择接受创业教育的重要原因之一。

表2　"2+1"创业班学生创业自我效能测量要素的描述统计结果

一级指标	二级指标	三级指标	N	均值
创业自我效能 （均值：2.53）	风险管理 （均值：2.75）	我总是喜欢用已有的方式处理问题	120	2.08
		我总是担心事情的结果不是所预期的那样（反向）	120	2.44
		为了让我的生活更充实些，我常主动寻求变化	120	2.15
	关系管理 （均值：2.99）	我经常与认识的商业人士沟通联络	120	2.97
		我经常与学校创业方面的教授沟通	120	3.13
		我的亲朋好友中有很多企业家或成功的商业人士	120	2.87
	机会识别 （均值：2.44）	我喜欢多角度思考问题，灵活解决	120	2.24
		我善于发现细分市场	120	2.56
		我善于分析外部环境、发现机会和潜在问题	120	2.50
		我能够识别一个创意的潜在价值	120	2.43
	创新环境 （均值：2.11）	对我来说，不断接受新的挑战是非常重要的	120	1.77
		易于接受新鲜事物	120	1.80
		我不喜欢墨守成规，喜欢突破	120	2.04
		相比别人，我较难接受父母、老师或领导的权威	120	2.82

注：在测量一、二级指标均值时，反向测量指标已做了正向处理。

（三）　"2+1"创业班学生的创业胜任力

创业胜任力各指标的描述统计结果见表3。由表3得知，"2+1"创业班学生在各项正向测量指标上的得分介于2.05~2.49之间，创业胜任力的得分均值为2.44，倾向于有点同意，这表明学生对自己的创业胜任力比较认可。但在情绪胜任力方面的反向测量指标中，得分为2.58，介于有点同意和不确定之间，与其他正向测量指标的结果相近，反映出学生的矛盾心理，一方面认可自己处理情绪的能力，一方面也担心在压力下会造成工作无法正常开展，这也基本吻合现代大学生的心理。所以，在情绪胜任力方面，学生有待提高。

表3　"2+1"创业班学生创业胜任力测量要素的描述统计结果

一级指标	二级指标	三级指标	N	均值
创业胜任力（均值：2.44）	情绪胜任力（均值：2.61）	在处理事情的过程中，我总能保持冷静	120	2.32
		我觉得同别人合作是一件很愉快的事情	120	2.05
		在与他人有冲突时，我能克制自己	120	2.23
		我通常在压力和冲突下会不知所措(反向)	120	2.58
	价值观（均值：2.28）	我相信只要自己努力，最终一定能够成功	120	2.23
		愿意付出非同寻常的努力去实现目标	120	2.13
		对新任务中的挑战能应付自如	120	2.46
	专业知识（均值：2.38）	我为实现目标开始了实际准备行为	120	2.38
		我在自己专业学习方面非常努力	120	2.49
		我经常能提出新的点子和建议	120	2.48
		无论做什么事情，我总是倾向于做得比一般人好	120	2.18

注：在测量一、二级指标均值时，反向测量指标已做了正向处理。

（四）　"2+1"创业班学生的创业态度

创业态度各指标的描述统计结果如表4所示。由表4得知，"2+1"创业班学生在创业态度上的得分均值为2.30。其中，创业对社会贡献的认可上得分均值为1.89，表明学生认为创业有利于国家经济发展，提供就业机会，为国家创造了财富。对金钱的态度得分为2.62，介于有点同意和不确定之间，说明学生选择创业的原因之一是对金钱有一定追求，但是更重要的原因是为了更崇高的价值——为社会作贡献。

表4 "2+1"创业班学生创业态度测量要素的描述统计结果

一级指标	二级指标	三级指标	N	均值
创业态度(均值:2.30)	对社会贡献的态度(均值:1.89)	创业者提供了就业机会,因而对国家的经济发展很重要	120	1.88
		创业者为国家创造了财富	120	1.91
	对竞争的态度(均值:2.19)	我希望在充满竞争的环境里工作	120	2.22
		在一个任务中表现得比其他人出色对我而言很重要	120	2.10
		我觉得不管是工作还是比赛,获胜都很重要	120	2.35
		在和他人竞争时我会更加努力	120	2.08
	对金钱的态度(均值:2.62)	我坚信金钱可以解决我所有的问题	120	2.61
		如果能挣到足够多的钱,任何合法的事情我都愿意去做	120	2.65
		我会为工资、财物、投资等财务上的巨大收获感到自豪并让朋友们知道	120	2.24
		与大部分我认识的人相比,我更重视金钱	120	2.98

(五)"2+1"创业班学生的创业意向

创业意向各指标的描述统计结果如表5所示。由表5得知,"2+1"创业班学生在创业意向的正向测量指标中的得分介于2.23~2.47之间,更倾向于有点同意,这表明"2+1"创业班学生对创业有一定的期望和兴趣,也正在为创业做准备。但是反向测量指标的得分最低,只有2.19,这表明学生虽然对创业有兴趣,也在为创业做准备,但是如果有好单位,还是更倾向于选择就业。《2014届浙江省高校毕业生职业发展状况及人才培养质量调查报告》也指出,有一半以上创业者选择在受雇工作一段时间以后再开始自主创业[4]。这也许是因为学生的创业准备不充分,仍需要长期积累。也间接说明了学生在创业的选择上比较冷静、谨慎,在积极准备,等待成熟时机。

表5 "2+1"创业班学生创业意向测量要素的 描述统计结果

测量指标	测量题目	N	均值
创业意向（均值：2.65）	我打算将来开设公司	120	2.47
	我有一直努力不懈成为知名企业家的信念	120	2.39
	我积极地为创业做准备	120	2.29
	我会尽最大努力克服创业困难	120	2.23
	如果毕业有个好单位,选择先就业的可能性大(反向)	120	2.19

注: 在测量创业意向的均值时, 反向测量指标已做了正向处理。

（六） "2+1"创业班学生对教学质量的认可度

在面向所有专业的普及性创业教育中，多数高校的创新创业教育的师资队伍绝大多数来自辅导员队伍和就业指导中心老师，专业老师比例低，这些专业老师大都来自经济管理学院。而且普遍存在教育师资缺乏实战经验、缺少校外创业教育师资的问题。针对此类问题，"2+1"创业班录用了校外企业兼课教师31名，占创业班全体教师的86.11%。由于聘用了大量的企业兼职教师，为了了解学生对教师教学质量的认可情况，本次调研特意对教学质量进行了测量。

教学质量各指标的描述统计结果见表6。由表6得知，"2+1"创业班学生对教学质量比较认可，得分均值为2.07。"2+1"创业班的老师能够较好地将理论与应用结合，激发学生的学习兴趣和主动性，老师语言生动，课堂氛围活跃。

此外，通过对55位学生的访谈，了解到学生对课程设置比较满意，能够与所学专业融合，学到很好的专业技能，能为创业做好技能准备。但是针对课程设置，也提出了一些建议，如巾帼创业班建议新增"婚礼策划"；文化创意创业班建议开设"flash"课程，教授基本动画制作技能；网络创业班建议开设"社群营销"等。针对访谈结果，学院也及时对课程进行了调整，修改了教学计划，以帮助学生学到需要的技能。同时，学生对边学习理论边进行实操的授课方式给予了高度认可。学生普遍认为这种授课方式将理论与实践有效结合，及时运用，加强了技能锻炼。对定期邀请企业家开讲座的分享式授课方式，学生也给予了很高的认可。

访谈中，学生反映个别企业教师存在理论知识不足，更偏向于经验的分享，缺乏专业性，小部分课程上课时间安排不尽合理，主要是一次性上课时间过长，导致课程后面的吸收效果不好。

表6 "2+1"创业班学生对教学质量认可度的 描述统计结果

一级指标	二级指标	三级指标	N	均值
教学质量(均值: 2.07)	教学态度(均值: 2.14)	严谨治学，言传身教，为人师表，责任心强	120	2.14
		备课充分，内容熟悉，按时上下课	120	2.17
	教学内容(均值: 2.03)	教学内容实用，能反映当前流行的知识和技术	120	2.13
		注重理论与应用的结合，能激发学生的学习兴趣和主动性	120	1.93
	教学方法(均值: 1.99)	讲课条理清楚，重点突出，语言生动	120	1.94
		能与学生互动，课堂气氛活跃	120	2.03
		注重培养学生的创新思维能力和创业意识	120	1.99
	教学效果(均值: 2.12)	教学秩序良好，师生关系融洽，课堂气氛活跃	120	2.13
		通过学习，掌握了知识，提高了分析和解决问题的能力	120	2.00
		认为所有老师教学效果很好	120	2.23

（七）"2+1"创业班学生对创业实践的认可度

"2+1"创业班采用创业实践导师制，即根据每位学生的创业方向，为他们安排了企业导师，帮助他们进行创业实践。

通过访谈，了解学生对这种导师帮扶模式给予很高的认可，但是个别学生反映个别导师由于太忙碌，带的学生偏多，导致精力不足。而且少数学生的主观能动性不高，不能积极主动地与导师联系、沟通，也侧面验证了创业自我效能的测量指标——关系管理得分最高，即在人际关系管理中，学生有待进一步提高。

262

三、"2+1"创业班学生及教学现状

（一）学生创业经历丰富，但相关创业能力有待加强

我校"2+1"创业班学生的自主创业经历及家族创业经历比较丰富，这也许是促使他们有创业意向的原因之一。但是，在创业相关能力要求上，学生在有些方面还需要进一步提升。特别需要加强两点，一是人际关系管理能力，提升在这方面的自信心，发挥自己的主观能动性。二是情绪胜任力，作为创业者，抗压能力是最基本的要求之一。90后学生普遍存在情绪处理不当、抗压能力弱等问题。

（二）个别企业兼职老师的教学能力有待提高

为解决校内师资缺乏实战经验的问题，"2+1"创业班聘请了大量的企业兼职老师。创业教育对师资要求相当高，既要求有相关理论知识和专业背景，也需要拥有一定的创业经历与实战经验。个别企业兼职老师虽然实践经验丰富，但是没有学科背景和教学经验，课堂教学仅仅停留在经验分享上，缺乏专业性和系统性，教学效果有待提高。

（三）课程设置有待优化，创业实践有待加强

"2+1"创业班的课程是根据创业方向设置的，整体上较好地教授了学生创业技能，但是课程的设置仍需要进一步的优化，以期更好地培养学生。与企业的合作培养，需要解决创业导师一人带多人、精力不足的现状。同时，需要提高学生创业实践的积极性和主动性。以此来充分发挥创业导师帮扶制的作用，强化创业实践。学生可以在实践中学习，提升创业能力，发挥创业潜能，做好创业准备。

四、优化"2+1"创业教育的对策建议

（一）培育创业文化，营造创业氛围，提供实践平台

首先，对我校自身来说，有十分具有特色的创意园区，学校有一定的创业氛围。在充分依靠园区企业满足学生展示创意需求的基础上，要继续培育浓厚的校园创业文化和校园创业氛围。

我校有大学生创业者联盟这样有特色的创业社团，打造了创意集市

这样有特色且有一定影响力的系列活动。建议在现有的基础上，更积极地发挥联盟社团的作用，将创意集市定期开办，为"2+1"创业班的同学提供信息交流、展示创意、开展创业实践的平台，形成创意创业街。通过创意集市的定期开办，培育创业文化。同时，通过组队参加创意集市，"2+1"创业班学生可以很好地锻炼人际关系管理能力。

另外，对"2+1"创业班学生的竞赛获奖项目、创业项目进行指导、孵化，帮助学生的项目落地、推广。以这种方式，既帮助了学生，又增强了校内创新创业氛围。

（二）加强师资队伍建设，打造"三位一体"的高素质师资队伍

高素质的师资队伍是一个学校发展的核心要素，同样高素质的创业教育师资队伍是保证创业教育水平的核心因素。因此，要对创业教育的师资队伍进行专业培训与队伍整合。要提升从事创业教育的专兼职教师队伍的整体水平。专职教师要有创业经历，教学效果好，指导过学生创业、帮助学生进行过项目孵化，专职教师主要负责创业教育基础课程教学。企业兼职教师进行实践课的指导，并定期邀请企业教师到学校开展讲座、演讲、咨询、辅导，根据自身的创业案例，结合学生们的创业实践课程，对有创业意向或正在进行创业的学生提供实战指导。打造教学、实践、服务"三位一体"的创业教育师资团队，提升创业教育的水平和成效。

（三）落实导师帮扶制，夯实创业实践

教学导师制，作为"2+1"创业教育试点的特点，在实际开展中，却存在个别学生实践不积极主动、导师指导不到位等问题，没能充分发挥导师帮扶的作用。针对此点，建议采取以下两点对策：一是严格筛选学生。对创业意向不强烈、主观能动性较低的学生，经过笔试、面试等环节进行筛除。这样既保证了学生的质量，又保证了每位导师只带三名学生，有足够的精力指导。二是对企业导师进行筛选。通过座谈会、听课、实地访察等方式了解导师对学生指导的情况。企业兼职教师之间的水平和责任心相差很大，虽然资源很稀缺，但对于缺乏激情的、责任心较差的企业兼职教师还是应当要避免任用，宁缺毋滥。

将真正有创业想法的学生与经验丰富又乐于指导学生的导师结对

后，预期可以夯实创业实践教学环节，并通过实践平台系统考核等方式每周、每月及时了解学生动态、导师指导情况。通过实践，激发学生的创业潜能，锻炼其创业能力，为自主创业做准备。

参考文献

[1] 李明章. 高校创业教育与大学生创业意向及创业胜任力的关系研究[J]. 创新与创业教育，2013，03：1–13.

[2] 束方银. 基于计划行为理论的创业教育效果评价[D]. 南京大学，2013：18—22

[3] 杨晓慧. 中国大学生就业创业发展报告·2011[M]. 北京：人民出版社，2013：281—285

[4] 浙江省教育厅. 2014届浙江省高校毕业生职业发展状况及人才培养质量调查报告发布[R/OL]. （2016–01–08）[2017–12–5—28] http：// www. zjedu. gov. cn/news/145274153 571965971. html.

（原文刊载于《创新与创业教育》2018年第3期）

浙江省高校毕业生创业现状、问题与对策研究

——基于2012—2015届浙江省高校毕业生职业发展状况及人才培养质量调查报告

林聪伶

近年来，"大众创业、万众创新"的浪潮已经席卷全国，浙江省作为创新创业的活跃地区，大学生自主创业是其重要的组成部分，这对创业教育提出新的要求和新的挑战。通过分析浙江高校毕业生的创业现状，剖析存在的问题，对如何完善创新创业教育，进而提高大学生创业教育的质量具有重要意义。

一、浙江省高校毕业生创业现状

创业是创新精神向创新实践转化的中介。毕业生创业的数量和质量是高校人才培养质量高低的重要参考依据。本文选取了调查报告中10个方面，如创业率、创业规模、创业形式、创业资金等方面分析浙江省高校毕业生创业现状。

（一）创业率

由表1可以看出，浙江省高校毕业生的创业率在总体上稳步提高，高职高专毕业生的创业率要明显高于本科毕业生创业率。但是对2015届毕业生来说，不管是本科毕业生，还是高职高专毕业生，其创业率都有一小幅度下滑。

表1 浙江省高校毕业生创业率（单位：%）

	全省毕业生	本科毕业生	高职高专毕业生
2012届	4.42	3.15	6.09
2013届	4.63	3.5	6.01
2014届	5.02	3.76	6.49
2015届	4.82	3.55	6.36

在2015年"大众创业、万众创新"的号召下，2014届的创业率有较大幅度增长，增长了0.39%。主要原因来自高职高专毕业生的创业率由6.01%增长到6.49%，增长了0.48%，可见高职高专毕业生的创业热情更高。而在2016年，随着创业高潮退去，高校毕业生的创业趋于现实化和理智化，因此2015届学生的创业趋势有所下滑。

（二）创业开始的时机

由表2可以看出，超过1/3的毕业生选择毕业后直接创业，说明越来越多的大学生在校期间已经对创业有了充分准备。超过半数的毕业生决定就业一段时间后再进行创业，更符合一般创业规律，创业的成功率也会更高，说明大部分毕业生属于理性创业。但仍有约10%的学生在待业一段时间后进行创业，说明生存性创业仍不在少数。

表2 浙江省高校毕业生创业开始时间（单位：%）

	直接创业	受雇工作一段时间后创业	待业一段时间后创业	其他
2012届	28.9	56.62	9.51	4.97
2013届	32.56	53.56	9.88	4
2014届	34.7	51.15	10	4.15
2015届	34.72	52.15	9.01	4.13

（三）创业规模

由表3可以看出，浙江省高校毕业生的创业规模主要集中在微型企业（1～5人）。但从2013届开始，创办微型企业的高校毕业生人数占比逐年下降，与此相对应的，创办的企业规模在6～10人和11～50人的高校毕业生人数占比逐年增加，由此可见，毕业生创业规模在逐渐由微型企业向小型企业扩大。创业规模的扩大，可能在一定范围内，提高了创业成功率；而所创造的就业岗位数在一定程度上有所增加，则提高了就业率。另外，通过对比本科院校与高职院校创业学生数据发现，两者之间并无明显区别。

表3 浙江省高校毕业生创业规模（单位：%）

	1~5人	6~10人	11~50人	50人以上
2012届	69.68	16.43	9.51	4.37
2013届	75.5	13.69	7.69	3.13
2014届	70.82	15.69	8.37	5.12
2015届	69.88	15.89	9.53	4.7

（四）创业基本形式

由表4可以看出，将近一半的浙江省高校毕业创业学生选择个体经营的方式进行自主创业，这是由于在信息技术发达的今天，以互联网为基础的创业形式与项目层出不穷，电子商务和移动电商等个体经营方式准入门槛低。而超过1/3的学生选择合伙创业，这一数据在经历3年的连续走低后，在2015届毕业生中有了小幅度的增长，与此对应的是，个体经营这一创业形式不升反降低，可以说明大学生创业在慢慢由"单打独斗"的个体经营模式转变为合伙创业模式。同时，浙江省最为民营经济较为发达的地区之一，毕业生中选择进入家族企业进行创业的仍占有一席之地。而这一数据4年来持续下滑，可见毕业生的创新思维不断进步，不再局限于家族企业创业，独立门户、自成一派才是未来的创业趋势。

表4 浙江省高校毕业生创业基本形式（单位：%）

	个体经营	合伙创业	家族企业	其他
2012届	46.19	35.4	13.1	5.31
2013届	49.32	34.46	11.56	4.66
2014届	50.23	33.52	11.15	5.1
2015届	48.38	36.63	10.41	4.58

（五）创业资金来源

由表5可以看出，家庭、亲戚朋友资助仍是高校毕业生创业资金的主要来源，但所占比例呈现下降趋势。申请创业贷款和寻求创业基金或社会风投作为创业资金来源比例从2013届开始呈现逐渐递增趋势，说明毕业生创业资金来源近三年来不断改善，创业融资环境逐步得到改善，也从一个侧面反映出大学生创业质量提高，越来越多的创业项目得到了社会资金的认可。另外，通过对比本科院校和高职院校毕业创业者资金来源比例数据，发现两者差别显著之处在于本科毕业生更在意大学里勤工助学与兼职所得创业（平均7.92，高于高职学生的6.41），而高职毕业生更在意工作后收入所得进行创业（平均17.03，高于本科学生的14.31）。

表5　浙江省高校毕业生创业资金来源（单位：%）

	家庭、亲朋资助	大学里勤工助学与兼职所得	申请创业贷款	寻求创业基金或社会风投	工作后收入	其他
2012届	56.44	8.58	4.79	2.59	20.48	7.12
2013届	69.17	5.75	2.55	1.55	14.01	6.97
2014届	66.16	6.26	3.13	2.29	14.03	8.12
2015届	62.7	7.48	3.38	2.46	15.22	8.76

（六）创业年纯利润收入

由表6可以看出，年纯利润收入在4～10万元的比例最高，约占35%左右。10万元以上的比例逐年递增，从2012届的33.58%、2013届的34.61%、2014届的39.10%、2015届的40.73%，与受雇毕业生月平均收入相比，这一部分创业者的收入高于受雇毕业生的收入。而年纯利润收入在4万元以下的比例则逐年下降。反映出大学生创业盈利能力逐步提高。

表6　浙江省高校毕业生创业者年纯利润收入（单位：%）

	20万元以上	10～20万元	4～10万元	0～4万元	0元以下
2012届	14.12	19.46	35.59	23.15	7.68
2013届	15.09	19.52	35.53	21.93	7.93
2014届	17.01	22.09	34.02	19.02	7.86
2015届	17.64	23.09	34.34	17.32	7.61

（七）创业内容与所学专业相关度

由表7可以看出，高校毕业生的创业内容与所学专业相关程度不高。但从总体趋势上看，创业者的专业相关率从2013届的34.26，2014届的37.44到2015届的38.43，整体上有一个提升，说明创业内容与所学专业关联度在增大，但提升的空间还很大。

表7 浙江省高校毕业生创业内容与所学专业相关情况（单位：%）

	完全相关	相关	基本相关	不太相关	完全不相关
2012届	8.88	10.05	15.38	29.13	36.56
2013届	9.62	12.48	12.16	31.82	33.92
2014届	11.31	13.17	12.96	30.76	31.8
2015届	12.48	12.26	13.69	30.99	30.58

另外，通过对比本科院校和高职院校的毕业创业学生数据可知，两者不存在显著差异。分析2012—2015四届毕业生创业率排名前十的专业发现，艺术类专业优势明显。创业率排名前十的本科专业生中，2012届艺术类专业有6个、2013届有4个、2014届有6个、2015届有7个；创业率排名前十的专科专业生中，2012届艺术设计类专业有7个、2013届有5个、2014届有5个、2015届有2个。动画专业和摄影专业连续3届进入本科专业创业率前十位；而体育服务与管理专业连续三届进入专科专业创业率前十名。这说明毕业生创业具有偶然性，同时也深受周围创业氛围的影响。

（八）创业动机

由表8可以看出，毕业生创业动机主要来自"创造出更多财富""实现自我价值""不想被约束，想自由发挥和支配时间"和"个人兴趣爱好"。其中，"创造出更多财富"牢牢占据第一，由此可见，为"钱"创业的想法根深蒂固。同时，"迫于就业形势"而创业的比例在不断降低，可见生存型创业比例下降，创业生态趋向良性发展。

表8 浙江省高校毕业生创业动机（单位：%）

	实现自我价值	创造出更多财富	个人兴趣爱好	迫于就业形势	不想被约束，想自由发挥和支配时间	创业成功偶像崇拜	工作不顺心，换种工作环境	其他
2012届	24.13	26.15	16.02	5.64	19.83	2.71	2.58	2.94
2013届	62.81	65.95	39.1	13.48	52.15	5.8	6.01	7.02
2014届	59.31	60.12	39.41	11.06	47.64	5.26	5.6	7.63
2015届	58.79	60.2	40.89	9.71	47.14	4.82	5.02	6.63

（九）创业困难影响因素

由表9可以看出，对于创业者来说，最大的困难并不是缺乏创业资金，而是缺乏创业经验和人脉关系，其次才是缺乏创业资金。约有10%的毕业生创业者认为创业的困难之处在于缺乏相关的知识和技能，平均有8.32%的毕业生创业者认为自己缺乏良好的心理素质。各项数据在短期内基本保持稳定，没有太大的波动。

表9　浙江省高校毕业生创业困难影响因素（单位：%）

	缺乏创业资金	缺乏相关的知识和技能	缺乏创业经验和人脉关系	缺乏良好的创业环境	缺乏良好的心理素质	缺乏良好的体能素质	其他
2012届	23.4	9.19	49.51	5.39	8.06	0.67	3.78
2013届	23.41	9.61	49.17	5.23	8.15	0.53	3.91
2014届	25.33	9.43	45.61	4.97	8.79	0.56	5.32
2015届	25.67	9.49	45.71	4.61	8.26	0.52	5.74

（十）希望学校采取何种措施帮助大学生创业

由表10可以看出，毕业生创业者最希望学校能建设大学生创业园，为大学生提供场地、设备等环境服务，平均占比56.55%。其次是提供配套资金，平均占比45.49%。开设创业课程、举办创业讲座等也吸引了大部分学生的关注，平均占比42.87%。而上述各项指标，除"提供配套资金"和"其他"外，都呈现逐年递降的趋势，说明各高校已经开始重视创业教育的重要性，并在校园内积极开展创业教育和创业服务。

表10　浙江省高校毕业生希望学校应该采取何种措施帮助大学生创业（单位：%）

	建设大学生创业园，为学生提供场地、设备等环境和服务	多开展与创业相关的校园活动	开设创业课程、举办创业讲座等	提供配套资金	开展弹性学时、鼓励休学创业	其他
2013届	59.87	42.67	43.11	44.96	/	10.84
2014届	55	40.39	43.09	46.41	23.14	10.27
2015届	54.77	39.84	42.42	45.1	20.98	10.33

注：2012届问卷调查中无此题；2013届的问卷调查种没有"开展弹性学时、鼓励休学创业"这一选项。

二、浙江省高校毕业生创业存在的问题

（一）缺乏创业精神，创业率较低

根据2016年6月麦可思发布的《2016年中国大学生就业报告》，中国高校毕业生的创业率为3%，浙江省的高校毕业生创业率为4.82%。虽然超出全国水平，但是较上一年已经有所下滑。与此同时，仍有一部分毕业生创业者属于生存性创业者，其创业动机是出于无奈，迫于就业形势的压力才进行创业，而非主动地、积极地投入到创业大军之中，可见中国大学生的创新创业意识有待提高，创业教育质量有待继续提高。

（二）缺乏一定的创业知识和创业技巧

创业是一项十分复杂的活动，它要求创业者具备各类创业知识和创业技巧。创业知识包括市场营销知识、财务知识、行政知识、法律知识等。创业需要调动全方位的资源，包括人力、财力和物力。而人是最重要的。由于各类的资源的限制，大学生创业规模往往属于微小型企业，团队人员往往在1~5人左右。团队规模小，团队内所具备的创业知识不全面，创业的可能性降低，创业的成功率降低。这也是现在提倡跨专业组建创业团队的必要性之一。

（三）创业与专业结合不够紧密

由于互联网科技的迅猛发展，电子商务和移动电商的普及，以互联网为基础的创业形式与项目层出不穷，且技术门槛低，风险较小，比较适合大学生创业。再加上部分专业知识的特性，很难与创业相结合。因此，大部分毕业生创业者所选择的创业内容与所学内容相关性不大。大学生在大学校园中所学内容无用武之地，导致了时间浪费与资源浪费。

（四）校园创业环境有待改善

环境之于一个人有着强大的影响力。例如，在有着浓郁创业氛围的温州，人人都具有当老板，去创业的想法，创业意识就在不知不觉之中渗入到头脑里、血液里。大学生学习、工作和生活的环境，相对来说较为封闭、较为单纯。某些高校或尚未开展创业教育，或尚未建立大学生创业基地，或尚未开展校内的创新创业活动，或尚未推出大学生创业的政策与措施，这都不利于创业意识的萌发、创业精神的培养，和创业能力的发展。

三、对策及建议

（一）开展创业普及教育，提高创业意识

创业普及教育是以培养大学生的创业意识，培养大学生的创新思维，和培养大学生的创业精神为核心的教育。教材可以《大学生创业基础》为蓝本，通过讲解创业步骤，重点挖掘创业机会和商业创意，发挥学生的主观能动性，锻炼学生的创新思维，激发学生的创业意识。课程内容也可以创业模拟实训为基础，通过运营创业项目，在模拟实训中培

养学生的创新思维，提高学生的创业意识。作为普及性教育，需要每一位大学生都参与到该教育课程中。它作为创业的种子，撒进学生的心中，只要碰上阳光雨露，就能发芽成长，结出创业的果实。

（二）增强创业知识和创业技巧

创业不仅仅需要专业知识，还需要配套的创业知识，每一点配套的创业知识都是系统的一门课程。大学生在校园内，时间相对宽裕，正是学习全方面知识，为以后创业打基础的重要时期。高校作为一个传道授业解惑的地方，要合理配置师资与时间，开设各类创业知识与技能课程。例如创业过程中极为重要的市场营销、财务管理、知识产权管理等等。以选修课的形式开展创业教育，既优化了课程资源配置，也满足了创业学生对学习创业知识和技能的要求。

（三）改革专业课程内容，将创业融入专业知识当中

大学生创业内容与所学专业的低相关度，已经引起全社会的关注。这固然与互联网+创业的政策导向，与其创业门槛低、创业风险小有关系，也与创业与专业结合率低有关系。结合专业创业，乃是当今社会所提倡的科技创业，科技兴国。这对高校的专业课程提出改革要求。这需要高校改革人才培养方案，将创新创业纳入人才培养方案；这需要改革专业课程内容，将创业融入专业知识中；这也需要授课教师改革授课方式，以创新创业思维方式去教授专业课知识，使学生在学习专业课程的过程中，发散创新思维，开发专业创意，最终将创意转化为创业。

（四）开展创业实践教育，优化校园创业环境

根据调查显示，学生在创业过程中遇到的最大困难是缺乏创业经验和人脉，最希望高校能提供的是创业场地、设备等环境服务。因为创业是开发创意、实施决策和运营管理的过程，它时时刻刻伴随着风险，而缺乏运营管理经验，往往导致管理问题，最终可能创业失败。浙江工贸职业技术学院开办的达岸咖啡馆，由学校提供场地和设备，由学生众筹作为运营资金，核心团队作为管理运营人员，自负盈亏的创业实践教育模式，给学生提供了积累创业经验的机会，为学生以后的创业管理做好经验储备。开展切实可行的创业实践教育，为学生的创业打下了坚实基础，也大大提供了创业成功率。

参考文献

[1] 浙江省教育评估院. 2015 届浙江省高校毕业生职业发展状况及人才培养质量调查报告[R]. 2016.

[2] 浙江省教育评估院. 2014 届浙江省高校毕业生职业发展状况及人才培养质量调查报告[R]. 2015.

[3] 浙江省教育评估院. 2013 届浙江省高校毕业生职业发展状况及人才培养质量调查报告[R]. 2014.

[4] 浙江省教育评估院. 2012 届浙江省高校毕业生职业发展状况及人才培养质量调查报告[R]. 2013.

[5] 郑淑珍, 戴鎏, 王华. 大学生创新创业现状调查分析与对策研究[J]. 创新与创业教育, 2016, 7（3）: 53-55.

[6] 万冰魂, 杜小艳. 我国大学生创新创业现状、困境及对策[J]. 对外经贸, 2016（1）: 129-131.

[7] 张乃强, 王春雨. 当代大学生创业现状与对策探索[J]. 中国西部科技, 2016, 15（1）: 123-125.

[8] 杨晓慧. 中国大学生就业创业发展报告（2013—2014）[R]. 北京: 人民出版社. 2015: 281.

[9] 何向荣, 谢敏. 浙江大学生（2013—2014）创业观察报告[M]. 北京: 清华大学出版社, 2015.

（原文刊载于《浙江工贸职业技术学院学报》2018年第3期）

CDIO理念下的创新创业人才培养模式探索与实践

——以软件技术专业为例

潘益婷 潘修强

创新创业教育是一种教学理念，是适应经济社会和国家发展战略需要而产生的[1]，在高校广泛深入开展创新创业教育是社会发展的主流。国务院办公厅提出建设中国特色创新创业教育体系[2]，教育部表示要把创新创业教育贯穿人才培养全过程[3]。但目前创新创业教育与专业教育结合不够紧密，存在与实践脱节、实践平台短缺等方面的一些问题[2]。

浙江工贸职业技术学院软件技术专业以现代学徒制为基础，基于CDIO工程教育理念，以过程为载体培养学生工程能力，将创新创业教育与专业教育相融合，在课程体系、培养模式、评价机制等方面全方位进行探索研究，以项目驱动方式开展教学，以岗位能力培养为核心，以分层分类模式实施协同育人，注重培养学生较强的项目设计开发能力、创新能力、团队协作精神以及沟通表达能力，以培养出既有专业知识又有创新创业理念、符合社会需求的创新型人才。

一、创新创业教育理论基础

如图1所示，创新创业教育理论基础分为国内理论基础和国际教育影响两方面，国内创新创业理论基础分为国家层面推动创业教育和系统的创业教育理论体系两方面，国际创新创业教育分为英国等欧洲国家的广义创业教育（Enterprise Education）和以美国为代表的狭义创业教育（Entrepreneurship Education）。

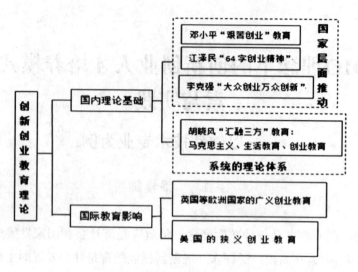

图1 创新创业教育理论基础

1. 国内创新创业教育理论基础

（1）国家高度推动创业教育

我国的创业教育理念发端于邓小平同志1980年1月16日在中共中央召开的干部会议上做的重要讲话："要有一股子艰苦奋斗的创业精神""向干部和群众进行教育，一定要艰苦创业"[4]。邓小平同志的"艰苦创业"教育理念是面向大众的"大创业教育观"，实际上就是一种全民性的创业教育。江泽民同志在全国人大八届一次会议闭幕式上提出的"64字创业精神"[5]，正是邓小平艰苦创业精神的延续发展。李克强同志在2015年政府工作报告中提出"大众创业，万众创新"，更是将全民性的创新创业教育实践推动发展到新高潮，掀起"大众创业、草根创业"的新浪潮，形成"万众创新、人人创新"的新姿态。

（2）创业教育理论体系

中国创业教育史上最有影响力的是胡晓风的"融汇三方"创业教育，胡晓风最早明确提出"创业教育"概念，并构建了比较完整的创业教育理论和实践体系。"融汇三方"的创业教育理论体系是指：①将马克思主义作为创业教育的重要指导思想。主张创业教育是整个生活的教育[6]。②将陶行知的生活教育思想融入创业教育体系。提出创业教育是整个生活的教育，要注重民主教育、全民教育、全面教育和终生教育的有机结合[7]。③

胡晓风的创业教育模式是邓小平艰苦创业教育思想的继承和发展。

2. 国际创新创业教育影响

（1）英国等欧洲国家的广义创业教育enterprise e-ducation：英国等欧洲国家以及联合国所倡导的是广义创业教育，侧重强调探索精神、冒险精神、事业心、进取心等，其实施过程更为关注诸如决策能力、合作能力、问题解决能力、创新能力等创新创业素质的培养[8]。

我国于1990年在北京、江苏、四川、河北、辽宁进行了为期五年的提高青少年创业能力的教育联合革新项目。这一项目使大创业教育理念得以落实，使得大创业教育不仅仅局限于高等教育，还推动到大中小学各个教育阶段，并且还催生了中国创业教育学的初步形成与发展。

（2）美国的狭义创业教育entrepreneurship education：以美国为代表倡导的狭义创业教育，侧重新企业创办与管理，其教育内容主要是围绕商业机会识别、新企业管理、创业资源整合等展开[8]。

1998年首届创业计划大赛在清华大学举办，其参照了麻省理工学院的商业计划大赛，这标志着国内高校创新创业的开始。1999年颁布的《中共中央国务院关于深化教育改革，全面推进素质教育的决定》提出实施素质教育，以学生为中心，着力培养学生的创新精神和实践能力。2002年教育部在清华大学等9所高校进行了创新创业教育试点。2015年国务院办公厅提出建设中国特色创新创业教育体系。在这一系列政策措施推动下，国内高校以"挑战杯"及创业设计类竞赛为载体，以大学生就业指导课为依托，以大学生创业基地（园区）为平台，以搭建创新创业教育课程体系为抓手等，开展了各类创新创业教育。

二、创新创业教育发展现状

1. 国内创新创业教育发展现状

我国创新创业教育的研究发展较快，整体上呈稳步增长趋势，中国知网关于创新创业教育的文献数量统计情况如图2所示，2000年到2009年间创新创业相关文献还较少，发展较为平缓，说明该时期创新创业教育开始得到国内学术界的关注且相关理论逐渐建立；2010年至2014年创新创业相关文献数量呈现增长态势，说明该阶段国内创新创业教育的相关研究迅猛发展；2015年至今，我国创新创业教育的文献数量出现爆发式增长，意味着该阶段国内创业教育的相关研究进入成熟发展阶段。

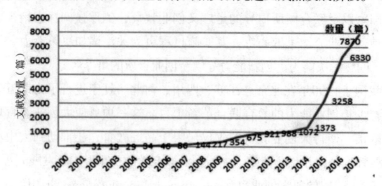

图2　有关创新创业教育文献统计情况

百度学术以及中国知网关于创新创业教育的研究近五年内关键词主要包括大学生、高职院校、人才培养、课程体系、专业教育等，在创新创业教育主题下各关键词研究热度趋势如图3所示，关于高职院校大学生创新创业教育的文献占最多数，其次是人才培养、课程体系和专业教育。这表明创新创业教育的主要研究对象是高校，研究的内容主要聚焦于创新创业人才培养以及创新创业教育制度体系的完善：①关键词主要是创业教育、创新创业教育。高晓杰等[9]从创新创业教育的内涵、界定、意义出发对创新创业教育进行了六个方面的综述。马永斌等[10]从创新创业教育的内涵着手，提出"大学—政府—企业"生态网模式解决创新创业教育问题的具体思路。②关键词是高校、高职院校、大学生等。高校创新创业教育是教育教学改革和创新人才培养的重要环节。杨晓慧[11]研究我国高校创业教育的主要挑战、科学定位与创新发展问题，认为我国高校创业教育面临专业化、一体化、科学化发展方面的挑战。③关键词是课程体系、专业教育。朱益新等[12]提出在正确合适的高职院校创新创业课程体系目标的引领下，把握好四条构建原则，以"平台+模块"为课程体系的结构模式，合理设置各类型课程，确保课程体系产生实效。曹继鹏等[13]提出创新创业教育实质上属于素质教育范畴，但应当以专业为载体，将创新创业教育融入专业教学中，才能使创新创业教育具有针对性。

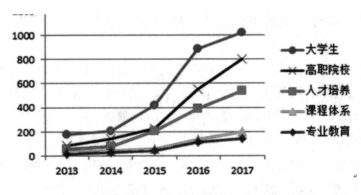

图3 近五年创新创业教育研究关键词研究热度分析

2. 国际创新创业教育发展现状

美国的创新创业教育起步较早，是发端于美国商学院的"新企业创办教育"模式，是以"新企业创办"为主要目的的创业教育，后来发展到以"创业的就业促进效应"推动创业教育发展。美国的创新创业教育体系覆盖到所有层级的学校，包括中小学、研究生。哈佛大学等不仅培养学生的创新创业能力，还培养从事创业教育教学的硕士博士。

英国政府为了推动大学生就业率和就业质量，实施"大学生创业项目"，随后又推出"高等教育创业"计划，从政府层面提供创新创业教育政策资源，成立大学生创业委员会、科创中心等推动创新创业教育发展，培养大学生"双创"意识、"双创"能力。

德国政府明确提出：高等学校要成为创业者的熔炉，大学生就业不仅仅是学校的事情，而是整个社会的事情。德国政府在全国25所高校试行创新创业教育，将创新创业教育课程作为核心课程纳入人才培养体系，相继推出"EXIST"项目、"EXIST II"和"EXIST III"计划，全面实施创新创业教育。

国外创新创业研究有：Oosterbeek H等[14]使用一些工具方法分析了创业教育对大学生创业技能和动机的影响；Fiona Wilson等[15]根据样本数据来比较性别、企业自我效能和创业意图对创业教育的影响；U Hytti等[16]探讨了四个欧洲国家的企业教育的构成，提出了一个概念模式，用于捕获企业教育计划和计划的各种目标，该概念模式用于对奥地利、芬兰、爱尔兰和英国的50个企业计划的目标进行分类。

三、软件专业创新创业人才培养模式探索

基于CDIO工程教育理念，在以现代学徒制为基础的软件技术专业人才培养过程中，将创新创业教育融入专业教育的人才培养全过程，从构思、设计、实现、运作4个方面着手，以项目驱动方式开展教学，以产教融合和岗位实践能力为核心培养职业人才，以分层分类现代学徒制人才培养模式实施协同育人，从课程体系、人才培养模式、评价机制等方面全方位构建运作顺畅的软件专业双创人才培养模式。

1. 结合专业教育的创新创业课程体系

软件专业的培养目标是：突出专业人才的知识交叉和复合型能力结构的培养，培养出满足社会需求的创新型人才。实现这一培养目标的一个重要支撑是课程体系设置。将创新创业教育与软件专业教育融合，科学设置各个教学模块，围绕产业需求和技术发展方向，在课程中融合软件行业相关的新知识、新技术、新方法，将企业真实项目引入课堂，在理论教学中激发学生创新创业意识，在实践教学中培养学生创新创业能力。

软件专业将创新创业教育贯穿人才培养的全过程，以全面发展为目标，调整优化专业结构，形成全方位融合覆盖的课程体系。指导思想是以项目驱动、重实践操作、以赛促教等方式培养学生的"大创新创业教育理念"以及创新创业意识和创新创业能力。软件专业的创新创业课程体系如图4所示。

课程类别	课程模块	创新创业理念与能力培养
通识教育平台课	品德素养	（1）树立大创新创业教育理念 （2）培养创新创业意识
	人文素养	
	职业素养	
专业技术课	专业平台课	（1）加入创新创业基础训练 （2）培养创新创业意识
	岗位课	（1）加入创新创业基础训练 （2）培养创新创业意识 （3）培养创新创业能力
	实战课	（1）加入创新创业综合训练 （2）培养创新创业意识 （3）提升创新创业能力
	拓展课	（1）加入创新创业拓展训练 （2）培养创新创业意识 （3）提升创新创业能力
综合实践课	毕业综合实践	（1）提升创新创业能力

图4　软件专业的创新创业课程体系

（1）通识教育平台课程模块

通过面向全体学生的始业教育、"大学生创业基础""就业指导"课程，以及相应公选课等，培养学生的大创新创业教育理念；在课程中注重与专业结合，培养学生在专业中的创新创业意识。

（2）专业平台课模块

把IT最前沿知识、技术、方法融入课程，课程最后1、2周的课时加入创新创业基础训练，通过项目方式既完成课程的所有知识点梳理、归纳，夯实基础，又激发学生创新创业意识。例如在"HTML5应用开发"课程引入电商网页项目，让学生在需要完成的大作业项目中，从教师推荐的各类自学资源萌发制作一个汇集所有学习资源的分类网站，让自学更简单方便，于是自主深入学习Bootstrap框架完成响应式的学习资料网站，也有学生萌发出要制作一个将所有学生作品集中展示的网站，既方便以后学生观摩学习，又方便教师评价整理。

（3）岗位课模块

软件技术专业分Java开发岗、Android开发岗、前端开发岗以及UI设计岗4个岗位。学生可根据自身能力和兴趣选择不同岗位成长路线学习实践。把IT最前沿知识、技术、方法融入岗位课程，课程最后1、2周的课时加入创新创业基础训练，这里的创新创业基础训练是按岗位区分的。例如Java开发岗的基础项目训练是从前端页面的制作到后台功能的完成，UI设计岗的基础项目训练是网页端、手机端的程序界面设计。在不同岗位中加强交流合作，将抽象思维和逻辑思维较好的学生（如Java开发岗）与形象思维和创新思维较好的学生（如UI设计岗）汇聚在一起，进一步提升创新创业意识和创新创业能力，为后续各类程序设计大赛、创新创业大赛等打下坚实基础。

（4）实战课模块

引入企业真实项目，引导学生从创意设计、发现问题、分析解决、归纳总结、优化提升等各方面进一步提升软件设计开发的综合能力以及创新创业能力。例如Android开发岗的实战课程引入企业真实项目——出租车管理App（见图5），在项目开发中融入版本控制、过程管理、项目开发各阶段、相关文档要求、质量控制、优化运维等全过程。融入创新创业理念，引导学生从当前社会关注话题和工作生活需要等方面着手，完成大作业项目。积极推行以赛促教模式，鼓励引导并组织学生积极参加多媒体大赛、程序设计类大赛、移动互联网应用软件开发大赛、Web应用软件开发大赛、云计算应用及开发大赛、物联网技术应用大赛、中美青年创客大赛、职业生涯规划大赛、挑战杯等，在更广阔的舞台开展创新创业实践活动，提升创新创业综合能力。软件专业在学科竞赛方面取得了显著成绩，从2015年至2018年累计75人次获得6个国家级奖项和19个省级奖项。

（5）拓展课模块

例如加入Python应用课程等IT最前沿最热门的内容，加入项目管理等综合性课程加强职业素养和团队协作精神，加入界面原型设计和开源CMS等技术拓展课程加强系统构思能力等，总之，通过专业拓展课程，从新技术、综合能力、拓展能力等方面进一步提升软件项目设计开发的创新创业能力。

图5　企业真实项目——出租车管理App

（6）综合实践模块

综合实践课程最能培养学生创新创业能力，因为它综合性更强，涉及领域更广，需要建立完善的校内外实践基地、大学生创新创业孵化基地和大学科技园等创新创业教育实践基地，为学生的综合实践模块提供支持平台。通过中期实习、毕业设计、毕业实习，加强了综合工程能力、职业技能，以及创新创业实践能力。

2. 基于CDIO工程教育模式和项目驱动方式开展教学

参照CDIO工程教育模式，从构思、设计、实现、运作4个方面着手，将课程、工程能力培养目标与工程能力训练建立对应关系，以项目驱动方式，注重学生的项目设计开发能力、综合实践能力、团队协作能力和沟通表达能力，以培养满足现代职业要求的高素质技术人才。

根据企业工作流程和岗位职责要求，在教学过程中引入企业真实项目进行项目化教学，课程考核均采用项目化考核，将理论知识与实际工程项目相结合，提高学生综合实践能力。引入企业真实项目，在第4学期的企业项目实战课程中开设完成，教师根据软件项目开发流程的需求，分析、设计、编码、测试、运行、维护各阶段流程进行项目化教学。

网上计算机软件类的优质教育资源很多，可以满足不同层次学习者的需求，利用慕课资源开展在线学习，与传统授课辅导相结合的线上线下混合教学模式有助于提高教学质量。

3. 拥有创新创业能力的师资队伍

师资队伍力量薄弱主要表现在两个方面：一是专业教师实际项目开发实践经验不足；二是创新创业课教师大多是兼职或兼课教师，以理论教学为主，理论与实践脱节严重。软件专业创新创业教育课程体系得以顺利实施的重要条件之一是培养出具有实际创新创业能力和实践能力的教师队伍。

（1）改进教学方法，提升教学能力

一方面推进教师通过"互联网+"方式获取新知识和新技能，提升自身专业水准和创新创业理论和实践水平；另一方面还要推进教师在专业教学中充分使用翻转课堂、MOOC、混合式教学等形式，提高专业教学能力。例如学校专门组织了信息化教学培训等，我校的《程序设计基础》课程利用中国大学MOOC上浙江大学翁恺老师开设的《C语言程序设计》来开展混合模式教学。《Android基础应用开发》课程也同样采用混合教学模式，利用的是我们团队自建的浙江省精品在线开放课程《Android移动应用开发》。

（2）深入企业实践，加强综合实践能力

一方面有序安排教师到企业实践，去企业兼职，从技术、管理、业务等多方面深入了解项目开发、了解企业运营管理等，提高教师实践能力、创新创业意识和创新创业能力；另一方面聘请杰出校友、创业明星、软件工程师、企业家等做兼职教师或创新创业讲座，形成专兼职结合互补的师资队伍。

（3）增强社会服务能力，拓宽创新创业体系

以师生创新创业活动、企业顶岗实习等工作提升专业社会服务能力，发挥教师科研、研发的技术优势，软件专业先后与温州电力公司、温州育才集团等企事业单位签订了多项技术服务合同，极大地增加了社会服务能力，为师生创新创业拓宽渠道。

（4）完善考核评价、激励机制

很多学校在创新创业师资队伍的建设上都缺乏相应的考核评价机制、激励机制等制度保障和政策支持。我校正在积极探索在教师教学工作的全面考核、教师下企业实践管理、科研经费的创新管理等方面出台一些相应的制度。

4. 融合专业的创新创业优质课程资源和信息化建设

必须充分挖掘专业课程的创新创业教育资源，使得教师在传授专业知识过程中加强创新创业教育，促进专业教育与创新创业教育有机融合。软件专业推出创新创业系列课程资源、慕课、视频公开课等在线开放课程，为学生自主学习提供丰富多样的教育资源。

浙江工贸职业技术学院是全国首批创新创业教育50强高校，由我校和深圳职业技术学院联合主持建设的国家"创新创业教育教学资源库"项目参与单位有三十余家，在创新创业人才培养体系构建、教学团队建设、精品课程建设等方面积累了大量的教学资源。不仅满足学生、教师、校内外创新创业者的需求，还支持初创企业、合作企业使用资源库进行员工继续教育培训，吸引社会学习者使用。

5. 以"工作室+公司"的方式推进创新创业实践平台

我校以三大园区建设为平台，进行了产教融合、校企一体化的探索，搭建了"学园城一体化"的产教融合实践平台[17]，为学生提供创新基础、创业教育和创业项目孵化，指导学生创业实战，参加创新创业相关大赛。软件专业尤其是与三大园区之一的省级国际服务外包示范园紧密合作，跟温州电子信息研究院合作开展现代学徒制工作，组建创业工作室，还成立了师生创业公司，以"工作室+公司"的方式推进创新创业教育。校内还建成了浙江省示范实训基地"IT服务外包实训基地"和"计算机实训基地"，同时还建成了"移动应用开发工作室"。专业还拓展了昆山安博实训基地、厦门国家软件园实训基地以及温州知名IT企业等校外实训基地，为学生提供更多的创新创业实践平台。专业更是要继续推进打造集人才培养、创新创业、技术服务、科研众包于一体的"互联网+"移动应用技术创新中心，提升专业社会服务能力，培养学生的创新意识、创新思维，提升学生创新创业实践能力。

6. 以分层分类现代学徒制人才培养模式实施协同育人

以不同岗位实现分类育人：Java Web开发岗、An-droid开发岗和前端开发岗对抽象思维和逻辑思维有较高要求，UI设计岗位对形象思维和创新思维有更高的要求，以此为依据，通过企业入校进行企业岗位宣讲，引导学生依据自身能力和兴趣选择不同岗位成长路线，实现以岗位分类育人。

以不同人才培养模式实现分层育人：在分类育人基础上，通过学生自愿报名，校企双方共同面试和双向选择组建学徒班，以现代学徒制人才培养模式和传统育人模式的形式，实现人才培养模式的分层育人。

分层分类人才培养是以学生为中心，以不同岗位实现分类育人，以不同人才培养模式实现分层育人，尊重了学生个体的差异，使得不同能力和兴趣的学生都能找到适合自己发展的岗位，从而实现人人成才。

7. 探索成果导向的评价体系

关注学生学习的最终成果，有步骤、系统地收集各项数据，评价分析学生在不同学习阶段达到预期学习成果程度和学校达到预期教育目标程序。通过学生课程学习情况、参加各项竞赛活动情况、座谈会、教师对学生评价等各方面来评价学生专业能力与核心能力。落实到每门课程考核评价的关键是建立多样性、多维度的符合课程性质的评价模式，借助过程考核和项目化考核方式，引导学生积极参与教学环节，全面考查学生专业能力和创新创业能力。

8. CDIO理念下的软件专业创新创业人才培养模式

在CDIO工程教育理念下，我校软件技术专业创新创业人才培养模式是依托学园城一体化的产教融合实践平台构建的校企协同育人机制，以学生为中心和以人人成才为目标，设计并实践了图6所示分层分类现代学徒制人才培养模式：①将创新创业教育与专业教育深度融合，以项目驱动、重实践操作、以赛促教等方式培养学生的"大创新创业教育理念"以及创新创业意识和创新创业能力，将大创新创业教育理念融入人才培养全过程。②基于CDIO工程教育模式和项目驱动方式开展，将课程、工程能力培养目标与工程能力训练建立对应关系，根据企业工作流程和岗位职责要求，在教学过程中引入企业真实项目进行项目化教学，课程考核均采用项目化考核，将理论知识与实际工程项目相结合，提高学生综合实践能力。③以产教融合和岗位实践能力为核心培养职业人才，搭建"学园城一体化"实践平台，将育人与生产有机结合，以"工作室+公司"的方式推进创新创业实践平台，以不同岗位实现分类育人（Java开发岗、Android开发岗、前端开发岗、UI设计岗），以不同人才培养模式实现分层育人（普通班和学徒班）。

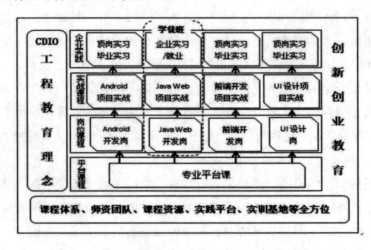

图6 CDIO 理念下的软件专业创新创业人才培养模式

四、结束语

本文描述了国内创新创业基础理论和国际创新创业影响，分析了国内和国外创新创业发展现状和研究热点趋势，从而得出创新创业教育实现新发展的关键是将创新创业教育与专业教育深度融合。在CDIO工程教育理念下，以现代学徒制为基础的软件专业为例，探索并实践CDIO理念下的软件专业创新创业人才培养模式，从课程体系、师资队伍、优质课程资源、实践平台、评价体系等方面，全方位培养学生的"大创新创业教育理念"以及创新创业意识和创新创业能力，将大创新创业教育理念融入人才培养全过程。当然在教师教学工作的全面考核、教师下企业实践管理、科研经费的创新管理等方面正在积极探索并出台一些相应的政策。

参考文献

[1] 王占仁. 中国创新创业教育史[M]. 北京：社会科学文

[2] 国办发〔2015〕36号. 国务院办公厅关于深化高等学校创新创业教育改革的实施意见[Z].

[3] 百度文库. 教育部视频会议部署深化高校创新创业教育改革工作[Z]. https：//wenku. baidu. com/view/e123b0e1b84 ae 45c3b358cc7. html，2015.

[4] 中共中央文献编辑委员会. 邓小平文选（第二卷）[M]. 北京：人民出版社，1993.

[5] 百度百科. 64 字创业精神[DB/OL]. https：//baike. baidu. com/item/64%E5%AD%97%E5%88%9B%E4%B8%9A%E7%B2%BE%E7%A5%9E/9010087? fr=aladdin，1993.

[6] 胡晓风. 关于更新教育思想、进行创业教育的探讨[N]. 人民日报，1989-01-16（5）.

[7] 胡晓风，姚文忠，金成林. 创业教育简论[J]. 四川师范大学学报，1989（4）：1-8.

[8] 李亚员，李健，冯鑫. 中国创业教育的发端、演进与展望[J]. 高

校教育管理，2017，11（3）：6-14.

[9] 高晓杰，曹胜利. 创新创业教育——培养新时代事业的开拓者——中国高等教育学会创新创业教育研讨会综述[J]. 中国高教研究，2007（7）：91-93.

[10] 马永斌，柏喆. 大学创新创业教育的实践模式研究与探索[J]. 清华大学教育研究，2015，36（6）：99-103.

[11] 杨晓慧. 我国高校创业教育与创新型人才培养研究[J]. 中国高教研究，2015（1）：39-44.

[12] 朱益新，颛孙丰勤. 高职院校创新创业教育课程体系构建研究[J]. 创新与创业教育，2016，7（5）：40-45.

[13] 曹继鹏，于学成，张明光. 以专业为载体开展创新创业教育[J]. 纺织服装教育，2017，32（2）：106-109.

[14] Oosterbeek H, Praag V M, Ijsselstein A. The impact of entrepreneurship education on entrepreneurship skills and motivation[J]. European Economic Review, 2010, 54（3）：442-454.

[15] Fiona Wilson, Jill Kickul, Deborah Marlino. Gender, entrepreneurial self-efficacy, and entrepreneurial career intentions：implications for entrepreneurship education[J]. Entrepreneurship Theory and Practice, 2007, 31（3）：387-406.

[16] Ulla Hytti, Colm O'Gorman. What is "enterprise education" an analysis of the objectives and methods of enterprise education programmes in four european countries[J]. Education+Training, 2004, 46（1）：11—23.

[17] 贺星岳. 基于现代职教体系的产教融合、校企一体化研究与实践——以浙江工贸职业技术学院为例[J]. 职业技术教育，2015，36（21）：61-64.

（原文刊载于《中国教育信息化》2019年第4期）

地方高职院校"双创"教育生态化转型：
困境、逻辑与路径

曹大辉　麻小珍

在加快建设创新型国家进程中，以区域经济社会发展为导向培养创新创业型人才，不仅是地方高职院校人才培养工作的重点，也是地方高职院校创新创业教育（简称"双创"教育）的时代要求。地方高职院校"双创"教育经过长期的实践探索，取得了一定的进展与明显成效，但也存在一些瓶颈问题亟待解决。"双创"教育是一项生态系统工程，需要地方高职院校校内外多主体协同、多资源整合、校内外互联互动，生态化转型发展是其必然选择，也是其发展的高级阶段。在生态系统理论视角下探究地方高职院校"双创"教育生态化转型发展路径，对于突破制约"双创"教育发展的瓶颈、实现"双创"教育健康可持续发展具有重大的价值、意义。

一、"双创"教育生态化转型的理念内涵

（一）"双创"教育生态化的概念

"双创"教育生态化是从生态系统的视角研究高校的"双创"教育。生态学家TANSLEY于1935年首次提出生态系统（ecosystem）概念[1]，试图以系统视角研究生物与自然环境的关系，把生态系统理解为各生态因子相互作用的有机体。最早以生态系统理论视角研究创业教育的是美国的Katharine Dunn。她通过对麻省理工学院的创业教育的研究，于2005年提出了创业生态系统的概念，认为其成功在于创业生态系统的形成：学院层面的重视支持及各创业支持机构的协作，拥有丰富的创业资源，推动校内科技创新；培育创业精神，扶持师生创业，培养创新创业人

才。随后，百森商学院ISENBERG[2]从政府视角研究，认为创业者最易创业成功的环境就是创业生态系统。基于以上研究维度与视角，高校"双创"教育生态化就是基于生态系统理论视角审视高校创业教育的布局与发展，把影响高校"双创"教育的各种元素与"双创"教育环境共同链接成一个动态的有机整体，即"双创"教育生态系统。其中"双创"教育环境对"双创"教育起到制约和调控作用；系统内的各影响元素即生态因子相互作用、相互依存，协同推动"双创"教育的健康、可持续发展，把高校变成培育创新创业型人才的土壤。

（二）"双创"教育生态化发展的生态要素

高校"双创"教育生态化发展的核心是聚焦大学生的创新精神、创业意识与创新创业能力，协同校内外多主体，整合多资源，校内外协同互动，培养适应时代发展要求的创新创业型人才。在高校"双创"教育生态系统中，大学生是"双创"教育的教育对象，也是"双创"教育生态系统中最具活力的关键行动主体因子和检验"双创"教育活动成果的对象。[3]其他生态因子还包括教师、课程、组织机构以及支持和衔接这些创新创业主体的创新网络等。高校"双创"教育环境由内部微环境和外部环境组成。内部微环境由"双创"教育理念、创业文化、基础设施等构成，为"双创"教育提供精神和物质保障；外部社会环境由政府、行业、企业等构成，为高校"双创"教育提供政策、资金等积极有效的支持。"双创"教育的生态化发展要求"双创"教育各要素按照整体目标和内在逻辑相互作用、交互生成为有机统一体，即政府、行业、企业对"双创"教育的支持通过高校"双创"教育生态系统发挥作用，将创新创业内化为受教育者的思想观念及能力，进而外化为创新创业行为。同时，高校通过人才培养、社会服务等反哺"双创"教育的其他"环境因子"，实现良性互动，推动"双创"教育可持续发展。

二、我国地方高职院校"双创"教育生态化困境审视

运用因子与生态两种思维方法，从地方高职院校"双创"教育因子到"双创"教育生态系统，在立体式的空间中审视我国地方高职院校

"双创"教育，面临诸多困境。

（一）"双创"教育认识的片面性

对"双创"教育的内涵及各要素关系的准确深入认识与理解，是指导并规范"双创"教育实践有效开展的关键。目前，我国地方高职院校"双创"教育在政策导向下取得了重大进展，但由于开展时间不长及实践经验不足，对"双创"教育的内涵理解不到位，存在一定的片面性。具体表现为：一是"双创"教育的目标多以"创业促进就业"为出发点，将"双创"教育作为推动经济发展的工具，人的工具理性被过分强调而价值理性遭到忽视，人的主体性、自由性不能得以发挥与确保，失去了教育所追求的人的工具理性与价值理性的和谐统一。

二是将"双创"教育异化为精英教育，仅面向具有创业意向与潜质的少数学生专门培养，教育的覆盖面小，受益面较狭窄，忽视了"双创"教育的全体性、全面性；三是"双创"教育较多关注创业基础知识、创业技能等的传授，忽视大学生创新精神及创业意识的培养，考核往往以创业的成功率、创业对就业率的贡献、培养的创业之星及孵化的企业数量与规模等为重要评价指标，存在严重的目标短视化倾向，功利性极强。这些源头认识上的片面性严重阻碍了高职院校"双创"教育的科学健康发展。

（二）"双创"教育实施的离散性

由于对"双创"教育认识的模糊不清，尚未形成基于主体共识的整体行动逻辑，实施中出现了离散性局面。[4]首先，专业教育的排外性。"双创"教育起源于美国的创业教育，是一种舶来品，被国内众多高职院校核心教育体系"拒之门外"，突出表现为"双创"教育与专业教育相脱节，忽视了与专业教育的联系，"双创"教育与专业教育不能有效结合、组合与融合。其次是"双创"教育的"想当然"。"双创"教育脱离企业的生产实践，课程内容与行业企业中的最新技术、技能、理念的融合性不够，未能揭示专业、行业发展前景和创业方向，导致"双创"教育过度理论化的单向知识灌输，创业学生数量偏低及创业的层次性不够。最后，"双创"教育的同质化。地方高职院校"双创"教育割裂了与地方经济发展需要的关系，没有立足于区域经济社会发展，自身的专业优势没有得以充分发挥，"双创"教育同质化倾向严重，不仅缺少特色，而且加剧了人才供需失衡的结构性矛盾。

（三）"双创"教育过程推进的松散性

"双创"教育是一项系统工程，实践性强，不仅需要高职院校内部各部门相互协调配合，更需要政府、学校、产业界、企业等多方协作，发挥联动和聚集效应，形成育人合力，整体性推进"双创"教育的开展。但目前我国地方高职院校"双创"教育基本上是松散性推进，没有形成系统化的推进路径。首先是政府和地方高职院校在信息等方面沟通不畅，地方高职院校教师和学生等其他主体的参与性不高，尚未形成基于创新创业型人才培养整体目标的行动合力。其次，尽管我国地方高职院校基本上都建立了"双创"教育的相关组织机构，但普遍没有形成与外部社会主体的合作协同机制，"双创"教育校企一体化育人机制尚未形成，导致地方高职院校与产业界在"双创"人才培养上的合作不足。再次，我国尚未建立由政府、学校、行业企业等多主体参与的"双创"教育实践支撑和服务体系。

三、地方高职院校"双创"教育生态化转型的逻辑

（一）"双创"教育的核心是育人

地方高职院校"双创"教育的对象是大学生，是现实的人、自然人和社会人的有机统一体，具有一定的知识、能力与品质，大学生的发展是其综合素质的全面提升。[5]"双创"教育是一种素质教育，目的是培养大学生的创新精神与创业意识，提升"双创"能力，引导大学生成为高素质的创新创业型人才。"双创"教育实践要遵循教育规律，突出全体性与个体性的人才培养特征。全体性是要面向全体学生普及性、广泛性地开展，将"双创"教育融入人才培养的全过程，提升全体学生的综合素质，即通过教育促进学生全面而又个性的发展，把创新精神、创业意识和创新创业能力内化为学生的一种内在素质，为其在以后的职业发展中能顺利开展创业活动奠定良好的基础。个体性是指要遵循学生的个体差异达到个性化培养，即"双创"教育要基于大学生的现有知识、能力

水平及发展需求等，差异化、分层分类教育教学，满足其个性化发展的需要，激发内在的发展潜能，培养良好的创新创业素质与能力，把大学生由"现实的人"培养成具有一定"发展潜力的人"，满足个人需要和社会需要，推动社会的进步。

（二）"双创"教育的深层逻辑是创新性、创业性与教育性的有机融合

"双创"教育核心是人才培养，创新性与创业性是"双创"教育人才培养属性的两个方面，一体两面，相互融为一体。创新是基于现有的思维模式提出有别于常规思路的见解，为满足社会需要去改进或创造新的事物、方法、元素、路径等的行为，强调的是思维层面的创造，是一种勇于开拓、尝试与变化的精神和态度；创业是发现商机并用实践将其转化为具体的社会形态，获取利益，实现价值，强调的是行动方面的创造。从两者之间的关系看，创新与创业密不可分，创新是创业的基础和前提，有了创新的思维和意愿，再加上实践和市场机遇，才能实现成功；创业是创新的体现和延伸，创业是一种行为上的创新，是创新的行动化和体现形式。"双创"教育创新性与创业性的有机融合要求地方高职院校"双创"教育在精神层面重在培养大学生以创新为基础的思维心智，激发和培育大学生冒险精神、探索意志；在实质层面，"双创"教育还应强调大学生对机会的发现、把握和创造的能力，以市场为需求，利用配置资源，提升面对不确定因素创新地解决问题、创造社会财富的能力。[3]

（三）"双创"教育的内在要求是与专业教育融合发展

在地方高职院校，专业教育是依据专业人才培养方案，以课程体系为支撑，培养某一领域的高素质专业人才，对大学生未来就业创业起导向作用。专业教育是大学生创新的根基，而创新又是"双创"教育的根本，因此发挥专业优势，依托专业教育开展"双创"教育，实现"双创"教育与专业教育的融合发展是"双创"教育的内在必然要求。脱离专业教育谈"双创"教育显得空洞单薄，只有在专业知识、技能讲授过程中融入"双创"教育，才会更加令人信服。推动"双创"教育与专业教育有机融合，就是要在专业教育和学科教学中渗透"双创"教育理念，根据"双创"教育的目标设置课程内容，系统性构建多元化的课程体系，培养学生贯通专业和跨专业创新能力。"双创"教育还对学科专业发展起到促进作用，激发大学生对专业学习的兴趣，是专业教育的有益补充。简言之，"双创"教育只有融合于学校的整体教学体系中，与专业教育有机融合，以专业教育为根本才能顺利开展，才能有良好的成效。

（四）"双创"教育的目标导向是满足地方需求

地方高职院校伴随区域经济发展应运而生，与地方政府、产业、企业等社会各界有着天然的联系。"区域性"是地方高职院校的典型特征，服务区域经济发展、促进地方社会进步是地方高职院校的主要价值体现，也是其获得地方政府、企业等社会各界的支持的重要保证。地方高职院校在服务地方政府与企业过程中获优质的教育教学资源与元素，地方政府以各种优惠扶持政策、资金等促使校地、校企多方面、多领域合作；地方企业的技术研发创新更是地方高职院校科学研究的重要来源，也是其产学研人才培养的优质资源。因此，地方高职院校"双创"教育只有立足区域社会经济发展，以市场需求为导向，依托区域优势产业和地方特有资源优势，加强"双创"教育人才培养的针对性和适用性，创新路径和方法，培养区域型的创新创业人才，[6]才能实现其健康可持续发展。

四、推进我国地方高职院校"双创"教育生态化转型发展的路径

（一）"双创"教育要理性回归

"双创"教育是地方高职院校育人的一种方式和路径，其出发点和落脚点是人，其目的是通过对学生创新精神和创新创业能力的培养，引导学生成为适应社会经济发展的创新创业型人才。"双创"教育理性回归，培养学生的创新创业精神与实践能力，提升其综合素质，这是"双创"教育开展的逻辑起点，也是其生态化建设的价值目标。地方高职院校开展"双创"教育，推动"双创"教育生态化建设要坚守育人为本，

尊重和关注个体的内在价值，培养大学生的创新思维，开发其内在潜能，促进大学生的全面发展，进而实现人的工具理性和价值理性的和谐统一。具体而言，"双创"人才培养要面向全体学生，普及性地提升学生的创新精神与创业能力，植入创新创业基因，回应时代发展对人才素养提出的新要求；双创教育的根本是创新，而创新的根基则是地方高职院校的专业教育，引导学生夯实专业基础知识，提升综合实践能力，是"双创"教育的创新之本；"双创"教育的成效评价要全面、客观，不能功利性地以开办新企业及创业成功率的高低作为评价标准，而是要落脚在教育上，通过"双创"教育培养学生的创新精神、创业心态和创业实践能力。此外，"双创"教育实践活动要遵循教育规律，尊重学生个体的差异，实施创新创业人才培养的分层分类培养，开展个性化的学习教育活动，满足学生个体发展的需求。

（二）"双创"教育应基于地方需求导向

在国家创新驱动发展战略背景下，地方高职院校与区域经济社会发展具有高度的内在一致性，相互依存，协同发展，共生共赢。高职院校与当地政府之间也是一种合作支持、互利互惠的伙伴关系。以地方需求为导向，培养服务区域经济社会发展的高素质创新创业型人才是地方高职院校"双创"教育生态化发展的根本任务和重要价值体现。作为地方高职院校，应依托专业、学科优势，构建校地联动、协同发展的共同体，实现"双创"教育的本土化、特色化发展。首先，高职院校根据区位特色、地区资源优势以及产业发展特点，提出适合于自身办学特色和人才培养的"双创"教育理念，探索"双创"教育地方特色化发展模式；其次，地方高职院校要突出地方性特征，以市场需求为导向，紧密结合地方产业与经济社会发展设计与规划专业，动态调整、优化学科专业结构，形成学科专业结构与区域经济社会联动、协同发展的运行机制，以供给侧结构性改革为区域经济社会发展转型提供创新创业型人才支持。其次，地方高职院校要与政府建立常态化的合作机制，搭建"双创"教育服务平台，促进科研成果转化；通过整合优化资源，为大学生创新创业提供信息、法律等方面的服务及经费支持，协同培养创新创业型人才。

（三）"双创"教育的常态化：构建"双创"教育与专业教育相融合的人才培养模式

地方高职院校"双创"教育的开展应以专业教育为根基和依托，构建"双创"教育与专业教育相融合的人才培养模式，实现"双创"的常态化发展。作为地方高职院校，首先应树立"双创"教育人才培养理念，将"双创"教育理念融入专业人才培养方案及实施计划，渗透于人才培养的全过程。其次，深化课程改革，构建融合"双创"教育的通识课程体系，设立区域特色创业类课程、专业类的"双创"教育课程和跨专业、跨学科课程，课程教学理论与企业生产实际相结合，培养学生分析问题与解决问题的能力。再次，地方高职院校还应探索实践性的创业活动，强化创业实践，开发创业体验式实践课程或项目，将"双创"教育的"第二课堂"与"第一课堂"有机融合；同时积极建设校内外学生创业实践基地和创客空间，为学生开展创业实践提供条件。[7]此外，地方高职院校"双创"教育还应根据学校专业特色和专业知识创业的属性，利用地方高职院校的科研优势，致力于专业领域的知识创新，鼓励教师组建师生创新团队为企业提供产品研发技术服务，激发学生的兴趣与潜能，培养学生的创新能力。社会服务成果有效转化为教育资源，反哺教学，促进"双创"教育与专业教育融合创新发展。

（四）"双创"教育的系统化：构建政、校、行、企协同育人模式

"双创"教育是一项复杂的系统工程，日益呈现出多组织相互协作与合作的发展特征。高校、政府、行业、企业是"双创"教育生态化发展的重要力量，四者相互作用，相互影响，实现"双创"教育的动态平衡。构建地方高职院校、政府、行业和企业之间的联动协同生态发展育人模式，是推动地方高职院校"双创"教育生态化发展的重要路径。作为地方高职院校，应与政府、行业、企业等建立密切联系与合作关系，搭建协同创新平台，打通校内外"双创"教育生态链，形成开放融合的创新创业型人才培养的协同机制，发挥各主体在"双创"教育生态链中的作用。一是发挥政府的指导作用，利用政府的政策、制度和信息资源，实现"双创"教育过程中创新资源的有效流动和合理配置；二是发挥行业的引导作用，建立稳定的校企合作机制，深化产教融合，推动校

企合作纵深发展；三是发挥企业的重要办学主体作用，利用企业优质资源，构建"双创"教育的实践教学体系，优化"双创"教育师资队伍结构，获得企业的经费支持。有所"为"，才有所"位"，地方高职院校要有所"为"，就必须立足地方，紧密结合区域发展需要，通过人才培养、科学研究、社会服务等推动地方经济社会创新发展。

参考文献

[1] TANSLEY A G. The use and abuse of vegetational concepts and terms[J]. Ecology, 1935, 16（3）：284-307.

[2] ISENBERG D J. How to start an entrepreneurial revolution[J]. Harvard Business Review, 2010, 88（6）：40-50.

[3] 黄兆信, 王志强. 高校创业教育生态系统构建路径研究[J]. 教育研究, 2017（4）：37-42.

[4] 田贤鹏. 教育生态理论视域下创新创业教育共同体构建[J]. 教育发展研究, 2016（7）：66-72.

[5] 罗志敏, 夏人青. 高校创业教育的本质与逻辑[J]. 教育发展研究, 2011（1）：29-33.

[6] 许天雷. 对地方高校区域创新型人才培养的思考[J]. 教育与职业, 2012（35）：26—28.

[7] 阚阅. 美国创业教育发展的主要特征及若干启示[J]. 华东师范大学学报（教育科学版）, 2016（2）：45-51.

（原文刊载于《浙江海洋大学学报（人文科学版）》2019年第2期）

浙江工贸职业技术学院创新创业教育大事记

1999年

12月，浙江省人民政府同意在浙江第一高级技工学校的基础上筹建"浙江工贸职业技术学院"。学校把握住"厂校联合改制共建高职院校"的战略机遇，奠定了学校校企一体高职特色发展的基础。

2000年

9月，学校面向全体学生开设"创业教育"课程。

2001年

3月，启动创业孵化工程，为学校开展创新创业教育奠定了坚实基础。

2002年

6月，学校学报发表文章《高职的创新教育与教育创新》，文章指出：在高等职业教育中开展创新教育是知识经济时代的需要，也是大力推进素质教育的需要。

6月，教育部高职高专处副处长王伟来院指导，何向荣院长主持的课题"高等职业技术学院绩效管理模式研究"被列为全国教育科学"十五"规划课题，尝试探索创业型高校建设。

2003年

3月，学校建立创业孵化中心，并设立了大学生创业指导办公室，配备教师从事创业孵化中心的指导和管理工作。

7月，学校邀请教育部全国高职高专教育人才培养工作委员会副主任杨应崧教授举行人才培养工作水平评估讲座。

10月，学校邀请杭州商学院副院长张仁寿来校作题为"民营经济与浙江经验"的讲座。

2004年

3月，北京航空航天大学校长助理、创业教育专家张竹筠教授来我校指导大学生创业工作并作讲座。

5月，学校与温州团市委合办的温州市大学生科技创业园落成。

6月，学校被列为"浙江省大学生创业基地"。

8月，何向荣主编的《纵横职场——高等职业教育学生就业与创业指导》由高等教育出版社出版。

8月，浙江省"红蜻蜓杯"青年鞋靴设计创新大赛在学院举行，学校鞋类专业学生获银奖。

8月，学校学生陈小燕在"真皮标志杯·金猴"中国概念鞋设计大奖赛中获得金奖。

9月，学校被教育部和劳动社会保障部评为"全国创业教育试点高校"。

12月，浙江工贸学院杭州科研中心成立。

2005年

8月，2005浙江省青年鞋靴设计创作大奖赛在学校举行。

12月，红蜻蜓集团董事长兼总裁钱金波先生来校作题为"大学生如何成才"的主题讲座。

2006年

3月，温州市委书记王建满来学校调研科技创新服务工作。

7月，学校专门成立创业教育研究所。

10月，学校与陕西科技大学签约联合建设浙江（温州）轻工研究院。

12月，省教育厅厅长刘希平一行赴学校调研，予以学校办学模式高度评价。

2007年

2月，国务院副秘书长陈进玉来学校视察工作。

4月，学校与英国Walsall（沃尔索耳）等高校开展交流合作。

5月，学校与温州日报报业集团签署合作协议，宣布双方将共同打造温州首个文化创意园："学院路7#LOFT"。

10月，中国工程院院士段镇基教授来学校考察，为鞋类专业建设与人才培养支招。

10月，何向荣、孙蔚等院领导率张洁、卢行芳、牛丽媛博士等考察中科院和合肥工业大学等有关院系和重点实验室。

11月，美国哈佛大学燕京学社研究员黄万盛教授举行题为"现代社会与哈佛教育"的报告会。

11月，学校邀请冠盛集团董事长周家儒参加"百名企业家进校园"创业就业大讲坛。

11月，浙江省第一届大学生"创业之星"颁奖仪式在浙江省人民大会堂举行。学校学生潘祥生、丁鸣奇分别被授予浙江省第一届大学生成功"创业之星"和最具潜质"创业之星"。

11月，中国青年政治学院副院长李家华为学校师生作题为"大学生创业素质能力"的讲座。

11月，温州市首届大学生文化艺术节创业计划大赛决赛顺利举行，学校周利锋等同学创办的"富春家园绿色食品有限责任公司"获一等奖。

12月，省首届高职高专院校"挑战杯"创新创业竞赛复赛在杭举行，学校周利峰、郑进国等同学获得二等奖，林小娜同学获得三等奖。

2008年

4月，学校学生处与中共温州市委组织部、厂长经理人才公司联合举办"大学生就业创业论坛"。

4月，万科集团董事长王石莅临温州冶金房开公司参观指导。

5月，团省委副书记蔡永波、团市委副书记王彩莲一行8人来我校调研大学生创新创业教育工作。

6月，美国哈佛大学燕京学社研究员黄万盛在我校作题为"中国对全球的贡献：中西价值观比较"的讲座。

7月，原冶金部副部长、中国工程院院士殷瑞钰来校考察。他对学校走适合自己的创新发展之路给予了高度评价。

9月，学校引进了国际劳工组织、团中央和中华全国青年联合会的合作项目《大学生KAB创业基础》课程（30学时）。

10月，学校邀请2007年度温州十大创业青年楷模、浙江润凯投资有限公司董事长、温州市天创鞋业有限公司董事长瞿承荣先生为工贸学子作创业主题讲座。

10月，我校承办"改革开放30周年与温州创业创新实践"论坛。哈佛大学燕京学社研究员黄万盛作题为"美国金融危机的人文思考"的讲座。

2009年

2月，学校被共青团中央、中华全国青年联合会和国际劳工组织列为"大学生KAB创业教育基地"。

2月，台湾高苑科技大学校长廖峰正教授一行应邀来学校访问，两校签订了相关合作协议。

3月，学校制定《浙江工贸职业技术学院师生创新创业（2009—2013年）行动计划》，出台《创新创业资金使用管理实施办法》。

4月，学校正式启动"温州知识产权服务园、浙江创意园、温州电子信息科技园"三大园区建设。

5月，以国务院参事室陈进玉主任为组长的教育改革调研组莅临学校视察调研。

6月，在全国高职教育毕业生就业创业之星评选中我校潘祥生同学获得"全国百名创业之星"，获得天使投资资金800万元。

6月，学校开设了淘宝创业实训基地。

6月，浙江大学副校长吴朝晖教授来校作题为"信息技术发展趋势与地方产业转型升级"的学术讲座。

8月，省委书记赵洪祝、省长吕祖善等省领导来我校视察，并专门听取了学校领导主动服务地方升级的专题汇报。

9月，学校承担浙江省教育厅新世纪教学改革项目《高职院校创业教育模式研究与实践》、浙江省2009年教育科学规划课题《青年创业创新实践环境的重构研究》和浙江省高等教育学会《高职学生科技创业素质的研究》等课题的研究。

11月，浙江创意园一期"学院路7#LOFT"建设完成。温州市委副书记、市长赵一德，杭钢集团总经理李世中等领导出席开园仪式。

12月，《中国教育报》头版头条刊登《校企一体是高职发展的核动力：高职校企一体建设的浙工贸样本》一文，介绍浙江工贸职业技术学院办学经验。

2010年

2月，温州市政府、浙江工贸职业技术学院与中国风险投资研究院合作共建温州风险投资研究院。

5月，学校当选教育部双创教指委副主任单位，为全国高职唯一当选单位。党委书记、院长何向荣当选为副主任委员并在成立大会上发言。

6月，学校成立创业学院。

9月，台湾高苑科技大学师生一行22人来校学习交流。两校师生参加"温州台商投资及发展""台湾与温州企业管理模式比较"等课程的学习，并参观台商企业、与台湾企业家座谈。

11月，杭钢集团董事长童云芳到学校视察，他对学校的办学模式及成就给予充分肯定，尤其三大园区很有创意，是办学的创新，成效明显；学校领导创新意识强、敬业、努力。

2011年

3月，浙江省副省长、温州市委书记陈德荣一行视察我校浙江创意园。

3月，全国政协副主席厉无畏为学校与思珀传媒联合建立的创意学院揭牌。

12月，学校出台《学校关于鼓励师生在"温州市大学科技园"创业的若干规定》。

2012年

7月，教育部副部长鲁昕一行来我校视察，给予学校办学模式充分肯定。

7月，学校党委书记何向荣教授赴北京国家行政教育学院给教育部举办的全国职业院校校长培训班介绍学校的办学模式和改革实践。

10月，学校党委书记何向荣应邀在全国高职院校创业教育课程建设研讨会上做主题报告。

12月，学校承办中国高等教育学会创新创业分会秘书长会议。

12月，在浙江省人民政府举办的"全省就业创业和城乡居民社会养老保险工作表彰大会"上，我校学生杨治栋荣获"浙江省就业创业优秀个人"荣誉称号。浙江省高等院校仅有2位学生获此殊荣。

12月，全国人大常委会委员、全国人大法律委员会副主任委员、中华职业教育社副理事长李重庵教授莅临学校视察，给予学校办学模式充分肯定。

12月，党委书记何向荣应邀出席中国高教创新创业论坛并主旨发言：《创业型高校建设推进大学生创业教育》。

2013年

1月，学院党委书记何向荣在全国高校创新创业教育交流会—浙江现场会暨全国高职高专创新创业教育协作会2012年会上做主题发言，介绍了我校创业型大学建设的理念和思路。

1月，学校荣获"全国高等学校创业教育研究与实践先进单位"。

1月，学校党委将2013年确定为"创新创业教育年"。

6月，校长贺星岳撰文《创业教育并非让学生都自主创业》在《中国教育报》发表。

6月，学校党委书记何向荣应邀出席"中英高等教育研讨会"并做主题报告。

6月，谢敏等著的《大学生创业指数研究》由中国社会科学出版社出版。

10月，党委书记何向荣教授应邀出席全国创业型大学建设高峰论坛并作主旨发言。

12月，党委书记何向荣在光明日报发表文章《何向荣：构建高职"学园城一体化"模式》。

2014年

1月，何向荣所著《高职教育创新创业研究——基于平衡计分卡理论》由上海交通大学出版社出版。

2月，在全国高职院校创新创业教育工作研讨会暨首期创新创业教育国培班开班仪式上，党委书记何向荣作主题为"高职院校创新创业教育现状与发展趋势——论创业十大关系"的报告。

3月，以"创业改变世界"为主题的中英创业型高校论坛我校举行。本次论坛由教育部教育发展研究中心、教育部高等学校创业教育指导委员会、英国大使馆文化处、中国高等教育学会创新创业教育分会联合主办，我校承办。党委书记何向荣在论坛上做主旨发言。

3月，我校大学生创业孵化中心（浙江创意园）荣获"省级大学生创业示范基地"称号（省人社厅）。

4月，学校发文调整创业学院职能。

4月，全国人大常委会副委员长陈昌智视察学校温州市知识产权服务园和温州知识产权学院。

6月，我校杨哲旗老师被评为全国高等学校创业教育工作先进个人（全国高等教育学会创新创业分会）。

7月，我校学生获得全国职业院校创新创效创业大赛特等奖。

7月，我校主办首届两岸大学低碳设计工作坊。来自浙江大学、中国美术学院等高校的团队及4所台湾高校参加了比赛。

7月，校长贺星岳文章《创业与创业教育的"对对碰"》在《光明日报（理论版）》发表。

8月，我校创业学院教师杨哲旗主编的《大学生创业基础》由哈尔滨工业大学出版社出版。

9月，浙江省经济和信息化委员组织认定浙江创意园为第三批浙江省省级中小企业创业示范基地。

9月，我校党委书记盖庆武（时任党委副书记、副院长）随由教育部教育发展研究中心组团的"中英高等教育多样性政策研究代表团"赴英国访问，并参加了中英高等教育区域发展政策研讨会。盖庆武以《中国大学如何鼓励学生创业和增强职业技能——浙江工贸职业技术学院创业实践案例》为主题作了发言。

9月，《中国日报》报道我校创业教育案例。

12月，学校党委书记何向荣一行抵达巴西圣保罗，与巴西联合大学总部桑特安娜大学就教师交流培训、LED技术合作、创业创新人才培养和体育交流等项目进行了洽谈，并达成合作意向。

12月，学校党委书记何向荣教授一行六人应邀访问阿根廷莫雷诺国立大学。何向荣受邀为该院教师作题为"中国特色创业文化我们的实践——专业创业"的学术讲座。

12月，党委书记何向荣文章《创业教育的高职创新》在《光明日报（理论版）》发表。

12月，党委书记何向荣应邀在中山大学举行的2014年大学生创业指导服务国际学术研讨会做主题发言。

2015年

3月，我校何向荣、谢敏所著《浙江大学生（2013—2014）创业观察报告》由清华大学出版社出版。

4月，由《光明日报》和教育部教育发展研究中心、中国高等教育学会创新创业教育分会联合主办、学校承办的"两岸高校创新创业之问"论坛在我校浙江创意园举行，教育部（国家）教育发展研究中心与浙江工贸职业技术学院合作共建的"创业型高校研究中心"正式揭牌成立。

6月，温州台湾青年创业就业服务中心成立。

6月，国家知识产权局授予学校的"国家中小微企业知识产权培训（温州）基地"揭牌。

7月，学校主办"海峡有渡创意无限——第二届两岸大学生低碳设计创客工作坊"。作为2015年海峡青年创新创业系列活动之一，此次活动共邀请了两岸16所高校、68名大学生进行创意产品设计。

8月，首届浙江省"互联网+"大学生创新创业大赛暨首届中国"互联网+"大学生创新创业大赛选拔赛决赛在杭州师范大学举办。其中，我校"互联网上的非遗瓯塑——温州大家文化产业有限公司"项目荣获银奖；"固特异在线个性化皮鞋定制"项目荣获铜奖。

9月，温州市委书记陈一新莅临学校众创空间考察。

10月，学校入选国家级海峡两岸青年创业基地（国台办）。

10月，教育部部长袁贵仁来浙江调研创新创业教育，学院作为浙江省高职院校唯一代表，向袁贵仁部长做《园区化推进协同育人，生态圈助力创新创业教育》专题汇报。

10月，学校承办了2015年全国高职院校校长联席会创新创业分论坛，并作经验介绍。

11月，我校谢敏老师被授予"2014年全国高等学校创业教育工作先进个人"称号，杨哲旗老师《创业型高校创业人才培养的绩效研究》在全国高等学校创业教育优秀论文评审中获一等奖（中国高等教育学会创新创业教育分会）。

11月，"2015两岸青年创客沙龙（温州站）活动暨创客创业项目与创投资本对接会"在温州台湾青年创业就业服务中心举行。

11月，校长贺星岳文章《互动生态圈襄助创新创业教育》在《中国教育报》发表。

11月，我校学生荣获浙江省第五届职业院校"挑战杯"创新创业竞赛特等奖2项。

2016年

1月，学校出台《学生创业扶持基金管理办法》，设立创业模拟银行。

1月，学校出台《大学生创业补贴实施方案》。

1月，学校出台《大学生创业学分认定管理办法》。

2月，浙江省省长李强来我校众创空间进行专题调研，并予以学校办学特色高度评价。

3月，教育部副部长郝平调研浙江工贸职业技术学院时指出：创新创业教育在工贸学院发生了质的飞跃。郝平指定由浙江工贸职业技术学院承办中美创客大赛温州分赛区选拔赛。

5月，学校承办浙江省高职高专院校创业学院建设工作现场推进会。

5月，学校承办由教育部主办、中国（教育部）留学服务中心、清华大学、英特尔公司、北京歌华文化发展集团承办的2016中美青年创客大赛温州分赛区选拔赛。

6月，学校调整创新创业工作领导小组。

7月，温州市台办、温州市经信委和浙江工贸职业技术学院联合主办的第三届两岸青年创客工作坊在学校举办。此次活动汇集了来自两岸17所高校的130位青年创客。

7月，在第二届浙江省"互联网+"大学生创新创业大赛暨第二届中国"互联网+"大学生创新创业大赛选拔赛决赛中，我校学子表现优异，在与博士、硕士研究生、本科生的同台竞技中，获得金奖1项，银奖2项，铜奖1项，同时荣获优秀组织奖。

7月，第二届全国高等职业院校创新创业教育论坛在京召开，校长贺星岳在会上做了精彩发言。

7月，浙江省副省长郑继伟调研学校众创空间并作高度评价：有优势、有特色、有创意。

8月，我校学生在2016"挑战杯——彩虹人生"在全国职业院校创新创效创业大赛中获得一等奖1项，二等奖1项。

9月，学校入选全国首批创新创业典型经验高校50强（教育部），除了北京大学、清华大学等44所本科高校外，全国仅有6所高职院校入选。

9月，学校在全省高职中率先开展"2+1"创业教育试点改革，第一批"2+1"创业班学生进入创业学院学习。

10月，学校入选国家级众创空间（科技部）。

10月，我校学生在全国大学生"互联网+"创新创业大赛中获得铜奖。

2017年

3月，由教育部教育发展研究中心、英国驻华使馆文化教育处共同主办的中英创新创业教育研讨会在北京航空航天大学举行，我校作为中英创新创业教育框架合作成员应邀参加会议，校长贺星岳做题为"对学生全要素支持与一站式服务"的主旨演讲。

5月，中国职业技术教育学会创业教育专业委员会2017年双创峰会在山东济南隆重举行，校长贺星岳在会上做主旨演讲。

6月，我校承办2017中美创客大赛温州赛区选拔赛。

7月，我校主办第四届两岸七年创客工作坊活动。

7月，"建行杯"第三届浙江省"互联网+"大学生创新创业大赛暨第三届中国"互联网+"大学生创新创业选拔赛于7月26日—28日在杭州电子科技大学隆重举行，我校学子表现优异，共获得金奖1项，银奖1项，铜奖6项。

8月，学校入选全国深化创新创业教育改革示范高校（教育部）。

10月，浙江工贸众创空间被评为浙江省优秀众创空间（浙江省科技厅）。

12月，我校学生在浙江省职业院校"挑战杯"创新创业竞赛中获得特等奖。

2018年

3月，温州大学党委书记林娟娟一行来我校参观指导。

5月，由全国台联党组成员、副会长杨毅周、郑平和全国政协港澳台侨委驻会副主任吕虹带队，全国政协台联界别委员考察团一行12人来我校众创空间参观交流。

6月，我校创业学院被评为"浙江省普通高校示范性创业学院"。

6月，我校成功举办2018中美青年创客大赛温州赛区选拔赛。

7月，我校主办第五届两岸青年创客工作坊活动。

7月，学校与深圳职业技术学院等高校联合主持的职业教育创新创业教育教学资源库被教育部立项建设。

8月，我校学生在2018"挑战杯——彩虹人生"全国职业院校创新创效创业大赛中获得二等奖两项。

9月，我校学生在全国大学生"互联网+"创新创业大赛中获得铜奖。

9月，校长贺星岳文章《创新创业教育要把握新时代需求》在《中国教育报》发表。

10月，我校学子杨忠敏入选省高校毕业生就业创业典型人物。

10月，我校联合主持的国家级职业教育创新创业教育教学资源库推进会在深圳职业技术学院圆满召开，来自全国16个省份，30个高职院校，4个行业企业的130名代表参会。

11月，2018—2022年教育部高等学校创新创业教指委成立会议在北京隆重召开。我校当选2018—2022年副主任委员单位（全国高职院校唯一入选单位），校长贺星岳当选副主任委员。同时，我校被确定为教指委高职工作组组长单位，校长贺星岳被确定为教指委工作组组长。

2019年

3月，教育部高校创新创业教指委主任、中国工程院党组成员、副院长钟志华院士参观我校众创空间。

3月，教育部高等学校创新创业教指委高职工作组成立大会暨国家级职业教育创新创业教育教学资源库建设推进会在学校召开。教育部高校创新创业教指委主任、中国工程院党组成员、副院长钟志华院士等教指委领导、教育部特邀专家以及来自全国30家高职院校、3家企业的国家级职业教育创新创业教育教学资源库子项目负责人及团队成员近170人，参加了会议。

6月，我校成功举办2019中美青年创客大赛温州赛区决赛。

7月，我校主办第六届两岸青年创客工作坊活动。

7月，学校浙江省激光制造与材料应用技术协同创新中心、电子商务综合服务协同创新中心被教育部认定为国家协同创新中心。

8月，学校入选教育部国家知识产权（创新创业）"双师型"教师培养培训基地。

10月，全国高等职业院校创新创业教育论坛在哈尔滨工业大学举行，校长贺星岳主持主旨报告环节。

11月，温州市教育局举行了温州市首届大学生"创新创业典型人物"颁奖典礼。我校陈宝、陈梦甜、陈苏阳三位刚毕业的同学成功入选温州市首届大学生创新创业典型人物。陈宝同学在大会上做了创业典型案例分享。

12月，学校创新创业教育案例入选全国高职创新创业教育特色典型案例（教育部高校创新创业教指委）。

2020年

1月，国家市场监管总局发文批复，正式认定温州广告产业园区（浙江创意园、瓯海总部经济园）为国家广告产业园区，温州成为浙江省继杭州、宁波之后第三个获批国家级广告产业园区的地区。

4月，浙江省教育厅办公室公布了第二批省级精品在线开放课程认定名单，我校"大学生创业基础""创业融资实务"等11门课程获得认定，认定数量位列全省高职院校前列。

7月，我校承办中美青年创客大赛温州分赛区决赛，浙工贸团队项目获得第一名。

8月，学校入选浙江省双创示范基地（省发改委）。

8月，在浙江省第十二届"挑战杯"大学生创业计划竞赛决赛中，我校获一等奖1项、二等奖4项、三等奖3项，学校获得最佳进步奖。

9月，浙江省委常委、温州市委书记陈伟俊莅临学校众创空间调研。

10月，我校校长余闯受邀在第四届北大创业教育博雅论坛上做题为"双高引领·产学园联动·立体化构建创新创业教育体系"的报告。

10月，在第三届海峡两岸青年发展论坛上，袁家军书记宣布的八条实打实利好台胞台青的具体措施之一就是"在浙江工贸职业技术学院等5所高校建立台湾青年创业创新平台。"两岸青年交流已成为我校的一张"金名片"。

10月，杭钢集团党委副书记、总经理林亮莅临学校众创空间检查指导工作。

10月，高职发展智库统计数据显示，我校发明专利授权排名全国高职院校第二名。

12月，学校入选浙江省2019年度优秀众创空间（科技厅）。

12月，学校"大学生创业基础"被教育部评为国家精品在线开放课程。

12月，我校与深圳职业技术学院、南京工业职业技术学院联合主持的国家级职业教育创新创业教学资源库通过教育部验收。

12月，杭钢集团公司党委书记、董事长张利明莅临学校众创空间调研指导工作。

2021年

1月，浙江省商务厅公布2020年浙江省省级直播电商基地结果，我校浙江创意园成功入选省级直播电商基地。

1月，在"长三角·嘉昆太职业院校创新创业教育高质量发展论坛"

上，原学校党委书记何向荣教授以浙江工贸职业技术学院园区化平台建设为例，建议职业高校在"双创精神+双创教育+资产经营+自主办学"上做文章，培养和引领新产业、新业态、新服务、新人才。

2月，浙江省委宣传部公布2019—2020年度浙江省重点文化产业企业（含数字文化示范企业）、2019—2020年度浙江省重点文化产业园区和2020年度浙江省文化创意街区名单，浙江创意园名列其中。

4月，温州肯恩大学党委书记、理事会理事长王北铰一行来我校众创空间参观交流。

4月，学校创新创业教育案例案被教育部创新创业教指委评为典型案例。

6月，我校承办2021中美青年创客大赛温州分赛区总决赛。学校团队获得一等奖1项，三等奖3项。

7月，我校主办第七届两岸青年创客工作坊活动。有19位台湾青年与43位大陆青年参加活动。

8月，浙江工贸职业技术学院继续教育学院获批温州市校地合作退役军人就业创业孵化基地。

10月，高职发展智库统计数据显示，2020年我校发明专利授权排名全国高职院校第三名。

10月，浙江省委常委、温州市委书记刘小涛莅临学校众创空间调研指导。

11月，我校《以"四化"加强双创教育，带动学生高质量就业》案例成功入选全国普通高校毕业生就业创业工作100个典型案例，是浙江省唯一以"创业带动就业"为主题的入选高校。

12月，浙江工贸众创空间被评为2020年度省级优秀众创空间。

12月，我校国际商贸学院王博文、设计与数字艺术学院黄超宇两位同学成功入选温州市第二届大学生"创新创业典型人物"。

12月，《四共理念引领下的高职"研训创融通"创新创业人才培养探索与实践》获浙江省高校教学成果奖一等奖。

12月，浙江省教育考试院发布了《2020届浙江省高校毕业生职业发展状况及人才培养质量调查报告》，据调查结果显示，2020届毕业生一年后平均自主创业率11%，位列全省高校第一。